(Couverture la Couverture)

BIBLIOTHÈQUE INTERNATIONALE DE DROIT PUBLIC

publiée sous la direction de

Max BOUCARD	Gaston JÈZE
Maître des Requêtes au Conseil d'État	Professeur agrégé à la Faculté de Droit de l'Université de Lille

INSTITUTIONS POLITIQUES

DE

LA RUSSIE

NAISSANCE ET DÉVELOPPEMENT DE CES INSTITUTIONS
DES COMMENCEMENTS DE L'HISTOIRE DE RUSSIE JUSQU'A NOS JOURS

PAR

Maxime KOVALEWSKY

Ancien professeur de droit public à l'Université de Moscou

TRADUIT DE L'ANGLAIS

PAR

Mme DEROCQUIGNY

Officier d'Académie, Ancienne directrice de cours secondaires

PARIS

V. GIARD & E. BRIÈRE

LIBRAIRES-ÉDITEURS

16, RUE SOUFFLOT, 16

1903

INSTITUTIONS POLITIQUES

DE

LA RUSSIE

BIBLIOTHÈQUE INTERNATIONALE DE DROIT PUBLIC
publiée sous la direction de

Max BOUCARD
Maître des Requêtes
au Conseil d'État

Gaston JÈZE
Professeur agrégé à la Faculté de Droit
de l'Université de Lille

INSTITUTIONS POLITIQUES

DE

LA RUSSIE

NAISSANCE ET DÉVELOPPEMENT DE CES INSTITUTIONS
DES COMMENCEMENTS DE L'HISTOIRE DE RUSSIE JUSQU'A NOS JOURS

PAR

Maxime KOVALEWSKY

Ancien professeur de droit public à l'Université de Moscou

TRADUIT DE L'ANGLAIS

PAR

Mᵐᵉ DEROCQUIGNY

Officier d'Académie, Ancienne directrice de cours secondaires

PARIS

V. GIARD & E. BRIÈRE

LIBRAIRES-ÉDITEURS

16, Rue Soufflot, 16

1903

PRÉFACE

Il y a quelque temps, rencontrant par hasard le
Professeur Bryce, l'auteur de la *République Américaine*, je lui entendis dire qu'il était étonné de ne
pas voir paraître un livre sur l'histoire et l'état actuel
des institutions politiques de la Russie. Les Anglais
ont, il est vrai, l'ouvrage excellent de Mackenzie
Wallace, riche en renseignements personnels recueillis
par cet auteur au cours d'un long séjour en Russie ;
et les Français, le traité profond et agréablement
écrit de A. Leroy-Beaulieu *L'empire des Czars*.
Mais, ni l'un ni l'autre de ces deux auteurs n'a jugé
bon d'appeler l'attention du public sur la question
spéciale de l'évolution du régime politique de la
Russie. Je fus donc obligé de partager l'étonnement
du professeur Bryce et même de considérer sa remarque comme une invite indirecte à combler la lacune
qui existait pour les Européens dans les sources d'information sur ce sujet, par un court aperçu du développement des institutions russes.

Il y a bien, en langue russe, plusieurs traités excellents écrits dans ce dessein ; mais même les meilleurs
— les ouvrages du Professeur Gradovsky et du Professeur Korkounov — sont bien trop volumineux pour être
traduits en langue étrangère et s'ils étaient traduits,
trop techniques pour être bien compris des gens du

monde. En outre, ces livres ne couvrent pas tout le
champ d'investigation sur l'origine des institutions de
la Russie. Et, bien que ceux qui ont fait l'histoire du
droit de la Russie aient traité ce dernier sujet tout au
long dans maintes monographies précieuses et sugges-
tives, ils se sont trop spécialisés pour être accessibles
au lecteur étranger. Précédés par les auteurs d'histoires générales traitant du passé de la Russie, tels
que Soloviev, Kostomarov, Ilovaisky, Klutchevsky,
Miloukov, des jurisconsultes russes, qui se sont occupés de l'étude de notre développement juridique, ont,
au cours de ces dernières années, grâce à l'activité
d'hommes comme le Professeur Sergievitch, Vladi-
mirsky-Boudanov et feu le Professeur Ditiatine — pour
ne pas parler des écrivains plus anciens, Beliaiev,
Tchitchérine et Dmitriev — créé une littérature digne
d'être comparée à celle de la France ou de l'Angleterre,
où ce genre d'étude a été poursuivi, plus énergiquement pendant ces vingt-cinq dernières années. Le lecteur peut voir que ce n'est pas l'absence de matériaux
touchant le système politique de la Russie, soit passé,
soit présent, qui empêche d'écrire un livre d'information générale pour les étrangers ; c'est plutôt la difficulté de résumer cette masse énorme de faits de façon
à donner une vue d'ensemble du développement intérieur de la Russie, qui a commencé il y a environ un
millier d'années, mais qui n'est arrivé que de nos jours
à un point tournant. Mon but est donc, non pas tant
de donner au lecteur étranger des détails techniques,
que de le mettre à même de tirer des conclusions touchant le progrès de nos institutions politiques.

Ceux qui consulteront ce volume, n'auront, je l'espère, aucune difficulté à reconnaître ce fait général : d'un Etat oriental et despotique, la Russie, grâce aux réformes de Pierre le Grand, de Catherine et des deux premiers Alexandre, devient de plus en plus un Etat européen. Et, pour arriver à cette fin, elle a commencé par imiter les institutions de la Suède, de l'Allemagne, de la France et de l'Angleterre. Mais cette refonte de l'organisation politique russe dans des moules étrangers n'a nullement empêché le maintien des coutumes et des institutions originelles de la Russie ; à dire vrai, les lois et les réglements importés de l'Europe occidentale et greffés sur la tige indigène ont dû prendre beaucoup de sa nature. Il n'y a donc pas à s'étonner si, en plus d'une circonstance, la Russie a adopté la forme seule et non l'esprit des institutions qu'elle copiait. Cette pure imitation de forme n'explique-t-elle pas pourquoi l'expérience faite par la Russie des institutions européennes n'a, jusqu'à présent, guère réussi à extirper de son sol ce qui est resté de ce pouvoir illimité, despotique, qui est commun à toutes les monarchies orientales ? Car, en Russie, ce pouvoir a simplement changé d'apparence — la tête unique du monarque s'est adjoint les cent bras de Briarée. Et une bureaucratie dont le pouvoir est centralisé dans une tête unique — bureaucratie comme celle qui a été la plaie du continent européen pendant les XVIIe et XVIIIe siècles — est la forme actuelle du gouvernement russe. C'est pourquoi je considère que le point tournant du développement intérieur de la Russie a été les restrictions auxquelles cette bureaucratie dut se soumettre

lorsque Alexandre II créa notre *self-government* local.
La réaction qui a suivi fatalement n'a, bien entendu,
eu qu'un seul objet : maintenir le règne de la bureaucratie, et préserver la Russie d'une nouvelle refonte de
ses institutions centrales cette fois, sur ce même plan
de *self-government*. Et je ne doute pas que les difficultés que la Russie a à traverser et qui proviennent de
ses conditions intérieures actuelles n'ont d'autre cause
que l'interruption de l'évolution déjà commencée en
faveur d'une monarchie constitutionnelle. La bureaucratie sera, bien entendu, seule à y perdre. Ceci explique encore les dispositions hostiles de la bureaucratie
pour ce qu'on appelle les « idées européennes » et sa
tendance à maintenir les vieux principes russes, qui,
comme le lecteur pourra en juger lui-même, ne sont
pas tant des principes russes que des principes de la
Tartarie, de Byzance, de l'ancienne France et de l'ancienne Suède.

CHAPITRE PREMIER

FORMATION DE LA RUSSIE

Dans les manuels d'histoire du moyen-âge, qui, en quelques mots, traitent des difficiles problèmes de l'origine du peuple et de l'Etat russes, on trouve, en général, l'exposé suivant : Au temps d'Hérodote, la Russie était habitée par les Scythes et les Sarmates ; les Russes descendent des premiers et les Polonais des seconds. Cette affirmation est très téméraire, et en contradiction complète avec les recherches archéologiques modernes. Demandons-nous quelles sont les principales sources d'information touchant le peuple qui habitait jadis la Russie.

Le voyageur venant de la côte occidentale de la mer Caspienne et traversant la partie septentrionale du Caucase et les steppes de la Russie méridionale doit nécessairement être frappé par le grand nombre de *tumuli* en terre, connus sous le nom de *Kourgans*. Ils constituent le trésor pour ainsi dire le plus précieux de l'archéologie russe, et probablement, dans un avenir rapproché, il y aura là le moyen de résoudre plus d'une énigme dans la question extrêmement compliquée des différentes routes par lesquelles les peuples Aryens et non-Aryens ont pénétré dans l'Europe occidentale. Ces *tumuli* contiennent à la fois de nombreux vestiges d'une cérémonie funèbre, qui prenait la forme soit d'une crémation, soit d'une inhumation, et aussi d'anciennes armes de pierre et quelques-unes de fer, des ustensiles d'usage quotidien, des ornements et quelquefois des pièces de monnaie. Ces faits permettent de fixer avec quelque certitude, sinon la nationalité de ceux qui les ont élevés, du moins l'époque où ils l'ont été. Et de ces *tumuli* qui couvrent la surface de la Russie, de la mer Caspienne et de la mer Noire à Moscou et à Smolensk, ces investigateurs tirent des conclusions sur les anciennes résidences des races hétérogènes qui jadis habitèrent la Russie. Mais, bien que ces études d'archéologie aient été poussées avec une grande énergie au cours de ces cinquante dernières années, et bien qu'on ait écrit des livres comme ceux du comte Ouvarov sur l'âge de pierre en Russie, et du Professeur Bogdanov sur la craniologie des premiers habitants du district de Moscou, néanmoins, la tâche nécessaire pour établir l'identité des habitants de la Russie dans les âges reculés n'est pas à moitié accomplie.

Les renseignements tirés de ce genre de recherche archéologique remontent à l'époque où le mammouth habitait les prairies de la Petite Russie. De nombreux vestiges, tels que des squelettes complets et des os, qui présentent aux yeux de certains investigateurs des traces non équivoques d'un art humain rudimentaire, ont été récemment découverts sous l'une des rues de Kiev.

Outre ces tombes barbares, la Russie a, concernant ses populations primitives, une autre source d'information, moins connue cependant et dont, à notre connaissance, le Professeur Miller de l'Université de Moscou a été le premier à parler. Ce sont des mots et des phrases entières qui ressemblent beaucoup à ceux qui ont encore cours parmi les Ossètes, tribu aryenne du Caucase septentrional, mots et phrases retrouvés sur des inscriptions grecques provenant des nombreuses colonies qui, comme Olvia, ont été fondées plusieurs siècles avant Jésus-Christ sur les bords de la mer Noire ou de la mer d'Azov. Inintelligibles pour ceux qui les premiers les firent connaître, ils prirent un sens du jour où Miller essaya de les expliquer en les mettant à côté de mots de la langue ossétienne. Cette même langue lui fournit une clef pour l'interprétation de plusieurs noms topographiques, comme par exemple, celui de la rivière du Don, le Tanaïs des Anciens, le Don, en ossète moderne, signifiant eau. Si maintenant nous contrôlons par les découvertes archéologiques, par l'étude des inscriptions grecques et des noms topographiques, les renseignements ethnographiques plus ou moins pauvres et fabuleux donnés par Hérodote et les annalistes plus récents tant d'origine grecque ou latine que d'origine arabe, byzantine et germanique, nous arrivons aux conclusions suivantes :

Plusieurs siècles avant la fondation des principautés russes en l'année 862, la grande plaine qui s'étend presque sans interruption de la chaîne de l'Oural aux monts Carpathes, était habitée par des peuples nomades. Une partie d'entre eux, comme les Magyars et les Avars, dont on trouve encore des vestiges dans le Caucase du Nord et de l'Est, vinrent d'Asie et s'établirent définitivement uniquement sur le Danube et dans la péninsule des Balkans. D'autres, comme les Bulgares, après avoir résidé pendant longtemps sur les bords de la Volga, furent forcés par des envahisseurs nouveaux, les Tlazars, d'émigrer en partie dans les lieux qu'ils occupent actuellement sur la mer Noire, laissant dans le Caucase occidental une branche encore connue sous le nom de Balchari. Parmi les tribus venant de l'Asie, les Ossètes — de culture aryenne, comme cela a été prouvé par leur langage et par leur grammaire — s'établirent au sud du Don, sur un vaste territoire, qui, à une époque ultérieure, fut en partie occupé par de nouveaux envahisseurs, les Tatars et les Kabardans. Ces Ossètes créèrent une organisation sociale et juridique — minutieusement décrite par nous (1) — que ceux qui étudient l'histoire de l'Ancienne Grèce considèrent comme l'un des meilleurs exemples de la vie menée au temps d'Homère et des premiers envahisseurs doriens. Il est très probable que les Ossètes ne furent pas la seule tribu d'origine aryenne qui s'établit dans le sud de la Russie. Le fait que des inscriptions grecques contiennent des mots de même racine que les mots ossétiens, mais en différant considérablement aujourd'hui, nous mène à penser que les Garmates mentionnés par Hérodote, qui établit un contraste entre eux et les Scythes plus sauvages, correspondaient à ce noyau de tribus aryennes sédentaires. Si la théorie du long établissement des Aryens dans la Russie méridionale, lors de leur migration de l'Asie, maintient sa position contre les théories rivales, les coutumes et les usages des Ossètes, décrits par nous, acquerront, pour ceux qui étudient l'ancienne histoire aryenne, l'importance d'une survivance unique d'un genre de

(1) KOVALEWSKI. — *Droit coutumier ossétien éclairé par l'histoire comparée.*

vie très semblable à celui que l'on retrouve dans les
vieux codes hindous, dans l'Iliade et l'Odyssée, dans
les légendes celtes et dans les lois Brehon de l'Irlande.
Cette incursion en Russie de races aryennes et non-
aryennes eut pour résultat fatal de refouler plus au
nord les tribus finnoises qui jadis couvraient sa surface. Déjà au temps où fut composé pour la première
fois, ou tiré — probablement d'une source byzantine, —
le prologue des annales de la Russie, les plus anciennes,
celles de Nestor, les tribus finnoises mentionnées par
l'historien des Goths, Jornandès, comme soumises par
Hermanric et ses compagnons, étaient établies sur les
rives de l'Oka et de ses affluents, et sur la partie septentrionale de la Volga. Les traditions conservées par
les légendes des Korels, qui constituent dans leur
ensemble une sorte de poème épique, la *Kalevala*,
contiennent plus d'une allusion au séjour de leurs
compatriotes dans des lieux situés plus au sud jusqu'aux grands Lacs. En montant vers le territoire
qu'elles occupent aujourd'hui, les peuplades finnoises
refoulèrent vers l'extrême nord les Lapons et les Sa-
moyèdes, que beaucoup d'ethnographes considèrent
comme étant aujourd'hui à peu près les seuls vestiges
des plus anciens habitants de la Russie septentrionale ;
et qui gardent encore le souvenir d'avoir vécu autrefois dans un climat plus tempéré.

Quant aux Slaves, qui forment le noyau de la population russe, ils étaient déjà connus de Jornandès sous le
nom de Vénèdes et d'Ants. On reconnaît généralement
aujourd'hui qu'ils émigrèrent en Russie des parages
des Monts Carpathes. Les annalistes byzantins du vi[e]
siècle et du commencement du viie, en parlant des
Slaves, qu'ils appelaient Sklaboi, — nom qui appa-

raît dès la fin du v⁰ siècle — distinguent parmi
eux deux branches : les Ants, habitant du Danube à
l'embouchure du Dnieper ; et les Slaves, proprement dits, habitant au nord-est du Danube et s'étendant à l'est jusqu'à la source de la Vistule et la rive
droite du Dniester. En ceci, leur assertion concorde
avec celle de l'historien des Goths, Jornandès.
Quelques savants russes, entre autres le Professeur
Kluchevsky, supposent que, avant d'arriver au Danube, les Slaves habitaient près des Carpathes, d'où ils
envahirent l'empire byzantin, essayant de passer le
Danube. Ces empiètements commençant dès le iii⁰
siècle, aboutirent à la pénétration des Slaves dans
l'Autriche méridionale et dans la péninsule des Balkans. Mais quelques unes des tribus qui habitent
aujourd'hui la Croatie se trouvaient, même au x⁰
siècle, sur les pentes des Carpathes, au témoignage
de nos plus anciennes annales. Une chronique arabe,
celle de Masudi, de la première moitié du ix⁰ siècle,
parlant des Slaves de l'est les appelle *Valinana*, terme
identique au mot russe *Voliniane*, habitants de Volin,
province située sur le versant méridional des Carpathes.
D'après Masudi, l'auteur des *Prairies d'or*, ces *Valinana* commandaient à toutes les autres tribus slaves ;
mais des querelles survenant entre eux rompirent
leur union et les séparèrent en diverses tribus, chacune
ayant son propre chef. Il n'y a donc pas à s'étonner que
dans ces conditions ils soient devenus bientôt la proie
des Avars. Dans la plus ancienne chronique russe qui
donne les détails suivants sur la façon dont les tribus
slaves conquises furent traitées par leurs vainqueurs
(les Avars, connus de l'auteur sous le nom d'*Obri*), il
est fait mention de ce même fait. Au lieu d'atteler des

bœufs à un chariot les Obri y attelaient des femmes slaves. En rapportant cette anecdote, le chroniqueur parle des Doulebs comme du peuple opprimé et nous arrivons ainsi à cette conclusion que déjà au vi° siècle lorsqu'eut lieu cette invasion des Avars, les Slaves qui habitaient près des Carpathes en Volinie, étaient connus sous le nom de Doulebs. C'est de cette région qu'ils émigrèrent vers l'est en Pologne et en Russie. Les annalistes byzantins du vi° siècle et du vii°, Procope et l'empereur Maurice, qui eut en personne à combattre les Slaves, parlent d'eux comme étant toujours en mouvement : « Ils vivent dans les bois et sur les rivages des fleuves, dans de petits hameaux ; ils sont toujours prêts à changer de résidence. » En même temps, ces annalistes byzantins donnent ce peuple comme ayant un amour excessif de la liberté.

« Dès les temps les plus reculés, dit Procope, on a toujours vu les Slaves vivre en démocraties ; ils discutaient leurs besoins dans des assemblées populaires ou *folkmotes.* » (Chapitre XIV, *Gothica seu Bellum Gothicum*). « Les Slaves aiment la liberté, écrit l'empereur Maurice ; ils ne peuvent souffrir de chefs absolus, et il n'est pas facile de les soumettre. » (*Stategicum*, chap. XI). Le même langage est employé par l'empereur Léon : « Les Slaves, dit-il, sont un peuple libre, fort hostile à toute sujétion. » (*Tactica seu de re militari*, chap. XVIII). Si les historiens byzantins ne parlent pas davantage de l'invasion des Slaves dans les territoires de l'Empire pendant la deuxième partie du vii° siècle, cela tient à ce que leur émigration prit alors une autre direction : des Carpathes ils se dirigèrent vers la Vistule et le Dnieper. C'est ainsi que dans le Mecklembourg, dans le Lunebourg et dans le Holstein

entre la Lab?et l'Oder, l'Oder et la Vistule, s'établirent les tribus slaves des Obordrichi, des Veleti ou
Lutichi et des Pomeriani, Elles furent bientôt germa-
nisées pendant les xiiie et xive siècles et disparurent
à peu près complètement au cours du xve siècle
laissant quelques vestiges dans le Lunebourg et la
Poméranie, où on les désigne encore sous le nom de
Vendi et de Glovinzi.

Les Slaves de Pologne et de Russie, toutefois,
étaient connus sous différents noms, comme il ressort
du prologue des antiques annales russes. Avant de
citer ce témoignage, il sera bon d'appeler l'attention
sur ce fait que quelques-uns des noms employés par
nous pour désigner les différentes branches de ce
même peuple slave ont une origine patronymique,
comme ceux en *itch*, suffixe encore employé pour
marquer la descendance. Mais la majorité des noms
donnés par la chronique désignent seulement le genre
du pays habité par le peuple en question, — champ
ou contrée boisée ; ou encore la position géographique
relative — au nord, par exemple. De là vient la difficulté qu'il y a à reconnaître dans quelle mesure telles
ou telles tribus peuvent être considérées comme les
ancêtres du peuple slave actuel. Par exemple, nous
sommes encore incapables de dire si les Poliens, du
mot *Pole* qui signifie un champ, sont les ancêtres des
Polonais, comme le suggèrent quelques écrivains
slaves (entre autres Pervolf), ou si les Polonais viennent des Lechs nom employé par l'ancien annaliste
quand il parle de l'une des dernières migrations des
Slaves de l'est, migration de deux tribus, les Radimich et les Viatich. La légende rapportée par le
chroniqueur les donne comme descendants de deux

frères qui vivaient parmi les Lechs. Ces tribus, ne
trouvant pas de terre vacante et inoccupée sur la rive
occidentale du Dnieper, durent passer ce fleuve et
s'établir, les Radimich sur les rives de l'un des
affluents orientaux du Dnieper, la Soja, et les Viatich,
à l'est des Radimich, à la source de la rivière Oka. Le
fait que ces peuplades, qui furent pour ainsi dire les
derniers émigrants slaves, venaient du pays des Lechs,
semble au Professeur Kluchevsky, la confirmation de
cette théorie que les Slaves, lorsqu'ils s'acheminèrent
vers la Russie, étaient partis des Carpathes, et que le
pays qui se trouvait au pied de ces montagnes, ancien
séjour des Croates, comme nous l'avons vu, était considéré au xie siècle, époque de la chronique, comme
le pays des Lechs ou Polonais. En outre de ces émigrants plus récents, nous trouvons, d'après Nestor,
le premier chroniqueur, de l'autre côté du Dnieper,
les Poliens et les Sévériens ou « habitants du champ »
et les « habitants du Nord ». Le pays des premiers
peut être identifié avec le gouvernement de Kiev ; le
pays des seconds avec celui de Tchernigov. Encore
plus au nord, près des sources du Dnieper, de la
Dwina occidentale et de la Volga, nous trouvons les
Krivitch, dont une branche, les Polotchani, s'établit
sur les rives de la Dwina. Plus à l'ouest, des tribus
occupaient le pays entre la Dwina et le Pripet et
étaient connues sous le nom de Dregovitchi. Sur les
affluents méridionaux du même Pripet, dans de vastes
forêts, vivaient les Drevlianes — hommes de l'arbre.
Encore plus à l'ouest, les Voliniane et les Doulebs
occupaient les rives du Bug occidental, et la branche
la plus septentrionale des Slaves occupait les rives
du lac Ilmen et les bords de la rivière Voltchov, qui

se jette dans ce lac. Le chroniqueur ne leur donne pas d'autre nom spécial que celui de Slaves de Novgorod.

Si ce court aperçu sur les Slaves habitant la Russie pendant le ix⁰ siècle, époque de la fondation des premières principautés, présente quelque intérêt pour nous, c'est celui de nous montrer que, sur une grande longueur, le Dnieper, avec ses nombreux affluents des deux rives, formait la limite des colonies slaves à l'est.

Cette barrière n'a été rompue que par les Viatich, qui s'étendirent dans le nord-est jusqu'à la source de l'Oka. Au nord, les Slaves atteignaient le grand plateau de Valdaï, d'où descendent les plus grands fleuves de la Russie, et la partie méridionale de la grande région des lacs, celle de l'Ilmen. Le reste du vaste territoire qui s'étend du Dnieper à la Volga, était occupé au nord par des tribus finnoises à demi sédentaires, dont quelques-unes ont déjà disparu : les Ves' sur le lac Blanc, les Meria dans la région aujourd'hui occupée par le gouvernement de Moscou et en partie par celui de Yaroslav, les Meschera dans celui de Riasan et les Mordouans qui s'étendaient à l'est de ces derniers jusqu'à Nijni-Novgorod, mais qui occupent maintenant, outre des deux rives de la Volga, une partie de celles du Yaïk. Plus à l'est, étaient des peuplades de race finnoise — les Tcheremisses, les Votiak et les Permians. Les premiers habitant entre la Volga et la Viatka ; les deux derniers sur la Kama. Plus au nord, dans le gouvernement de Vologda et plus particulièrement dans le district de Mezen et le gouvernement d'Archangelsk habitent les Ziriane (1).

(1) Un certain nombre d'entre eux se mélangèrent aux peuplades de race Touranienne et sont connus de nos jours, sous le nom de Tchouvaches.

A l'est de ces peuples vivaient autrefois ceux qu'on appelait les Ougra ; ils ont aujourd'hui disparu du nord de la Russie où ils eurent plus d'une fois affaire aux Slaves de Novgorod, qui colonisaient le pays. Une partie des Ougra émigrèrent vers l'Oural et, d'après le professeur Anoutchine, sont aujourd'hui connus sous le nom de Voguls et d'Ostiaks, qui s'étendent, — tout au moins ces derniers — jusqu'au gouvernement de Tobolsk et même jusqu'au district occidental de Tomsk en Sibérie. En même temps que ces peuplades, il est important de noter que plusieurs des tribus finnoises, en particulier les Tcheremisses et les Mordouans vivaient à l'ouest de la Volga. Les Tcheremisses habitaient la partie intérieure de l'Oka. et les Mordouans dans le voisinage immédiat des Slaves — fait noté par Constantin Porphyrogénète dans son traité sur l'administration de l'Empire ; Porphyrogénète les appelle Mordia tandis que Jornandès les mentionne comme une peuplade conquise par le roi Goth, Hermanric, et les appelle Mordans.

En même temps que la partie septentrionale du territoire situé à l'est du Dnieper était occupée par les tribus finnoises, la partie méridionale devenait la proie d'envahisseurs nomades d'origine inconnue. Contre ces tribus — les Petchenegs, Solovzi et autres — les principautés russes eurent à lutter pendant les xi⁰ et xii⁰ siècles, et plus tard contre les Tatars venus de l'empire de Tchingishan. Ces Tatars envahirent d'abord la Russie en 1224-26 ; dix sept ans plus tard, ils s'emparèrent des terres occupées par les Polovzi et les Slaves sous la conduite de Bati, petit fils de Tchengis, ils dévastèrent la Valachie, défirent les rois de Pologne et de Germanie à la bataille de Liegnitz. Les

Tatars s'établirent, finalement, en hordes. La principale de ces hordes s'établit le long d'un des bras par lesquels la Volga se jette dans la mer Caspienne. Ce campement, quelque part dans le voisinage du bourg moderne de Zarev, s'appelait Saraï.

Nous avons maintenant dépassé la période des premiers établissements slaves en Russie, et afin de montrer les couches ultérieures dont s'est formée la population de l'empire, nous allons revenir à l'origine de la première des principautés russes. Il suffira de citer le témoignage du premier annaliste russe : les Slaves de Novgorod, avec les Krivitchi et les tribus finnoises du voisinage des lacs, demandèrent à certains princes étrangers de venir régner sur eux. La raison immédiate d'un tel acte fut l'impossibilité d'échapper aux invasions et aux exactions des diverses tribus à demi nomades qui étaient restées tranquilles pour un temps sous la suprématie des Hazars, dont l'Etat avait été établi au viiie siècle sur les bords de la Volga et du Don. Ce peuple d'origine touranienne devint sédentaire et commerçant. Ayant soumis les Bulgares de la Volga, et permis à des marchands Arabes et Juifs de s'établir parmi eux, les Hazars créèrent un Etat puissant avec sa capitale, Itil, sur le cours inférieur de la Volga. Bientôt, sous l'influence des Juifs résidant parmi eux, ils embrassèrent le judaïsme. Quand, au ixe siècle, leur puissance commença à décliner, les marchands, descendant le cours des rivières, ne furent plus protégés contre les invasions et le pillage de tribus sauvages telles que les Petchenegs. (1)

______

(1) Nous avons quelques renseignements à ce sujet dans la plus ancienne chronique. Pour l'année 867, elle relate comment deux chefs Askold et Dir, livrèrent bataille aux Petchenegs

Parmi les plus anciens privilèges de l'assemblée populaire était celui de choisir un chef. Selon le chroniqueur, ce fut de ce privilège que les Slaves de Novgorod firent usage quand ils envoyèrent auprès des Varegs et invitèrent un certain Rurik, de la peuplade appelée Russ, à être leur prince. Le chroniqueur dit qu'ils agirent ainsi parce qu'ils n'étaient pas en paix entre eux — parents s'étant soulevés contre parents — et que la justice n'existait plus. Quelles étaient les peuplades auxquelles les Slaves de Novgorod et les Finnois résidant dans leur voisinage, comme dit le chroniqueur, demandèrent un prince qui les commandât et les jugeât, c'est là une question qui semble résolue par les recherches d'un historien danois, Thompson. Thompson a montré que le mot

dans le voisinage de Kiev. Les Slaves eurent beaucoup de peine à résister à l'attaque de cette peuplade nomade et belliqueuse, car ils vivaient séparément en tribus distinctes ne reconnaissant d'autre autorité que celle des anciens. Parlant d'eux, l'annaliste russe dit : « Chaque homme habitait avec ses parents et ces groupes de parents occupaient des districts territoriaux distincts. » Le mot employé par l'annaliste pour désigner ces groupes est *rod*, ce mot a la même signification que *gens* ou *clan*. Ces clans avaient, en temps de paix, l'habitude de se réunir pour discuter les affaires communes. Le chroniqueur emploie l'expression « se réunissaient » (*snidoschasia vkoupe*) quand il veut parler de décisions prises en commun. Cette pratique semble avoir été connue de tous les peuples slaves, depuis ceux établis sur la Baltique jusqu'aux Tchèques de la Bohême et aux Polonais. Helmold et Ditmar, de Merzebourg, parlent d'une convocation générale de tous les Slaves des rives de la Baltique, de leurs votes unanimes ; et les chroniqueurs latins emploient les mots *conventus generale colloquium* ou *general iscuria*, quand ils traitent des assemblées populaires de la Bohême et de la Pologne. Chez les Slaves russes ces assemblées populaires étaient connues sous le nom de *vetche*. Cela demeura, comme le Professeur Sergievitch l'a bien établi, une partie nécessaire des institutions politiques, non seulement dans nos cités-républiques du nord, Novgorod et Pskov, jusqu'à la fin de leur existence, mais aussi dans presque toutes les principautés de Russie, à l'exception de l'une des dernières fondées, Moscou.

Vareg est une forme slavo-russe d'un mot scandinave
Wering ou *Warang*. Si nous analysons les noms des
premiers chefs d'origine vareg en Russie, nous voyons
qu'ils portent des noms scandinaves ; ainsi Rurik paraît
dans les Sagas scandinaves sous le nom de Hrörrek ;
son frère Truvor sous le nom de Thorvardr ; son plus
proche parent Oleg sous le nom de Helge, avec une
aspiration sur la première syllabe ; le prince russe qui
suivit, Igor, s'appelle Ingvar et sa femme Olga, Hel-
ga ; l'envahisseur vareg de Kiev, Askold, Höskulde.
La raison pour laquelle les Slaves et les Finnois firent
appel à des princes scandinaves, et non à d'autres, ou
plutôt durent se soumettre à eux, se trouve dans ce
fait que, des années auparavant, les Varegs, comme il
est mentionné par des annalistes byzantins et arabes,
descendaient les rivières, telles que le Dnieper et la
Volga, afin d'atteindre soit les rivages de la mer Noire
et, de là, Constantinople, soit l'embouchure de la Volga
et la capitale des Hazars.

L'écrivain arabe Ibn Tozlan connaît un peuple appelé Russ, et en parle comme de gens à demi commerçants, à demi guerriers. Il nous donne une description très vive de leur habitude de brûler les morts
avec leurs biens, leurs femmes et leurs serviteurs—genre de funérailles très semblable à celui en usage chez
les Scandinaves. Ibn Tozlan a rencontré les Russ sur
la Volga ; mais les plus anciennes d'entre les chroniques russes, et quelques-unes des chroniques occidentales, parlent de bandes militaires, qui au service de
chefs comme Askold, allaient chercher du butin à Constantinople et d'une ambassade russ qui arriva à Byzance
et qui de là fut envoyée auprès du fils de Charlema-
gne, l'empereur Louis le Débonnaire. Ce dernier fait

est rapporté pour l'année 839. Le chroniqueur latin
ajoute que l'on reconnut que les hommes qui composaient cette ambassade étaient des Svéoniens ou Suédois. Dans un temps où les Vikings fondaient de nouveaux royaumes en Islande, en Normandie et en Sicile,
il n'est pas étonnant qu'ils se soient fait également bien
connaître dans l'Europe orientale par des expéditions
mi-belliqueuses, mi-commerciales. Certains d'entre
eux s'établirent avec leurs compagnons à Novgorod,
tandis que d'autres s'établirent sur le lac Blanc et à
Tzborsk (1), et d'autres encore, notamment Askold et
Dir, sur le Dnieper, à Kiev. Ces derniers furent bientôt
soumis par un des membres de la famille de Rurik,
à savoir par Oleg, qui de cette manière réunit les deux
principautés, celle du nord et celle du sud.

De Kiev les descendants de Rurik continuèrent leurs
incursions à Constantinople qui parfois aboutirent à
la conclusion d'un traité de commerce comme ceux
d'Oleg et d'Igor. Ces deux traités nous sont parvenus
dans le texte mentionné par la chronique dite de
Nestor.

Il n'entre pas dans notre dessein de donner ne fût-ce
qu'un exposé succint de la manière dont les principautés vareg de la Russie s'unirent pour un temps sous un
chef unique, puis se séparèrent après la mort de Yaroslav, fils de Vladimir le Saint, ainsi appelé pour
avoir introduit en Russie le christianisme grec. Qu'il
suffise de dire qu'à partir du xiᵉ siècle la Russie se
divisa en un grand nombre de principautés supérieures et inférieures, toutes sous la domination de la même

(1) C'est là le sens de la légende des trois frères, Rurik,
Sineous et Truvor qui s'établirent avec leurs bandes militaires dans les lieux ci-dessus mentionnés.

dynastie de Rurik, et sous l'autorité plus ou moins nominale du grand-duc de Kiev. Le système russe d'apanages se rapprochait ainsi de ceux des monarchies féodales de l'Europe occidentale vers la même période. Un tel système, cela va sans dire, affaiblissait la force de la Russie pour résister aux envahisseurs étrangers et il tendait également à entretenir les petits ducs dans un état de guerre continuel.

Le système de gouvernement établi dans ces principautés russes du xɪᵉ, xɪɪᵉ et xɪɪɪᵉ siècles était loin d'être autocratique. Le peuple conservait son ancien droit de discuter les affaires courantes de l'Etat dans les assemblées populaires et même de choisir ses chefs, mais à condition de les prendre parmi les membres de la dynastie de Rurik. Les assemblées populaires étaient connues dans la Russie ancienne sous le nom de *vetche*. Les chroniques, quand elles parlent des gens convoqués à ces assemblées, notent brièvement la présence de tous les citoyens d'une division urbaine déterminée. Des expressions telles que les suivantes se rencontrent aussi plus d'une fois au cours du récit : « les hommes de notre terre, » « toute la terre de Galitch, » etc. D'où il ressort que nous avons affaire à une assemblée absolument démocratique. Mais il ne suit pas que tous les habitants de la cité étaient convoqués. Le *vetche* n'était pas tant une assemblée du peuple entier qu'une assemblée des chefs de familles, ou plutôt des chefs naturels de clans slaves que le premier code russe, la Pravda de Yaroslav, désigne sous le nom de « verv ».

A diverses reprises les auteurs inconnus des chroniques russes semblent laisser entendre que les hommes réunis en assemblée populaire prenaient certains engagements, non seulement en leur nom personnel, mais aussi au nom de leurs enfants. Par exemple, « les hommes de Kiev, réunis en assemblée populaire » déclarent en 1147 qu'ils combattront contre la maison d'Oleg, une des branches de la dynastie de Rurik, tant par eux-mêmes que par leurs enfants. Cette déclaration montre clairement que les enfants ne paraissaient pas à l'assemblée populaire russe mais que leur absence était uniquement causée par la dépendance où ils étaient personnellement vis-à-vis du chef de la famille indivise. Nous pouvons donc en conclure que tous ceux qui n'étaient pas libres de disposer d'eux-mêmes étaient exclus du *vetche* ; et c'était le cas pour certains membres de maisons indivises à qui la guerre ou les dettes avaient fait perdre leur liberté. Dans une société basée comme l'ancienne société russe sur le principe de la consanguinité, les maisons indivises durent être nombreuses, et le fait que les chefs de ces maisons étaient seuls convoqués diminuait naturellement le nombre des personnes composant le *vetche*. On peut donc facilement comprendre comment une grande place telle que celle où se dressèrent les palais princiers de Novgorod ou de Kiev suffisait tout à fait à contenir une assemblée pleinière, malgré ce fait que les bourgeois n'étaient pas les seules personnes admises aux séances du *vetche*, car les faubourgs et même les municipalités voisines avaient le droit de prendre à la direction des affaires publiques une part égale à la leur. Les chroniques mentionnent très souvent la présence des « gens noirs », des « *smerds* », et des soi-disant « mauvais paysans » (terme désignant la population agricole du pays) au *vetche*.

Les *vetches* russes n'admettaient que l'unanimité dans la décision des affaires publiques. Toutes les fois

que le chroniqueur a l'occasion de parler d'une de leurs
délibérations il emploie des expressions comme les
suivantes : « Il fut établi par tous les plus âgés et par
les plus jeunes hommes de l'assemblée que, » etc ;
« tous furent unanimes dans leur désir » ; « tous pensèrent et parlèrent comme un seul homme » etc. Si
l'on ne pouvait arriver à l'unanimité, la minorité était
forcée d'acquiescer à la décision du plus grand nombre, à moins qu'elle ne réussît à persuader les membres
de la majorité. Dans les deux cas les *vetches* passaient
des journées entières à agiter les mêmes questions,
les seules interruptions étant des batailles dans la
rue. A Novgorod, ces batailles avaient lieu sur le pont
du Voltchov, et le parti le plus fort jetait quelquefois
ses adversaires dans la rivière qui coulait à leurs
pieds. Une minorité considérable réussissait très souvent à suspendre la mesure déjà votée par le *vetche*,
mais si la minorité était faible sa volonté devait vite
céder à la violence.

La compétence de l'assemblée populaire russe était
aussi étendue que celle des assemblées politiques similaires qui existaient chez les Slaves de l'ouest et du
sud. Plus d'une fois elle s'arrogea le droit de choisir
le chef principal du pays ; mais il y avait à ce droit
une restriction, son choix devant se borner à désigner
un membre de la famille de Rurik ; car les Russes
considéraient que, en dehors de la dynastie de Rurik,
nul n'avait le droit d'exercer le pouvoir souverain.
L'assemblée populaire avait simplement la faculté
d'accorder sa préférence à quelque branche particulière
de la maison de Rurik ; par exemple, à celle qui
descendait en ligne directe de Wladimir Monomach,
dans laquelle le *vetche* de Kiev choisissait ses souve-

rains. Elle était libre aussi de se prononcer en faveur
d'un plus jeune membre de la famille de Rurik malgré
la candidature d'un membre plus âgé. Le choix fait
était souvent en contradiction flagrante avec l'ordre
légitime de succession observé par la dynastie de
Rurik. Cet ordre ressemblait beaucoup à la loi irlan-
daise de *tanistry*, suivant laquelle le rang de chef
était dévolu au représentant le plus âgé de la famille
régnante. En pratique il comportait généralement la
succession du frère cadet du défunt et non celle de
son fils aîné. La violence eut très souvent à décider
lequel des deux systèmes, celui de l'élection libre ou
celui de la succession légitime, devait prévaloir.

Quelle que fut l'issue d'une lutte de ce genre, le nouveau chef n'était admis à exercer le pouvoir souverain
qu'après avoir souscrit à une sorte de contrat par
lequel il s'obligeait à maintenir les droits de ceux
qu'il était appelé à gouverner. Ces documents très
curieux connus sous le nom de « riad » n'ont malheureusement été conservés que dans une des principautés
russes, celle de Novgorod, fait qui a porté beaucoup
d'érudits à croire que ce droit de faire une convention
avec le duc était limité à cette principauté septentrionale. Le Professeur Sergievitch a été le premier à
prouver, par un nombre considérable de citations tirées
des chroniques russes, que des conventions semblables
à celles de Novgorod étaient connues dans toute la
Russie. Plus d'une fois il est fait mention d'un prince
qui se rendit maître du trône par un compromis avec
les hommes de Kiev (*s liudmi Kieva outverdisia*). Ces
pactes ou conventions entre prince et peuple, autant
que peuvent nous les faire connaître les quelques
exemples conservés par les chroniques de Novgorod,

étaient une espèce de charte constitutionnelle assurant au peuple le libre exercice de ses droits politiques, tels que le droit de l'assemblée populaire de discuter les affaires publiques et d'élire le chef de l'Etat. Ce dernier droit avait déjà été garanti à Novgorod par une assemblée générale des ducs russes tenue en 1196. Nous lisons dans le texte des décisions prises par ce congrès princier : « tous les ducs reconnaissent la liberté dont jouit Novgorod de choisir son chef partout où elle voudra ». Voici d'autres restrictions constitutionnelles qui limitaient le pouvoir du prince : aucune déclaration de guerre sans « l'avis de Novgorod » ; nul étranger ne peut être nommé au poste de gouverneur provincial (*volastel*) ; aucun fonctionnaire public ne peut être congédié sans cause légitime, reconnue comme telle par la décision d'une cour de justice.

L'analyse que nous avons faite du contrat signé par le prince à son avènement au trône nous a déjà révélé quelques-unes des fonctions du *vetche*. Les questions de paix et de guerre étaient régulièrement décidées par lui. Nulle guerre ne pouvait être entreprise qu'avec le consentement du peuple, parce que, en l'absence d'une armée régulière, le prince ne pouvait lever d'autres troupes que la milice. Les traités de paix et d'alliance étaient aussi signés au nom du prince et du peuple, comme on peut le voir par les mots suivants employés dans le traité d'Igor avec l'empire byzantin en 945 : « Ce traité a été conclu par le Grand-Duc de Russie, par tous les ducs quels qu'ils soient, et par tout le peuple des terres russes. » Parfois, il est vrai, le Prince décidait la guerre contre le gré de son peuple mais alors il devait compter exclusivement sur ses

propres gens militaires, sa « drougina », institution qui
ressemblait beaucoup à l'ancien « comitatus » germain
(*geleit*). Tant que le système de donation de terres demeura ignoré et que le duc n'eut d'autres biens à
distribuer entre ses gens que ceux qu'on prenait en
temps de guerre, la drougina était loin d'être nombreuse. D'où il résultait que le duc était forcé de demander le concours du *vetche* toutes les fois qu'il se
croyait obligé d'engager une guerre. Le *vetche* ou bien
consentait à sa demande et ordonnait une levée de
troupes, ou bien refusait tout secours ; dans ce dernier cas le duc n'avait d'autre alternative que de renoncer complètement à son dessein ou d'abdiquer.

On peut voir, par ce très court et très incomplet
exposé des anciennes assemblées populaires russes,
que la Russie du moyen-âge était une fédération sans
cohésion de principautés, où le peuple avait l'habitude
d'exercer, dans une mesure plus ou moins grande, diverses attributions de la souveraineté. Il va sans dire
que cela affaiblissait la force de la Russie à résister
aux envahisseurs étrangers, entretenait les petits états
dans un continuel état de guerre les uns avec les autres et faisait d'eux une proie facile pour les tribus
nomades de l'est, des Polovzi aux Tatars.

Jusqu'ici nous avons pu montrer que les Slaves ne
furent pas les premiers habitants de la Russie, mais
que des peuplades d'origine aryenne avaient habité,
tout au moins au sud, à une époque aussi reculée
que celle où s'établirent les colonies grecques, sur la
mer Noire et sur la mer d'Azov, et que, de pair avec ces
peuplades, mainte tribu touranienne, dans sa migration
d'Asie en Europe, a laissé ses vestiges dans les provinces méridionales de la Russie, à commencer par les

Hongrois ou les Tvers, (les Ongri et les Obri des annales russes) pour finir par les Bulgares, qui possédèrent
autrefois un puissant empire sur la Volga, réunirent
diverses tribus finnoises sous leur domination et furent détruits et en partie remplacés par une autre race
touranienne, les Hazars. A ces derniers, les Slaves, dont
l'émigration des parages des monts Carpathes commença
dans la seconde moitié du vii° siècle, durent parfois
payer tribut. Quand la puissance des Hazars s'affaiblit,
les peuples qui se trouvaient sous leur domination,
tels que les Petchenegs et plus tard, les Polovzi, devinrent les ennemis ordinaires des Slaves et les empêchèrent de s'étendre beaucoup au delà de la frontière
orientale du Dnieper et de ses affluents. Les relations
plus paisibles des Slaves avec les tribus finnoises qui
habitaient la région des grands lacs et s'étendaient au
sud jusqu'aux rives de l'Oka et de ses affluents, entre
autres la Moskova, aboutirent à l'établissement de
principautés mixtes, sous des chefs étrangers d'origine
scandinave. D'autres invasions toujours du côté de l'est,
qui finirent par l'occupation de tout le sud et de tout le
sud-est de la Russie par les Tatars au cours du xiii°
siècle, non seulement mirent fin à l'existence des états
Slaves indépendants dans la Russie méridionale, mais
aussi firent de la partie occidentale une proie facile
pour les conquérants lithuaniens de la maison de Gedemine. Ce dernier événement fut préparé par ce fait qu'un
grand nombre d'habitants se mirent à fuir devant les
dévastations des Tatars et se réfugièrent dans les bois
et dans les marais. Les principautés situées sur le cours
septentrional de la Volga, ainsi que les libres républiques
de Novgorod et de Pskov, continuèrent à couvrir de colonies slaves l'est et le nord de la Russie. Cette colonisa-

tion prit la forme la plus simple : elle consistait à établir des factoreries et des citadelles sur le cours des grands fleuves tels que la Volga et la Kama, l'Oural et le Yaïk à l'est, la Dvina et la Petchora.

C'est aussi dans la région centrale de la Russie moderne, d'abord habitée par des races finnoises, que la colonisation ultérieure des Slaves aboutit à la formation du grand peuple russe de sang mêlé, comme le lecteur l'aura déjà vu. C'est ce peuple que les grands-ducs et, plus tard, les czars de Moscovie, réunirent sous leur domination, tandis que les branches plus méridionales et plus occidentales des Slaves constituèrent, sous le pouvoir de princes lithuaniens d'abord et ensuite de princes polonais, le peuple de la Petite Russie et celui de la Blanche Russie. Chacun d'eux parle un dialecte différent, de nos jours encore, tout au moins dans les villages.

L'importance de la puissance moscovite et des Grands Russiens qui en dépendaient, ne fut pas moindre dans l'écrasement de la puissance des Tatars et dans l'absorption subséquente des divers khanats en lesquels s'était divisée la grande horde établie à l'embouchure de la Volga. Ivan IV inaugura cette dernièrepolitique par la conquète des khanats de Kazan et d'Astrakan, et Catherine II la clôtura heureusement en annexant les Tatars de la Crimée. On pourrait même dire que l'extension de la puissance russe sur les états qui se trouvaient autrefois sous la domination mongole a continué presque jusqu'à nos jours. De nombreuses parties de la Transcaucasie qui ne sont devenues russes qu'au siècle dernier sont occupées par des Tatars ; et le Turkestan, ainsi que les Etats de la Caspienne, que la Russie acquit sous Alexandre

II, sont peuplés par la race touranienne. C'est ainsi que le nombre des peuples rangés sous la domination russe s'est augmenté et de Tatars, comme ceux de Kazan et d'Astrakan, et de nations de l'origine la plus diverse qui autrefois obéissaient aux Tatars. Il suffira de mentionner ici les Kirghiz et les Bachkirs. Et, outre ces additions, et des années avant la conquête des Tatars par la Russie, Ermak, cosaque de l'Oural ou Yaïk, avait commencé, sous Ivan III, l'annexion des races sibériennes, dont une partie avait été réunie sous les ordres d'un certain Koutchoum. Cette extension de la domination russe au nord-est se continua sans interruption jusqu'au règne de Nicolas Ier, époque où elle atteignit les rives de l'Amour. Les Tchouktchis et les Kamtchadales, sur le détroit de Behring, les Hilvaks de l'Amour et les Ainos du Tatchalin, n'offrent pas grande résistance à l'absorption russe, mais il en est tout autrement des Toungouses et des Ostiaks ; ces derniers peuples diminuent rapidement en nombre. Les Yakouts d'autre part, semblent appelés à une plus longue existence et on peut en dire autant de la majorité des peuples que la Russie a soumis ou à qui elle a permis de devenir ses sujets dans le Caucase et dans la Transcaucasie. On n'essaiera pas ici de donner au lecteur les noms de ces peuples. Les plus remarquables parmi eux, toutefois, sont les Géorgiens et les Arméniens, qui formaient un seul royaume, la Géorgie, et qui passèrent volontairement sous la domination russe. La soumission des montagnards fut une tâche plus difficile. Certains d'entre eux — les habitants d'Alchazia, par exemple — préférèrent émigrer en Russie ou y furent forcés. Quoique cela se soit passé au milieu du XIXe siècle, cela a rappelé tout à fait les Tatars, dont

une partie, à la fin du xviiiᵉ siècle, quittèrent la
péninsule de Crimée. Mais la majorité des habitants,
à commencer par ceux de la Kabardah à l'ouest pour
finir par les Tcherkesses, les Tchtchens, les Koumouks,
les Lesghis, et cinquante ou soixante autres petites
tribus du Daghestan, différant l'une de l'autre par la
langue, restèrent sous la domination russe et sont
tout à fait pacifiées. Depuis la reddition de Schamil,
cette contrée est si paisible qu'on peut la parcourir
d'un bout à l'autre sans escorte. L'auteur lui-même, à
trois reprises diverses, a passé des semaines et des
mois dans les hautes vallées du Caucase et a traversé
tout le Daghestan de Zakatali à Derbent sans arme
plus redoutable qu'un canif. Ces peuples sont remarquablement bons et hospitaliers. Il est incontestable néanmoins qu'il y a une moralité plus grande
chez ceux qui ont embrassé le mahométanisme que
parmi ceux qui sont devenus chrétiens. Car les montagnards de la Géorgie ont accepté le christianisme
d'une manière purement formelle, de telle sorte que
les préjugés païens et les immoralités les plus mons-
trueuses ont pu s'infiltrer parmi eux, tandis qu'on ne
les rencontre pas chez les Svanètes, les Pschovs et
les Touschines.

La tâche d'identifier l'origine et le caractère des langues parlées par tous ces peuples du Caucase et de la
Sibérie n'est encore qu'à ses débuts. Certaines langues
du Daghestan ont pourtant été étudiées de façon super-
ficielle par le baron Ouslar. La seule nation dont la
grammaire ait été traitée scientifiquement par un vrai
linguiste, le professeur de sanscrit, Vsevolod Miller, est
celle des Ossètes. Sur les tribus sibériennes nous ne
pouvons attendre de renseignements sérieux que de

l'avenir. C'est une tâche difficile de fixer l'origine de tous ces peuples : l'exemple de deux d'entre eux, les Bachkirs et les Kalmouks, peut servir à le montrer. Les premiers, race mêlée, d'origine finnoise et touranienne, étaient connus des écrivains arabes du xe siècle et, plus tard, des voyageurs italiens du xiiie et du xive siècle, principalement de Plano Carponi. Les Kalmouks sont venus de la Chine. Au temps d'Alexis leur nombre était assez grand pour menacer le maintien de la domination russe dans les provinces orientales de la Russie d'Europe. A partir de cette époque, la plupart des Kalmouks repassèrent la frontière et retournèrent dans leur ancien séjour, tandis qu'on laissait les autres mener une vie nomade sur les steppes du gouvernement d'Astrakan et en partie sur ceux de Stavropol. Les Kalmouks ont une organisation qui leur est propre et un clergé bouddhique, trait qu'ils ont en commun avec un autre peuple d'origine inconnue, les Bouriates de Sibérie, qui possèdent une organisation ecclésiastique indépendante.

L'auteur voudrait insister sur la nécessité de l'étude immédiate de ces langues barbares, car un grand nombre des peuples qui les parlent sont en train de disparaître complètement. Les Ostiaks et les Toungouses, par exemple, s'éteignent ; les causes en semblent être les maladies épidémiques, l'usage immodéré des boissons alcooliques et, jusqu'à un certain point, ce fait que les colons ruraux venus de la Russie d'Europe s'emparent de leurs meilleures terres. Leurs bois sont éclaircis ou complètement détruits. Les nouveaux venus changent leurs anciens pâturages en fermes entourées de clôtures, tandis qu'eux-mêmes, population de chasseurs et de bergers, incapables apparemment de s'adapter aux conditions nouvelles, meurent souvent de faim.

Un écrivain allemand, le professeur Brückner, qui est bien au courant de tous ces faits, considère néanmoins l'extension interrompue de la Russie en Asie, comme un bien pour la civilisation. L'auteur ne contredira pas son assertion, mais il ne fera que la compléter en disant que l'extension russe implique aussi la disparition complète, dans un avenir plus ou moins éloigné, des races indigènes. En cela, bien entendu, la Russie est dans le même cas que le peuple anglais ou le peuple américain quand ils colonisent les districts indiens. Et on peut même dire que la différence, pour ce qui est du niveau général de la vie et de l'instruction publique, se trouve être si insignifiante entre un paysan russe et un habitant indigène qu'ils vivent côte à côte dans une grande harmonie. Çà et là, des villages russes tout entiers ont adopté le costume, les mœurs et les habitudes des populations indigènes. C'est ainsi que les Cosaques, chargés de surveiller les Tcherkesses, ont fini par leur ressembler beaucoup. En Sibérie également on a vu des colons russes devenir « Yakouts ».

Tandis que l'extension de la Russie ne rencontrait pas d'obstacle sérieux à l'est, tout au moins à partir du moment où la puissance tatare s'évanouit, il n'en était pas de même à l'ouest. La Pologne et la Lithuanie ayant constitué un corps politique unique à la fin du xive siècle, un grand et puissant État s'éleva, qui, pendant longtemps, empêcha les Russes de réunir sous leur domination toutes les branches de slaves de l'est. A partir de l'époque de Jean le Terrible, les czars russes furent presque continuellement en conflit avec les Polonais afin d'étendre leur frontière occidentale. La principauté de Smolensk passa très souvent des mains des souverains russes dans celles des Polonais et *vice-versa*, au point que, en 1611 et 1612, la question s'éleva de savoir si Moscou elle-même ne devait pas recevoir un roi Polonais. Cette question fut enfin décidée en faveur de l'autonomie russe, mais Smolensk repassa bientôt aux mains des Polonais. C'est seulement au temps d'Alexis, fils de Michel, le premier de la maison de Romanov, que la Pologne dut céder à la Russie non seulement cette possession longtemps discutée, mais aussi toute la partie méridionale de son propre territoire. Elle fut occupée par les Cosaques et excitée à la révolte par l'oppression de l'église orthodoxe grecque et par une tentative infructueuse pour convertir le peuple, sinon au catholicisme, du moins à une soumission extérieure au pape, connue sous le nom d'« Urbaine » et déjà décrétée, sinon établie, par le Concile de Florence (xvᵉ siècle).

L'année 1648, qui vit la fin de la domination de la Pologne sur la Petite Russie, fut aussi le commencement du démembrement de cette grande et chevaleresque république. Ce démembrement fit des progrès considérables au temps de Pierre le Grand, époque ou une partie des provinces baltiques, pomme de discorde entre les Suédois et les Polonais, fut annexée à la Russie. Les trois partages de la Pologne sous le règne de Catherine II ne mirent pas fin, cela va sans dire, à ce martyre d'un peuple chevaleresque mal gouverné par une aristocratie égoïste. Une fois maîtresse des Polonais, à l'exception de ceux qui habitaient la Posnanie et la Galicie, la Russie réunit sous sa domination les provinces baltiques avec leur population mêlée, composée 1° de nobles allemands, descendant en ligne directe des chevaliers de l'ordre teutonique, et 2° des indigènes soumis par eux au xivᵉ siècle, tels que les Ehstes,

déjà connus des premières chroniques sous le nom de
Tchoudes. Les Ehstes, d'origine finnoise, sont répandus
dans toute l'Esthonie, les *Livs*, de la même famille,
qui ont donné leur nom à la province de Livonie, mais
qui depuis se sont éteints presque complètement sur
son territoire, étant encore représentés en Courlande.
Mais la masse de la population est formée dans ces
provinces baltiques d'un peuple de souche lithuanienne, et par conséquent d'origine Aryenne, les Lettons.
Les *Cours*, qui ont donné leur nom à la Courlande,
étaient une branche de la même famille. La masse de
la population dans les provinces occidentales de la
Russie, se compose de Polonais qu'on suppose descen-
dre des anciens Leckhes nommés dans la chronique de
Nestor ; de Lithuaniens, qui habitent sur le cours inférieur de la Vilia et le cours inférieur du Niémen ;
d'une autre branche de Lithuaniens connus sous le
nom de Jmoudes, qui vivent dans la partie occidentale du
gouvernement de Covno, et des Blancs Russiens, qui
habitent dans les provinces de Mohilev et de Minsk, et
en partie aussi dans les provinces de Grodno et de Vilna.

Mais la Pologne ne fut pas la seule nation qui eût à
souffrir des empiètements de la Russie grandissante :
une autre contrée qui dut céder fut la Suède. Sous le
prétexte que plus d'une province finnoise avait formé
partie du territoire de Novgorod, la célèbre ville-répu-
blique du nord, Pierre le Grand exigea et obtint des
Suédois les rives de la Néva, où il bâtit la nouvelle
capitale, Pétersbourg. Puis, afin d'assurer sa situation
paisible sur le golfe de Finlande, lui et ses successeurs annexèrent d'abord les provinces méridionales de
la Finlande et puis, sous le règne d'Alexandre Ier le
reste de la contrée. Ils accordèrent cependant une

représentation libre et la reconnaissance de tous les anciens droits et privilèges de ce pays tout entier (1).

Par l'annexion de la Pologne et de la Finlande, la Russie devint non seulement une puissance navale, avec un front maritime formé de toute la côte orientale de la Baltique, mais aussi un empire égal, quant à l'étendue du territoire et au nombre de ses habitants, au deuxième des plus grands empires du monde, le premier étant l'empire britannique.

La sixième partie de la surface territoriale entière du globe est aujourd'hui sous la domination de l'empire russe, qui, d'après le dernier recensement, compte environ cent trente millions d'habitants (129.000.000). Ses colonies, telles que la Sibérie, le Turkestan, la Transcaspie et la Transcaucasie, forment un bloc unique avec la mère patrie. Elles présentent non seulement de grandes facilités stratégiques, mais aussi l'avantage d'une migration facile pour les colons qui

(1) La population de la Finlande, à l'exception d'une minorité de Suédois, formant la classe supérieure, et de quelques Russes, se compose presque entièrement de Finnois divisés en deux branches, les Tavastes et les Korels. Une ligne tirée de Viborg au nord-ouest du golfe de Bothnie peut être considérée comme formant une ligne de partage entre ces deux peuples. Les Tavastes sont plus proches de la mer, les Korels sont à l'est de la limite ci-dessus mentionnée, formant ainsi le gros de la population de l'intérieur du pays. Le nord est occupé par les Lapons que l'on considère comme ayant été les colons primitifs de la Finlande. Leur premier séjour semble avoir été beaucoup plus au sud, sur les bords des lacs Ladoga et Onéga. Ils se désignent eux-mêmes sous le nom de Samo ou Sameedna. Ils donnèrent à la Finlande son premier nom de *Souomi* sous lequel elle était connue des Slaves russes les plus anciens qui l'appelaient *Souom*. Les Finnois s'étendent aussi sur le gouvernement de Pétersbourg où ils sont connus sous différents noms. Les noms les plus répandus sont ceux de Tjora ou de Tingri et celui de Tchoutchna. On entend ce mot très souvent employé dans un sens insultant par les habitants de la capitale quand ils parlent de domestiques et de gens de bas étage.

n'ont nullement à quitter la mère patrie dans leur trajet. L'empire russe comprend les conditions de climat les plus variées, depuis le climat tropical jusqu'au climat arctique. Les raisins, les oranges, les olives, le riz et le coton croissent dans certaines parties du pays, tandis que la terre noire d'un bon nombre des provinces méridionales est merveilleusement propice à la culture du froment, et le mélange d'argile et de sable, commun à tout le territoire qui s'étend plus au nord, à celle du seigle. Ajoutez à cela la richesse naturelle de la Russie en bois de mâture et tout au moins dans les provinces septentrionales en fer, en charbon et en huiles minérales, les communications faciles offertes par les rivières navigables, qui arrosent le pays du nord au sud ou dans la direction opposée, et l'on voit que, à l'exception peut-être des Etats-Unis, aucune contrée ne possède des conditions physiques plus propices au développement soit de l'agriculture, soit de l'industrie. Et les Slaves, qui constituent la plus grande partie des habitants de la Russie, sont de même souche que les Anglais, les Français et les Allemands, pour ne pas parler des anciens Romains et des Grecs. De plus, le mélange des Slaves avec les Finnois et les Tatars ne pouvait que produire — et en réalité produit — une race vigoureuse, résistante, robuste, comme cela a toujours été le cas et comme cela l'est encore pour tout peuple qui n'interdit pas le mariage de tribu à tribu.

Les chapitres suivants de ce volume seront consacrés à considérer jusqu'à quel point les institutions politiques de la Russie ont favorisé ou entravé le développement tant du peuple que du pays. Ou bien on peut les présenter comme une réponse à cette question : Quelle était réellement la Moscovie au moment où elle commença d'abord à jouer un rôle dans l'histoire de l'Europe occidentale ; dans quelle mesure son génie et ses institutions caractéristiques ont-ils été refondus sous l'influence des civilisations plus avancées ; dans quelle proportion ces adaptations ont-elles réussi, et que reste-t-il encore à faire si la Russie doit conquérir ce bien-être matériel et moral que le gouvernement a le pouvoir, sinon de créer, du moins d'augmenter et de développer ?

CHAPITRE II

ANCIENNES INSTITUTIONS MOSCOVITES SOUS LA PREMIÈRE DYNASTIE.

En l'année 1553, Chancellor, cherchant une nouvelle route vers l'Inde par la mer polaire, débarqua dans la baie de Tcholmogory et découvrit, du moins pour ses compatriotes, le fabuleux empire des czars de Moscovie. Pendant les générations qui suivirent, des marchands anglais, qui formaient une compagnie fameuse, installèrent d'importantes factoreries à Vologda et à Arkangelsk, exportèrent de Russie de grandes quantités de bois de mâture, de chanvre et de lin, firent tout leur possible pour monopoliser ce genre de commerce en en excluant et les Hollandais et les Espagnols et tentèrent, avec l'autorisation du czar Michel, de trouver une route nouvelle vers la Perse par la Volga et la mer Caspienne. Tout en échouant dans cette dernière entreprise, ces marchands continuèrent à tirer de grands avantages de leurs relations pacifiques avec la Russie, et du rôle prépondérant que l'un d'eux, John Merrick, avait joué dans la conclusion d'un traité entre le czar Michel et Gustave Adolphe. Le czar Michel autorisa des marchands anglais ainsi que d'autres étrangers à s'établir, sinon à Moscou, du moins dans

l'un de ses faubourgs, connu plus tard sous le nom
de *Nemeskaia Sloboda,* le bourg allemand. La quantité
de marchandises anglaises introduite au milieu du
xviie siècle augmenta à un tel point que les commerçants russes, à diverses reprises, adressèrent au czar
Alexis des pétitions lui demandant de les protéger
contre la concurrence étrangère par un moyen qui est
encore employé en Amérique, ainsi qu'en Russie, des
droits presque prohibitifs. Cette politique commerciale
triompha pour un temps, élevant désormais une
barrière contre l'importation des marchandises anglaises. Mais durant les trente années qui suivirent, pendant lesquelles, sous Pierre le Grand, la Russie dut
lutter avec les nations européennes sur le vaste terrain
du progrès matériel, de nouveau il fallut avoir recours
à l'habileté et à l'industrie anglaises, qui dès lors ne
cessèrent plus de jouer un rôle prépondérant dans le
développement technique du pays.

Maintenant que nous connaissons la manière dont
l'Angleterre et l'Europe entrèrent en contact avec la
Russie, demandons-nous quel était cet empire de Moscovie, si opportunément ouvert à la concurrence commerciale des capitalistes et des marchands anglais.

Chancellor trouva la Russie gouvernée par un des
plus habiles hommes qui ait jamais présidé à ses destinées. C'était Jean IV, mieux connu sous le nom de
Jean le Terrible. La première chose que les hommes
d'État anglais apprirent sur son compte, ce fut sa réputation belliqueuse. Il voulait combattre les Polonais, les
Suédois et les Tatars afin, disait-il, d'agrandir son
« héritage ». Aux Tatars il réussit à porter un coup
mortel par la suppression des Khanats de Kazan et
d'Astrakan. Il annexa aussi des principautés russes qui

avaient toujours conservé une sorte d'indépendance ou avaient fini par former partie d'un royaume voisin, le royaume de Lithuanie.

En tout cela Jean le Terrible se montrait le vrai continuateur de la politique des premiers ducs de Moscovie. A commencer par Ivan Kalita, ces princes habiles profitèrent de la situation géographique de leur petit état, entouré de bois et de marais et par conséquent presque inaccessible aux Tatars. Quoique faisant profession d'allégeance, ils restaient presque indépendants de la Grande Horde établie sur les bords de la Caspienne et connue aussi sous le nom de Horde d'Or. Moins impulsifs que les branches méridionales de la dynastie de Rurik, les descendants de Kalita, au lieu de combattre les Khans, les corrompirent par des présents magnifiques et réussirent ainsi à devenir fermiers du tribut, ou *geld* tatar, payé par les habitants des différentes principautés de Russie. Très rarement visité par les hordes barbares des envahisseurs mongols, l'Etat de Moscovie devint bientôt le refuge de tous les fugitifs, de tous ceux qui fuyaient à l'approche des Tatars.

Enrichis par la ferme du *geld* tatar et l'accroissement rapide du nombre de leurs sujets et contribuables, les princes Moscovites trouvèrent bientôt un puissant allié dans le fondateur de la grande abbaye de Troitzko-Sergievsk, située près de Moscou. Le premier abbé, Sergius, le conseiller de Dimitri Donskoï, ce héros populaire de la première bataille victorieuse livrée par les troupes russes aux envahisseurs mahométans, fut bientôt considéré comme un saint et une foule de gens venait annuellement visiter son tombeau dans l'église cathédrale de Troïtsk. Kiev, le premier siège du métropolite russe, étant constamment expo-

sée aux invasions des Tatars, l'abbaye de Petchora,
dans le voisinage de cette ville, commença à perdre
son ancienne importance en faveur de Troïtsk, fondée
par le saint Sergius. Cette abbaye devint, peu après,
ce que l'abbaye de Canterbury était pour les Anglais
avant la Réforme. Outre la haute vénération en laquelle
l'abbaye était tenue, un autre facteur contribua à
accroître la popularité des hommes qui régnaient à
Moscou ; cette ville devint la résidence permanente du
principal représentant de l'église orthodoxe russe. Kiev
n'était pas assez sûre pour lui et après un court séjour
à Vladimir, il s'installa à Moscou, en puissant allié
de la dynastie qui y régnait.

Le métropolite devint bientôt le soutien loyal des
ducs moscovites qui accomplirent la tâche difficile de
faire l'unité des Grands-Russiens et d'absorber tant les
cités-républiques autonomes, telles que Novgorod et
Pskov, que les principautés indépendantes comme
Tver, Rostov, Vladimir, Smolensk, etc.

L'organisation intérieure du duché et plus tard de
l'empire de Moscovie, était merveilleusement faite
pour prêter à une extension illimitée aussi loin que
s'étendaient la langue russe et la religion orthodoxe
russe. Les historiens en parlent tantôt comme d'un
système manorial agrandi, tantôt comme d'une espèce
de camp militaire. Elle tenait des deux avec en outre
cette particularité que manoir et camp restaient ou-
verts à tous les survenants. Que ce fussent des aventuriers de sang royal, russe, lithuanien ou même tatar,
en quête de service et de terre, ou que ce fussent
des paysans libres, désireux d'acquérir cette même
terre en tenure héréditaire à condition qu'une certaine
portion du capital nécessaire à l'exploitation leur fut

avancée par le propriétaire ; ces deux catégories de gens ne manquaient pas d'être bien accueillies par le duc ou par l'aristocratie rurale. Car l'Etat naissant, plus riche en terre qu'en habitants, était prêt, par conséquent, à assurer à tout survenant la possibilité de tirer un revenu annuel de la culture de champs incultes et de terrains vagues.

Les serviteurs militaires dits « gens de service » étaient enrôlés dans l'armée du duc, et payés sous forme de bénéfices militaires ou concessions de terres, qui ne devenaient pas la propriété permanente du serviteur militaire, mais étaient occupés par lui pendant la durée de son service effectif.

Les cultivateurs libres du sol, connus sous le nom de *serebreniki*, du mot *serebro* — argent, ou capital à eux avancé par le propriétaire — étaient établis sur les champs incultes, appartenant soit au duc, soit à quelqu'autre propriétaire terrien. Ils recevaient du propriétaire la quantité nécessaire de semences, de bétail et de bois, et quelquefois de l'argent, de sorte qu'ils étaient mis à même de couvrir les premiers frais de leur établissement sur un sol vierge. A ces conditions ils consentaient à servir comme soldats, sous les ordres du duc ou de quelqu'un de ses subordonnés, et à payer des impôts à l'Etat. En outre on exigeait d'eux des loyers en nature ou en espèces et en temps de moisson ils aidaient gratuitement les esclaves ou *cholopi*, qui étaient établis sur les terres du manoir et accomplissaient leurs services coutumiers ou « *boon works* ».

Ceux qui connaissent le fonctionnement économique du manoir médiéval en Angleterre, en France ou en Allemagne, n'auront pas de peine à identifier l'aide donnée à certains jours de l'année par ces libres tenanciers de

Moscovie avec les « *love-boons* » de l'époque anglo-saxonne qui étaient aussi connus sous le nom latin de *precariæ autumnæ* par tout le continent d'Europe. Tant il est vrai que les institutions juridiques sont créées non pas tant par le génie particulier de telle et telle nation ou de telle et telle race que par les nécessités de la vie, qu'elles peuvent être les mêmes chez des peuples de sang différent et à des siècles de distance. Aussi n'est-il pas étonnant que, sans aucune imitation directe, nous voyions dans les conditions juridiques des libres tenanciers de la Moscovie, ainsi que dans celles des esclaves ruraux moscovites, plus d'un trait commun aux libres *coloni* et aux *glebæ adscripti* de la Rome impériale ainsi qu'aux *soemen* et aux vilains de l'Angleterre médiévale du temps des Plantagenet.

On pourrait établir le même parallèle entre les tenures militaires accordées en échange de services par les ducs moscovites et celles dont les *thanes* anglo-saxons et, plus tard, les chevaliers de l'Angleterre féodale eurent tout le profit. Le fait est bien connu que du temps de Beda, la terre cultivée était si bien considérée comme l'apanage naturel des gens de service, que des rois anglo-saxons furent blâmés de la sotte libéralité qu'ils avaient montrée en concédant à des monastères des terres qui auraient dû être exclusivement réservées à la rémunération des services militaires. Cette idée reparut plus d'une fois dans l'histoire du continent européen, où Charles Martel lui même, dota, pour les mêmes raisons, ses compagnons d'armes de terres qui se trouvaient déjà en la possession du clergé, et où, à Moscou, dès le xvɪᵉ siècle, on agita la question de savoir si les propriétés monastiques ne devaient pas être confisquées afin que « aucune

terre ne restât hors de service ». Quoique les bénéfices
militaires moscovites répondissent au besoin de rémunérer par des dons de terre les services rendus à
l'Etat, besoin qui était commun à toutes les monarchies féodales du moyen-âge, les historiens russes ne
sont pas bien inspirés lorsqu'ils déclarent que les bénéfices militaires de la Moscovie sont une institution
absolument indigène. Le fait est qu'avant le xv° siècle,
nous n'entendons jamais parler de princes russes payant
des services autrement que par des distributions d'argent et d'objets faisant partie du butin pris à la guerre,
tandis que l'allocation de tenures militaires sous le
nom de *iktaa* était bien connue du monde mahométan
tout entier et plus particulièrement des Tatars, des
siècles avant l'apparition de cette même pratique dans
la Moscovie. Ces considérations amènent l'auteur à
déclarer que cette sorte de pratique s'est introduite
en Moscovie et dans les autres principautés de Russie
à l'imitation des khanats tatars.

La pratique sur une vaste échelle de ce système de
doter les « gens de service » de bénéfices territoriaux
était certainement faite pour attirer en Moscovie un
grand nombre d'aventuriers militaires venant de toutes les parties de la Russie ainsi que des pays qui
l'avoisinaient à l'est et à l'ouest. De cette manière
les princes lithuaniens de la dynastie jadis régnante de
Gedemine, tels que les Golitzine et les Troubezkoï, vinrent grossir les rangs de l'aristocratie terrienne russe.
De pair avec eux, des bannis d'Allemagne, comme les
Tolstoï ou les Scherlatov, des princes russes médiatisés
de la dynastie régnante de Rurik, les Kourbski, les
Lobanov-Rostovski, les Krapotkine et les Gortchakov ;
des chefs finnois et tatars comme les Mestchersky, les

Mordvinov et les Ourouosov, pour ne pas parler des Tcherkaski d'origine caucasienne, formèrent le gros de la noblesse titrée russe. Toutes ces familles s'établirent au xvᵉ et au xvɪᵉ siècle sur le territoire du duché qui s'accroissait rapidement, à côté des descendants des dépendants féodaux des ducs de Moscovie, parmi lesquels nous trouvons les représentants de la famille de Romanov, à laquelle appartiennent, comme chacun sait, nos empereurs actuels. Ainsi l'aristocratie russe fut dès l'origine un mélange d'éléments les plus discordants, étrangers et domestiques, dans lequel les familles princières ne doivent pas être considérées comme de meilleure naissance que de simples nobles non titrés comme les Romanov ou les Scheremetiev. Le fait que la Russie ne connut jamais de loi de primogéniture, sauf durant la courte période qui s'étend de 1721 à l'avènement d'Anne en 1730 et que, par conséquent, la propriété terrienne ainsi que les titres se transmettaient par héritage à tous les descendants d'une maison noble, doit être considéré comme la principale raison pour laquelle l'aristocratie russe, au lieu de croître en importance et en richesse, se voyait constamment en voie de perdre l'une et l'autre. Et cela peut se dire d'elle, presque dès le jour du premier établissement de familles princières étrangères sur le territoire du duché de Moscou, ou plutôt dès le moment où, de transitoire qu'il était, cet établissement devint permanent. Afin de comprendre la dernière partie de cette phrase, il faut savoir que les soldats qui cherchaient du service et une rémunération en terre avaient l'habitude de changer de maître ; ils quittaient un duc après l'autre, selon leur intérêt et leur goût personnels. Cette liberté de passer d'une allégeance à une autre était

formellement reconnue par les traités d'alliance que les
ducs russes concluaient quelquefois l'un avec l'autre.
« De libres serviteurs doivent avoir la liberté de nous
quitter ou de rester avec nous à leur volonté » : telle
est la formule consacrée par laquelle on fait allusion
dans les documents de ce genre au droit de migration
d'un duché à l'autre.

Avant l'extension territoriale de la Moscovie, ses
souverains étaient intéressés personnellement au
maintien de telles coutumes. La grande libéralité
avec laquelle terre et butin étaient donnés aux serviteurs militaires par les riches et belliqueux descendants d'Ivan Kalita devait forcément accroître le
nombre de leurs gens au détriment des princes voisins. Mais plus tard, lorsque, de petit duché qu'il
était, l'Etat moscovite devint la plus grande principauté
de Russie, ses grands ducs et ses czars jugèrent bon de
traiter en rebelles tous ceux qui, ayant pris du service
dans leur armée, tentaient de la quitter afin d'obtenir
des terres et des emplois de quelqu'autre maître. Dans
l'intéressante correspondance de Jean le Terrible avec
un de ces rebelles et émigrants, le fameux prince
Kourbski, nous trouvons trace de ce conflit entre l'ancienne théorie du service libre et la pratique nouvelle
de confisquer, non seulement les bénéfices militaires,
mais même les biens héréditaires de ceux qui allaient
offrir leur allégeance à quelque nouveau potentat.
Kourbski insiste sur la nouveauté et l'injustice de
cette façon d'agir, tandis que, aux yeux du czar, seuls
la peine capitale et l'anéantissement de la famille entière
semblent être un châtiment suffisant pour une conduite considérée comme celle d'un homme sans foi et
d'un traître.

Afin de retenir les soldats à son service, le czar de Moscovie adopta à la même époque certaines mesures susceptibles d'augmenter les revenus des terres concédées en guise de bénéfice. Les plus saillantes et les plus efficaces consistèrent à restreindre la liberté qu'avaient les libres tenanciers, établis sur les terres, de transporter leur domicile dans quelque manoir étranger. Ce n'était pas encore ce que nous désignons sous le nom d'esclavage, et qui fut introduit seulement à une période ultérieure, sous les règnes des trois premiers monarques de la dynastie actuelle. C'était quelque chose comme cette fixation au sol qui, dans la Rome impériale, faisait d'un fermier libre mais endetté ce que nous entendons par l'appellation de *colonus*; c'est-à-dire un homme libre qui n'avait pas le droit de changer de résidence.

Des difficultés économiques furent alors, comme à Rome, des siècles auparavant, les facteurs déterminants de cette évolution. Le gouvernement profita de ce que le fermier était endetté pour l'empêcher de quitter la terre à moins que quelque propriétaire terrien ne consentît à payer le montant de ses dettes, à condition de le garder dès ce moment à son propre service, soit comme tenancier, soit comme esclave. Les plus riches parmi les nobles profitèrent de ce règlement en concentrant sur leurs terres la plus grande partie des cultivateurs effectifs du sol. Les petits propriétaires eurent plus d'une fois lieu de se plaindre du dommage que leur causait cette pratique. Les chefs de l'aristocratie militaire trouvèrent chez les ducs et les czars de Moscovie, non seulement un appui empressé quand il s'agissait d'exiger du travail à bon compte, mais une disposition à asservir le vrai cultivateur.

Ils étaient aussi admis par les souverains de la Moscovie à partager avec eux l'honneur et le fardeau de diriger la politique intérieure et extérieure de l'Etat. Tous les nobles n'étaient pas appelés à siéger au Conseil privé du czar ou *douma*. Ce privilège n'était donné qu'à certaines familles appartenant soit aux couches supérieures de ceux qu'on appelle les *boiars* moscovites, ou aux dynasties jadis régnantes des principautés maintenant annexées, qu'elles fussent d'origine russe, lithuanienne, tatar ou caucasienne. Des membres de la noblesse locale se voyaient même requis de renoncer, en faveur de princes étrangers, aux rangs prééminents qu'ils avaient antérieurement occupés dans l'échelle sociale. C'est ainsi que les Romanov et les Scheremetiev durent céder le pas aux Golitzine et aux Troubezkoï, aux Chuiski et aux Miloslavsky, les deux premières familles étant de la race lithuanienne des Gedemine et les deux dernières de celle de Rurik, le fondateur de l'Etat russe.

C'est seulement dans les rangs de la haute noblesse que les souverains moscovites choisissaient leurs ambassadeurs, les chefs de leur administration civile et militaire, depuis ceux qui étaient appelés à présider aux bureaux supérieurs éxécutifs et judiciaires, connus sous le nom de *prikasi*, jusqu'aux gouverneurs de provinces et de villes. Ces gouverneurs étaient en même temps fermiers de tous les revenus de la couronne provenant des impôts indirects et aussi, en partie, des amendes judiciaires. Ceci explique le fait qu'ils considéraient leur charge comme une sorte de rente régulière, et la sollicitaient du czar comme un bénéfice *(kormlenise)*. N'étant responsables vis-à-vis de la couronne que jusqu'à concurrence d'une certaine somme d'argent fixée d'avance, les gouverneurs ou *voïvodes* étaient autorisés à s'approprier tous les revenus supplémentaires. Le peuple se plaignait amèrement de l'abus qu'ils faisaient de leur pouvoir presque illimité, du manque de justice et de charité qui paraissait dans leurs façons d'agir envers ceux qu'ils gouvernaient ou jugeaient.

A la tête de l'armée aussi nous ne trouvons que les représentants de la classe supérieure de la noblesse dont les membres étaient connus sous le nom de *boiars*. Cela n'empêchait pas qu'il existât dans leurs rangs des distinctions hiérarchiques. Les couches supérieures étaient occupées par les *boiars* du conseil ou *douma*, les suivantes par les *okolnichi*, ou qui devaient être auprès de la personne du grand duc et, plus tard, du czar, et les dernières par de simples nobles du conseil *(doumnii dvoriani)*.

Ces distinctions étaient observées strictement non seulement dans la distribution des charges de l'armée et des fonctions civiles, mais même des places à occuper à la table du duc à l'occasion des fêtes données à la cour. Le fils d'une personne dont le père avait été *boiar* n'aurait point consenti à servir sous le descendant direct d'un *okolnichi*, ni à s'asseoir à table plus bas que lui. Pour l'y décider il fallait que le duc fît acte d'autorité ou tout au moins promît que le cas ne pourrait être invoqué à l'avenir comme précédent. Tel fut le réel caractère de ce fameux droit de garder le rang une fois acquis par l'occupation d'un certain poste jusqu'en des générations plus rapprochées de nous. Il était connu au xvie et au xviie siècle sous le nom de *mestnichestvo*.

Il n'est pas nécessaire d'attirer l'attention sur le grand dommage qui résultait d'une telle coutume. Elle a été plus d'une fois un véritable obstacle à une bonne administration, en empêchant le grand duc d'appeler aux fonctions ceux qu'il y croyait les plus aptes. C'est seulement à la fin du xviie siècle que le czar Théodore, fils d'Alexis, le troisième czar de la dynastie des Romanov, mit un terme à ces prétentions ridicules, en ordonnant que tous les documents concernant cette sorte de controverse fussent brûlés, et que la généalogie des familles aristocratiques fut désormais consignée dans des papiers héraldiques.

La petite noblesse se composait soit de familles déclinant rapidement d'anciens *boiars* qui, par le seul motif qu'ils n'avaient pas occupé des postes élevés dans l'armée, ou de hautes fonctions civiles, réduisaient leurs descendants à une position inférieure, soit d'hommes d'armes ordinaires connus sous le nom de *dvoriane*, tandis que les premiers continuaient à s'appeler fils de *boiars*. Les uns et les autres trouvaient du service dans les rangs de l'armée et recevaient comme rémunération une certaine quantité de terre en tenure, plus ou moins grande selon le nombre de gens qu'ils promettaient d'armer et d'amener sur le champ de bataille.

Inférieurs encore à ces deux ordres étaient les scribes *diaki*, qui, en fait, dirigeaient toute la machine administrative sous les ordres des *boiars* placés à la tête des bureaux, *prikasi*, ou des *voïvodats*, ou provinces de l'Etat. Un grand nombre de ces scribes étaient élevés par les grands ducs et les czars au rang des

nobles ordinaires ou *dvoriane* ; peu passaient dans
les rangs des *boiars* inférieurs.

Par ce rapide aperçu de l'état intérieur de la Moscovie on peut voir que tous les avantages du pouvoir et
de la richesse étaient réservés à l'aristocratie militaire
seule.

Quant au tiers état, composé des habitants des villes
et des villages, il n'avait pas d'autre privilège que
celui de payer les impôts dont les classes supérieures
étaient exemptes. Donc, on peut dire que la population totale du grand duché était réellement divisée en
deux vastes couches, la couche supérieure et la couche inférieure : la première astreinte au service militaire, la seconde à l'impôt. Entre elles nous trouvons
le clergé, très nombreux, très riche en terre, et exempt
(du moins les membres mêmes du clergé sinon ceux
qui habitaient ses terres) de tous impôts directs ou
indirects.

On peut juger de la richesse que possédait ce corps
par des faits comme les suivants : sur le territoire du
seul district de Moscou, les terres du clergé formaient
à peu près le tiers de la superficie cultivée, et, dans
la première moitié du xviie siècle, des abbayes comme
celles de Solovezk ou de Kirilovo-Belosersk appartenaient aux plus grands propriétaires fonciers que
l'on ait jamais vus au monde. Ce n'était pas la piété
seule qui portait nos ancêtres à montrer tant de libéralité à l'égard du clergé ; c'était aussi le désir d'assurer au moins une partie de leur fortune contre les
confiscations et de la libérer de taxes ou d'impôts et
des malversations des fonctionnaires civils. Sous un
prince vindicatif tel que Jean le Terrible et sous une
administration civile dont la qualité principale n'était

ni l'honnêteté ni le sentiment de la responsabilité, le propriétaire d'un bien avait tout avantage à hypothéquer sa terre à quelque monastère, qui ainsi en devenait le véritable gérant, l'hypothèque conférant, à cette époque, le droit de jouissance, ce qui n'est plus le cas aujourd'hui. Le manque d'argent était une autre raison qui forçait les propriétaires terriens à vendre, ou au moins à hypothéquer leurs biens à de si importants détenteurs de biens meubles que les abbayes russes du xvie et du xviie siècles. Plus d'une fois les biens hypothéqués demeurèrent en la possession du créancier; le taux de l'intérêt étant très élevé à cette époque, le débiteur n'était pas toujours capable de libérer son bien.

Pour toutes ces raisons, la propriété ecclésiastique augmenta par une progression rapide, mettant en danger les intérêts de la couronne et ceux des gens de service dont l'existence était assurée par la distribution des tenures de terre. Il n'est pas étonnant que le czar Jean le Terrible ait envisagé un instant la nécessité de procéder à une véritable sécularisation des biens ecclésiastiques, comparable à celle qui fut faite en Angleterre sous Henri VIII et en France lors de la grande révolution. Ce projet semblait praticable d'autant plus qu'il se trouvait, dans les rangs du clergé régulier lui-même, une classe nombreuse de personnes opposées à toute accumulation de richesses entre les mains de ceux dont c'est le devoir de chercher leur salut dans la prière et dans le renoncement. S'étant assuré que ses vues seraient secondées, Jean le Terrible convoqua une réunion générale du clergé connue en Russie sous le nom de *saint sobor* ou assemblée. Elle se réunit à peu près à l'époque des premières relations de la Moscovie avec l'Angleterre.

Malgré une dénonciation énergique des « accapareurs de terres » (*slirgately*), faite par Nil Sozsky, la majorité des hommes assemblés sous la présidence de Josif Volo-Kolamsky repoussa l'idée de l'expropriation et le clergé russe garda sa suprématie comme possesseur de terres jusqu'au règne de Catherine II, époque où la sécularisation de ses biens devint un fait accompli.

Quoiqu'il eût échoué dans ses efforts principaux pour dépouiller le clergé, le czar Jean le Terrible prit des mesures en vue d'empêcher l'accroissement de ses biens et de ses revenus. Ces mesures furent efficaces tant qu'il vécut, mais dans la « période des troubles », comme on l'a appelée, qui s'ouvrit avec la fin de la première dynastie, les conditions du moment devinrent assez favorables à une augmentation nouvelle du nombre des donations et des hypothèques au profit du clergé.

Ce fait explique le décroissement rapide de la quantité de terres appropriées à la rémunération des services militaires et donne la raison pour laquelle l'Etat dut plus tard étendre l'obligation du service effectif à l'armée, même à ceux qui possédaient des biens non grevés d'hypothèques et héréditaires.

Des terres connues sous le nom de paternelles (*otchina diedina*), terme employé par la loi salique des Francs ripuaires, furent astreintes à fournir un certain nombre de soldats armés d'après la proportion établie une fois pour toutes entre le nombre d'hommes équipés pour la guerre et le nombre d'arpents ou *tchets* composant la superficie des terres du propriétaire. Quand Pierre le Grand entreprit la réorganisation des conditions sociales et politiques de la Russie, il trouva donc des matériaux tout prêts pour l'établissement de ce principe directeur de sa réforme : qu'un noble, à quelque couche de la classe supérieure qu'il appartînt et quelle que fût la nature de sa tenure, bénéfice militaire ou terre paternelle, devait rester au service de l'Etat durant sa vie entière, d'abord dans les rangs de l'armée ou de la marine nouvellement créée, et plus tard, quand la vieillesse ou le mauvais état de sa santé devenait un empêchement à l'accomplissement de ses obligations militaires, au moins dans les rangs des fonctionnaires civils.

A cette condition, la noblesse russe, connue à partir de ce moment sous le nom polonais de *schliachta* devait être exempte de taxes personnelles et avoir le monopole de posséder des terres cultivées par des esclaves. C'est seulement à la fin du xviiie siècle que les nobles russes furent exemptés par Pierre III et Catherine II de l'obligation du service effectif et devinrent, sous le nom de *dvoriane*, nom qu'ils gardent encore aujourd'hui, une classe de seigneurs terriens, requis d'exercer certaines fonctions d'administration locale sur le territoire de la province et du district.

Ce chapitre a essayé de montrer le lien étroit qui, en ce qui concerne les ordres sociaux, relie la Russie à l'ancien empire moscovite. Plus d'une fois l'occasion se présentera de faire voir comment des réformes, en apparence inorganiques, faites durant les deux derniers siècles sur le modèle de la Suède, de l'Allemagne, de l'Angleterre et de la France, ont en réalité été greffées sur de pures institutions russes. L'effet a été de changer presque totalement le caractère de la réforme elle-même. Tant il est vrai que l'imitation prend rarement la forme d'une simple transplantation d'une institution étrangère, mais plutôt celle d'une adaptation de cette institution à d'anciennes conditions d'existen-

ce créées par le passé tout entier de la nation en question.

Maintenant que nous avons jeté un coup d'œil rapide sur la constitution sociale et politique du duché de
Moscovie, demandons-nous quels nouveaux éléments
y furent introduits par les trois premiers souverains
qui portèrent le titre de czar, Jean III, Basile III et Jean
le Terrible. Le premier de ces trois monarques fut le
véritable fondateur de l'autocratie russe. Il doit être
considéré ainsi, non seulement parce qu'il supprima
les restes de la démocratie primitive, jadis commune
à toutes les principautés de la Russie médiévale et encore existantes dans les principautés de Novgorod et de
Pskov, mais aussi parce que, par un mariage avec une
princesse grecque de la famille impériale des Paléologue, il fut le premier à élever la prétention de succé-
der aux empereurs byzantins dans la direction du monde orthodoxe. C'est à partir de ce moment que Moscou
commença à être considérée comme une nouvelle Constantinople et que les métropolites russes, autrefois d'o-
rigine grecque et nommés par les Grecs, devinrent les
égaux, sinon les supérieurs de ceux de Byzance, de Jé-
rusalem et d'Antioche.

Ces deux événements, la chute des républiques jadis
fameuses et l'ouverture de la Russie à la civilisation byzantine et aux théories byzantines d'autocratie impériale, ont l'importance de points tournants dans l'évolution politique de la Russie. Pour effacer la mémoire de
l'ancienne indépendance, les czars russes non seulement
prohibèrent toute nouvelle convocation des assemblées populaires ou *viecha* à Novgorod et dans la suite à
Pskov mais aussi forcèrent les familles les plus en vue
de ces régions à fixer leur résidence sur le territoire

du district de Moscou, et peuplèrent les républiques annexées d'émigrants moscovites. Les effets directs du deuxième grand changement qui eut lieu sous le règne de Jean
III, la diffusion des idées byzantines en conséquence d'un
mariage avec une princesse byzantine, parurent aussitôt
sous ses successeurs immédiats. Les écrivains de ce temps
rapportent que, en dépit d'exemples antérieurs, le czar
ne consultait pas ses *boiars*, mais faisait tout par
lui-même, prenant seulement conseil d'un ou deux
hommes qui étaient fils de leurs œuvres ou de moines
grecs et russes, personnages égoïstes qui ne cherchaient
qu'à augmenter leurs propres richesses et étaient prêts,
à cette condition, à donner de grand cœur leur adhé-
sion à tout abus de pouvoir commis par le czar à son
propre profit.

Quand Jean le Terrible atteignit l'âge d'homme, il
avait devant les yeux l'exemple de ses deux prédécesseurs immédiats ; il avait aussi été vivement frappé
du grand mal qui, dans son enfance, avait été fait à
l'Etat par l'administration des *boiars* de la *douma* ou
conseil privé. De là vint son désir d'écraser cette
puissance et de demander conseil aux représentants,
sinon du peuple entier, du moins des groupes sociaux
qui à Moscou pouvaient être considérés à plus ou
moins juste titre comme étant les représentants des
différents ordres appelés à aider le czar dans le gouvernement militaire ou civil de ses états. Telle fut
l'origine des fameux *sobors*, qui ont été plus d'une
fois regardés comme le modèle et du Parlement anglais
et des Etats généraux de France. Les premières personnes appelées à assister à ces assemblées furent,
outre les membres du Conseil privé et le haut clergé,
des délégués de la classe des serviteurs militaires,

connus sous le nom de « fils des *boiars* » et de
« *dvoriane* », nom qui aujourd'hui signifie nobles. Au
sobor de 1566, le premier dont la composition nous
soit connue en détail, cette classe comptait deux cent
cinq représentants, plus que la moitié du nombre des
personnes présentes à cette assemblée. Presque tous
avaient été choisis parmi ces mille nobles, qui en
1550, avaient, par ordre du czar et des membres de son
conseil privé, reçu une dotation de terre dans le voisinage de Moscou, dans un rayon de sept milles géo-
graphiques. Ces nobles étaient les plus anciens de leur
classe par leur origine et leurs services. Une partie
d'entre eux reçut comme bénéfices trois cents *tchets*
chacun (environ 50 ares). Ils formèrent la première
classe ; la suivante se composa de ceux dont les dotations n'excédaient pas deux cent vingt-cinq *tchets* ; la
troisième classe ne reçut que cent cinquante *tchets* par
tête.

Les donations n'étaient que des additions supplémentaires aux vastes biens déjà possédés par les nobles
en question dans les différentes parties de l'Etat à
titre de propriétaires ou de tenanciers à vie. Chacune
de ces classes, qui, en somme, formait une représentation assez adéquate du corps des serviteurs militaires,
reçut l'ordre d'envoyer un certain nombre de délégués
— la première quatre-vingt-dix-sept ; sans compter
neuf délégués dont les résidences, les districts de
Louzk et de Toropetzk, font l'objet d'une mention
spéciale.

Les cent dix députés restants appartenaient à la seconde et à la troisième classes, et on peut reconnaître
en eux des membres de familles nobles établies dans
trente-huit districts, dont la moitié étaient situés dans

la partie occidentale de l'Etat russe. La préférence donnée à ces provinces n'a pas d'autre raison que celle-ci :
le *sobor* avait à trancher la question de savoir si la
guerre avec la Pologne devait être continuée ou non.
Personne, cela va sans dire, n'était plus intéressé au
réglement de cette affaire que les « gens de service »
des provinces occidentales qui avaient à conduire la
guerre. Il était donc naturel de demander leur avis
avant celui des autres. On peut ajouter que c'était aussi
tout à fait pratique, leurs régiments étant, pour la
même raison, soit à Moscou, soit dans le voisinage
immédiat de cette ville.

Quant au tiers état, il comptait soixante dix-huit
membres parmi les personnes présentes. Douze d'entre eux appartenaient à la classe des marchands aventuriers qui commerçaient avec l'étranger. Leur dénomi-
nation spéciale était « hôtes » (*gosti*).

Quant au reste, il représentait deux subdivisions distinctes des drapiers moscovites : ceux qui exerçaient
leur trafic dans les galeries qui ont gardé presque
jusqu'à nos jours le nom de « galeries de Smolensk »
et ceux connus sous le titre spécial de Marchands moscovites.

Il est difficile de considérer toutes ces personnes
comme de vrais représentants du tiers-état de Russie.
Mais on ne peut pas non plus les regarder comme des
délégués de Moscou seule, pour cette raison que, dans
les rangs de la classe supérieure des marchands, le gouvernement choisissait, en règle générale, les fonctionnaires chargés de percevoir les impôts indirects dans
l'Etat tout entier. Ils étaient une espèce de « fidèles
hommes » (traduction exacte du terme *viernii liudi*) qui
prêtaient serment de remplir leurs fonctions de contrôle

fidèlement et honnêtement. La conclusion générale à laquelle on arrive à la simple inspection de la liste des hommes convoqués au *sobor*, c'est que, au lieu de rechercher les conseils des hommes les plus compétents de l'Etat, le gouvernement russe éprouvait la nécessité de consulter ceux qui servaient à la tête de ses soldats ou de ses contribuables. Le gouvernement ne tenait pas tant à s'assurer des besoins du peuple des divers districts, villes ou bourgs, que du nombre des combattants et de la somme d'argent et de biens dont il pourrait disposer dans les contingences militaires et politiques.

Le même caractère apparaît dans la composition des *sobors* d'une époque ultérieure et dans les desseins poursuivis par eux, — par exemple celui de 1598 appelé à choisir un nouveau czar à l'occasion de l'extinction de la maison de Rurik. Comme en l'an 1566, les membres du conseil privé et parmi eux les scribes de la *douma* et des différents *prikasi* ou bureaux, entre les mains desquels était la haute administration de l'Etat, furent convoqués à l'assemblée, de pair avec les officiers supérieurs du trésor privé du czar (le *dvor*). Ces derniers n'avaient pas paru en 1566. Quant aux serviteurs militaires, ils formèrent cette fois plus que la moitié de tous les membres présents ; la majorité appartint à la classe des nobles moscovites dont la position à la tête des régiments ou dans les rangs les plus élevés des fonctions civiles peut être constatée. Mais, outre ceux-ci, nous trouvons, au *sobor* de 1598, des personnes élues, prises dans la classe supérieure de la noblesse locale, qui, suivant un témoignage digne de foi (celui de Margeret), devait envoyer à Moscou, de chaque ville, un nombre déterminé de membres pour y résider constamment durant trois années. Ils

étaient appelés, cela va sans dire, à aider le gouvernement central dans les affaires concernant l'administration
militaire des districts et la répartition des terres accordées en récompense des services militaires. Leur présence continuelle à Moscou leur permettait d'assister aux
séances du *sobor* à côté de certains nobles moscovites
qui n'avaient pas encore abandonné complètement leur
district natal, quoique remplissant leurs fonctions militaires et civiles dans la capitale. Quant au tiers-état,
absolument comme trente deux ans auparavant, il était
représenté au congrès par un certain nombre d'hôtes
(ou marchands aventuriers de Moscou, en tout vingt et
un) et par des délégués de la classe supérieure des hommes qui exerçaient le commerce à l'intérieur du pays.
Parmi ceux-ci, les drapiers constituaient à eux seuls
une classe distincte, tout comme ils l'avaient fait en
1566, sous le nom de « Marchands de Smolensk ».

On verra que, à cette époque, quoique plus subdivisées, les autorités dirigeantes de Moscovie s'assem-
blaient en corps, non pour exprimer les vœux véritables de l'aristocratie et de la bourgeoisie terriennes,
ni ceux des communes, comme cela aurait eu lieu à
la réunion d'un parlement anglais, mais en vue d'une
consultation et d'une décision sur un sujet d'intérêt
public aussi important que le choix d'une dynastie
nouvelle.

Nous ne poursuivrons pas plus loin l'étude de la composition des premiers *sobors*, ayant déjà atteint la limite du xvie siècle et la fin de l'ancienne dynastie de
Rurik. Mais il n'est pas nécessaire d'en dire bien long
pour expliquer pourquoi la représentation des classes
dirigeantes de la société moscovite était impossible
sous une forme autre que celle dont nous avons parlé.

Quiconque considère la vaste étendue des Etats russes au moment où les *sobors* firent leur première apparition dans l'histoire, quiconque se rend compte de la difficulté de se rendre à la capitale en moins de plusieurs mois, à cause du mauvais état des routes et de l'éloignement de certaines provinces, comme Novgorod, Pskov, Arkhangelsk, les bords de l'Iénisséi ou ceux de l'Oural, de la Kama et de la Volga, comprendra facilement que la représentation parlementaire ne pouvait, en Russie, prendre le caractère général qu'elle avait en Angleterre. D'autre part, l'absence de liberté personnelle, ressentie plus profondément à chaque génération nouvelle parmi les rangs des deux classes les plus nombreuses des habitants moscovites, la classe des paysans, déjà attachés à la glèbe *de facto*, sinon *de jure*, et la classe des roturiers et des bourgeois, astreints à une résidence continuelle dans leur lieu de naissance par le système de la responsabilité mutuelle en matière d'impôt, était un obstacle naturel à toute représentation réelle de ces deux classes aux assemblées des *sobors*. La Russie semblable en cela du moins à l'Angleterre et à la France, n'avait rien qu'on puisse comparer à cette quatrième chambre qui en Suède et plus tard en Finlande fut composée des délégués des paysans libres et l'est encore aujourd'hui.

Elle ne connut jamais non plus ces « bons et fidèles hommes » de telle et telle ville, ou de tel et tel bourg, dont la chambre des Communes fut en partie composée à partir du moment où Simon de Montfort demanda au tiers état d'appuyer les réclamations des nobles et des *squires* auprès de la couronne d'Angleterre — événement qui eut lieu, comme chacun sait dès 1265. Des trois « mains » (*brachios*), dont les cortès d'Ara-

gon ou de Castille se composaient, l'Etat de Moscovie
ne connaissait que les *caballeros* ou possesseurs de tenures militaires.

Les quelques représentants du tiers-état qui paraissaient aux *sobors* pourraient être comparés seulement
avec les délégués de ces guildes de marchands qui autrefois, au xii⁰ et au xiii⁰ siècles, unissaient à la ferme
du revenu régulier de la couronne provenant des villes
ou bourgs toute l'administration intérieure de ces mêmes cités ou bourgs.

Mais même là, l'immense étendue de l'Etat
moscovite imposait une obligation spéciale, l'obligation d'avoir recours seulement aux couches de la
classe commerciale qui résidaient dans la Métropole.

Jean le Terrible produisit moins une révolution
qu'une modification profonde de l'ancien système de
gouvernement, non seulement par le fait de créer les
sobors, mais aussi en limitant le pouvoir politique et
en élargissant les fonctions judiciaires de la *douma*
ou conseil privé. Le premier point avait été atteint du
moment où, sous prétexte d'une conspiration réelle ou
supposée de la part des *boiars*, le czar fit des exécu-
tions et des confiscations expéditives, condescendant
parfois à échanger contre les biens fonciers des condamnés, biens régulièrement annexés aux domaines
royaux, quelques terres éloignées dans des provinces
lointaines. De cette manière, il arriva à priver les anciennes maisons dirigeantes des principautés russes de
l'appui matériel que des possessions vastes et compac-
tes au milieu du territoire qu'elles avaient gouverné
ne pouvaient manquer de leur donner. Beaucoup de
ces branches éloignées de la dynastie de Rurik, sachant
le sort qui les attendait si elles restaient encore à Mos-

cou, s'exilèrent volontairement, émigrèrent en Pologne
et laissèrent confisquer leurs biens par la couronne.

Le résultat de tout cela fut que le conseil privé perdit, dans une certaine mesure, son caractère aristocratique, et que des familles nouvelles, qui devaient leur
grandeur non pas tant à la haute naissance qu'à ce
fait que leurs filles avaient été données en mariage
au czar ou à ses parents, entrèrent dans les rangs
des *boiars*. Il faut mentionner entre autres, la famille
des Godonov et celle des Romanov qui, lorsque s'étei-
gnit la dynastie de Rurik, ne trouvèrent au conseil
privé que deux ou trois familles d'origine plus noble
que la leur. Telles furent celles des Chouiski, des Miloslavski, des Golitzine et des Troubezkoï, que nous
trouvons parmi les compétiteurs directs ou indirects
au trône de Russie, dans la « période des troubles »,
période qui s'ouvrit avec l'apparition du premier
prétendant, le faux Démétrius.

Nous avons passé rapidement en revue les grandes
lignes de l'édifice social et politique de l'Etat moscovite
au siècle qui précéda l'avènement de la maison de
Romanov et le commencement de la longue période
de réformes qui n'est pas encore terminée. En termi-
nant ce court exposé d'un sujet qui a déjà été traité
dans ses détails les plus intimes par des historiens,
des jurisconsultes et des économistes russes, on peut
mentionner brièvement ce fait que la machine administrative tout entière était construite de manière à
s'étendre facilement à de nouvelles acquisitions de
territoires. En effet, dès que quelque province étrangère ou quelque état indépendant tel que l'empire de
Kazan ou le khanat d'Astrakan était subjugué par les
armes russes, le gouvernement incorporait sa classe

aristocratique dans les rangs des gens de service moscovites, donnant le titre de princes à ceux qui, antérieurement, ou bien l'avaient porté dans leur propre
duché ou étaient connus sous le nom de *mourzas*,
nom fort répandu dans le monde mahométan.

Le menu peuple des provinces conquises d'origine
finnoise, tatare ou slavonne était dorénavant indistinctement compté au nombre des contribuables comme
paysans ou habitants des bourgs, classe à laquelle,
même de grandes villes comme Kazan, étaient considérées appartenir. Le czar ordonnait en même temps à
plusieurs centaines de *gens de service* moscovites d'occuper la citadelle des villes conquises, leur octroyait de
grandes propriétés dans la région nouvellement acquise
— propriétés dont la plus grande partie avait antérieurement été aux mains de la noblesse locale. Tel avait
été le mode de procéder de Jean III, à la conquête de
Novgorod, et de son fils Basile, lors de la reddition
de Pskov.

Telle fut aussi la politique de Jean le Terrible à
l'égard de Kazan et d'Astrakan avec cette seule différence que, ayant rencontré, du moins dans la première
de ces deux provinces, une violente résistance de la
part de la noblesse, l'armée russe profita de cette circonstance pour exterminer les chefs de l'opposition
aristocratique. Leurs biens furent confisqués et transférés à des serviteurs militaires moscovites. Les rares
familles nobles qui échappèrent à cette extermination
générale, reçurent l'ordre de s'établir à Moscou ou
d'élire domicile dans d'autres provinces qui ne faisaient pas partie du royaume conquis.

Afin de maintenir dans l'obéissance les nations soumises, le gouvernement moscovite éleva de nouvelles forteresses telles que Sviagsk, sur le cours moyen de la Volga, et, à une date ultérieure, Mendelinsk, à une courte distance de la Kama, et Orenbourg, dans le voisinage immédiat d'un autre grand fleuve qui se jette dans la mer Caspienne, le Jaïk ou Oural.

Avec Astrakan et quelques places fortifiées de moindre importance, situées entre Nijni-Novgorod et l'embouchure de la Volga, ces citadelles devinrent assez fortes pour maintenir l'ordre et la paix parmi les diverses races finnoises telles que les Mordves, les Tcheremisses, les Tchouvaches et les Nogaï, habitant les deux rives du grand cours d'eau qui met en communication les provinces de l'intérieur de la Russie avec la mer Caspienne.

Mendelinsk et Zaïnsk jouèrent le même rôle dans le maintien de la puissance russe parmi les tribus finnoises éparses sur les rives de petits affluents de la Kama, et quant à Astrakan, Orenbourg et l'Oural, ils rendirent un égal service en protégeant les provinces russes de l'invasion des Kirghiz ou Bachkirs et des Kalmouks, qui étaient l'une et l'autre des tribus d'origine mongole et dont la dernière vint s'établir en Russie, étant partie d'un coin aussi éloigné que la Chine. Afin de maintenir dans l'obéissance les peuples vaincus, le gouvernement russe eut aussi recours aux Cosaques, cavalerie légère composée de volontaires, qui voulaient s'établir sur la vaste étendue de terres inoccupées situées hors des limites de l'Etat moscovite et exposées aux invasions des Tatars. Les Cosaques occupèrent ces territoires par bandes nombreuses qui se gouvernaient elles-mêmes, aussi propres au métier de voleur de grand chemin qu'à la défense de la puissance russe et de l'église orthodoxe.

Plusieurs régiments de ces volontaires furent autorisés à émigrer des bords du Don, le Tanaïs des anciens, sur ceux de l'Oural, et à y créer, dans le voisinage immédiat des Bachkirs, une sorte de république militaire à demi indépendante, appelée à protéger la Russie contre cette nouvelle invasion de la race mongolo-finnoise. Un de ces Cosaques avait été employé par les Stroganov, industriels florissants de Perm à la tâche difficile de débarrasser la frontière nord-est des incursions périodiques de peuplades barbares ou semi-barbares. En accomplissant cette mission, il poussa, avec une petite troupe de ses gens, jusqu'à la Sibérie occidentale, où, un siècle auparavant, avait été fondé, sur les bords de l'Irtish, un empire tatar, par la famille princière de Taïbougi.

Cet Etat, gouverné du temps de Jean le Terrible par un certain Koutchoum, se composait de diverses tribus, telles que les Ostiaks et les Bachkirs ; la classe supérieure seule consistait en Tatars qui, étant mahométans, faisaient tout leur possible pour convertir à leur religion les races indigènes. Ces dernières gardèrent néanmoins leurs coutumes et leurs habitudes anciennes, ainsi qu'une sorte d'indépendance. Elles n'étaient soumises qu'au paiement, au nouveau gouvernement, d'un impôt régulier. La dernière semble avoir été comme celle de Kazan d'une nature plus ou moins aristocratique, le pouvoir suprême étant détenu non seulement par le khan, mais aussi par un certain nombre de chefs secondaires connus sous le nom de *mourza*. Des tiraillements entre gouvernants et gouvernés, auxquels il est fait allusion en des termes assez obscurs dans le message envoyé par le czar Koutchoum à Jean le Terrible, affaiblirent la puissance de l'État

Kovalewski.

nouvellement créé. Cela nous explique la faible résistance qu'il opposa à l'invasion des Cosaques. Toutes les conquêtes faites dans le sud-est et le nord de la Russie furent accomplies par de petites bandes de soldats, qui attaquaient les villes, s'emparaient de leurs citadelles de bois ou de pierre, et, n'osant pas pénétrer dans les lieux sauvages occupés par les indigènes, se contentaient d'exiger d'eux une allégeance de pure forme. Quant à la colonisation, elle avançait assez lentement mais régulièrement, de la manière suivante : au confluent d'une rivière navigable et d'un cours d'eau plus important, on élevait une forteresse ; des serviteurs militaires de Moscou recevaient l'ordre de s'y établir et se voyaient octroyer de larges dotations de terres — les uns dans le voisinage immédiat de la forteresse, la plus grande partie à une certaine distance de l'endroit. Aux hauts officiers on octroyait un domaine ; les simples soldats obtenaient de la terre en commun avec le droit de la subdiviser entre eux. On pourrait en dire autant des Cosaques, qui, à cause de la vaste étendue de terre mise à leur disposition, préféraient la garder commune à tous les hommes appartenant à leurs régiments et l'employer plutôt comme paturages que pour l'agriculture. Les Cosaques du Don ainsi que ceux de l'Oural ou de l'Irtish, en Sibérie, vivaient plutôt de rapine et des produits de leur chasse que de la culture du sol. Une des raisons qui les décidèrent à prêter serment d'allégeance au gouvernement moscovite, ce fut la possibilité d'obtenir de la munificence du czar la quantité de blé nécessaire à leur nourriture. Cela explique aussi une autre habitude cosaque, celle de rester à proximité des forteresses situées sur les frontières de l'empire russe dans la direction des steppes

inoccupés, grands espaces de terre connus sous le nom
de « domaine du czar » (*gossoudareva paschnia*). La
terre était cultivée gratuitement par le menu peuple
qui avait reçu l'ordre de s'établir dans le voisinage
de la citadelle. Le grain produit sur ce territoire servait à nourrir, non seulement la garnison mais aussi
les alliés éloignés, tels que les Cosaques. Mais la culture
de ce grain devint bientôt une lourde charge pour la
population, et cela explique bien pourquoi, à la fin du
xvi⁰ siècle, les habitants des environs de ces forteresses commencèrent à être mécontents du genre de vie
qu'on les forçait à mener et furent prêts à seconder
tout prétendant qui promettait d'améliorer leur condition.

Par cette description très incomplète de l'organisation intérieure de la Moscovie sous l'ancienne dynastie,
on peut voir qu'elle avait déjà cessé d'être un simple
fief, comme au temps des premiers ducs de Moscou,
ou même la réunion de fiefs situés le long du cours
tout entier de la Moscowa qu'elle avait été sous Ivan
Kalita, au milieu du xiv⁰ siècle. Quoique sa frontière
occidentale passât à la courte distance de quelque cent
milles de Moscou, à l'est elle s'étendait jusqu'à l'Iénisséi, l'Oural, les monts Ourals et l'embouchure de
la Volga. Au nord elle atteignait la région des grands
lacs et la mer Blanche. La frontière la plus incertaine
était celle du sud. Une chaîne de forteresses fut élevée
pour protéger cette frontière mal définie contre les
invasions des Tatars. Pendant des générations
successives, de nouvelles citadelles s'élevèrent et du
terrain fut conquis sur un territoire connu sous le
nom très approprié de « champ » ou terre inoccupée.
Dans la première moitié du xvi⁰ siècle, Toula et

Tambov représentaient bien les anneaux les plus
importants de cette chaîne : mais cent ans après, ces
forteresses avaient déjà été remplacées par Belgorod
Tcharkov et Voronej.

Plus au sud l'émigration moscovite continua néanmoins, consistant principalement en paysans qu
fuyaient la tyrannie du servage. Ils rencontraient
généralement d'autres émigrants venant de la Russie
occidentale et de la Lithuanie, récemment unie à la
Pologne, événement qui eut sa répercussion sur la
condition sociale et religieuse des gens du peuple.

La noblesse polonaise, surtout la noblesse inférieure
(*sliachto*) essaya d'établir le servage sur les terres nouvellement acquises, tandis que le clergé latin faisait
tous ses efforts pour supprimer la religion grecque en
faveur du catholicisme. Les fugitifs de la Pologne
rencontraient ceux qui venaient des frontières de la
Moscovie. Les uns et les autres avaient de commun
leur amour de la liberté et de l'orthodoxie. Ils n'eurent donc aucune peine à s'unir pour former des bandes et des fédérations militaires. Une de ces fédérations s'établit sur les bords du Dniéper et assit sa
principale résidence dans une des îles de cette rivière.
Ainsi fut constitué le célèbre *siech*, ou camp de Cosaques habitant au sud des chutes d'eau (*Zaporojzi*).
Ce *siech* devint le noyau de la Petite Russie.

Aux yeux de l'étranger, ces maraudeurs apparais-
saient surtout comme un camp de brigands, tandis
que la Moscovie elle-même, au temps de Jean IV,
était citée par Walter Raleigh, comme le meilleur
exemple de ce que pouvait être le despotisme ou,
comme il disait, la tyrannie. Mais, malgré la grossièreté
de ces institutions politiques, la monarchie orientale

moscovite et les républiques militaires des Cosaques contenaient toutes deux les germes d'un développement ultérieur. Leur fusion produisit l'Etat russe moderne dans lequel subsistent encore deux tendances opposées, l'une vers un ordre basé sur une hiérarchie sociale et l'autre vers une liberté illimitée et égale. Mais à la fin du xvie siècle la nature de ces deux organismes politiques et sociaux différents était trop hétérogène pour permettre entre eux d'autres rapports que ceux d'un état de guerre ouverte. La période d'interrègne qui suivit la disparition de l'ancienne dynastie était faite pour précipiter ce conflit. C'est là qu'est la vraie signification de cette grande convulsion sociale et politique. L'Etat moscovite traversa sain et sauf cette période de confusion et maintint à la fois son indépendance et, dans une grande mesure, ses anciennes institutions, mais les nouveaux maîtres de l'empire se convainquirent bientôt que, afin d'assurer leur liberté contre les puissances étrangères, ils devaient remanier les institutions du pays d'après un nouveau modèle, celui de l'absolutisme militaire européen. Michel et Alexis furent les précurseurs de cette politique nouvelle, qui fut poursuivie, sur une plus grande échelle, par Pierre le Grand, et se continua jusqu'à la fin du règne de Catherine, ou plutôt jusqu'à l'avènement d'Alexandre Ier.

CHAPITRE III

INSTITUTIONS MOSCOVITES SOUS LES ROMANOV.

Les règnes des trois premiers czars de la famille de
Romanov, sans former une ère nouvelle dans le développement des institutions politiques russes, présentent néanmoins des différences considérables avec
ceux des monarques de la première dynastie. La plupart des traits particuliers qui marquent ce qu'on peut
appeler cette période de transition avant les réformes
de Pierre le Grand, trouvent leur explication naturelle
dans l'expérience acquise durant la « période des troubles » qui s'étend de la fin de l'ancienne dynastie à
l'avènement de la nouvelle. On ne veut pas dire qu'il
ait toujours été tenu compte de cette expérience par
ceux qui ont présidé aux destinées russes. C'était parfois le contraire, et l'insuccès de certaines des entreprises de Michel et d'Alexis, comme aussi le mécontentement créé par leur gouvernement parmi les couches inférieures de la population moscovite et particulièrement parmi les paysans de plus en plus privés de
leur liberté personnelle, n'a d'autre cause qu'un manque d'attention aux leçons données par l'histoire du
passé. On voit par là quelle importance a l'étude de la

« période des troubles » pour l'intelligence des conditions intérieures de la Russie pendant le xviie siècle.
Il n'est pas étonnant que nos historiens, à commencer
par Karamsine pour finir par le professeur Platonov et
le Père Pierling, aient toujours attaché une grande importance à tout nouveau renseignement documentaire
sur cette convulsion sociale et politique de l'ancienne
Russie. Il n'est pas possible de donner ici ne fût-ce
qu'un aperçu des principaux événements de cette époque. Il n'est besoin de mentionner que ce fait, à savoir
que des recherches nouvelles dans les archives du Va-
tican ont confirmé, de manière à ne laisser pour ainsi
dire aucune place au doute, que Démétrius, ce czar porté au trône avec l'aide des Polonais et l'appui du populaire, n'était nullement le fils de Jean le Terrible,
sauvé par bonheur des mains d'assassins soudoyés,
mais un moine qui avait jeté le froc aux orties et trouvé parmi les *boiars* mêmes, un grand empressement
à seconder son imposture. Le Père Pierling, avec ses
documents nouveaux, ne fait que confirmer l'ancienne
présomption nourrie déjà par Karamsine, que le faux
Démétrius était un certain Grischka Otrepiev, qui s'é-
tait enfui en Pologne, non à l'insu de certains nobles
de la classe inférieure, et entres autres, peut-être, du
père du futur czar Michel, le moine Philarète. Il était
alors en mauvais termes avec les Godounov qui avaient
été récemment élevés au trône de Russie. Cette dernière supposition est exprimée par Kostomarov et répétée
plus ou moins obscurément par le professeur Platonov.
Il n'est pas sans intérêt de comparer la conduite de
Philarète en cette circonstance à celle qu'il tint à l'é-
gard du second imposteur, celui que l'on appela le bri-
gand de Touschino, dans le camp duquel il préféra de-

meurer, ne voulant pas prendre parti pour un czar *boiar*,
Vasili Chouiski, de la dynastie de Rurik des princes
de Schoria. Notez que quelques mois après, ce même
Philarète signa l'acte d'après lequel le fils du roi polonais Vladislav, devait devenir souverain de Russie, non
comme czar autocratique, mais comme chef dont le
pouvoir devait être limité dans une plus grande mesure encore que celui de Chouiski par le conseil ou
douma des *boiars* et par les Etats généraux ou *Zemski
sobor* de Russie. Dans toutes ces intrigues qui aboutis-
sent à la chute des Godounov d'abord et ensuite des
Chouiski, on trouve le même désir d'éliminer les derniers partisans du régime détesté auquel est attaché le
nom de Jean le Terrible. Godounov avait été un de ses
principaux appuis : sa sœur devint la femme de l'empereur Théodore fils de Jean. Quant à Vasili Chouiski,
il avait servi sous le tyran et il était presque le dernier reste de la dynastie Rurik, Miloslavski étant vieux
et incapable, et l'autre prétendant, Golitzine, quoique
de très haute naissance, étant non de la souche de Rurik,
mais de celle de Gedemine, le roi lithuanien.

Les *boiars*, étant incapables de provoquer la nomination d'un nouveau czar pris dans leurs rangs, partagés comme ils l'étaient en différents partis, et des membres de la
haute aristocratie, tels que le prince Troubezkoï, épou-
sant la cause du deuxième prétendant, on convint de choisir un nouveau souverain à l'étranger à condition qu'il
maintiendrait non seulement l'église grecque, mais aussi
les anciens droits des *boiars* de délibérer sur les affaires
publiques et de juger de pair avec le czar. Ce droit était
plus ou moins tombé en désuétude du temps de Jean le
Terrible et de son prédécesseur immédiat, Basile. Alors,
en effet, suivant le témoignage bien connu d'un contem-

porain, le czar, au lieu de débattre chaque affaire avec
les membres de l'aristocratie la plus haute, préféra siéger
en conseil privé avec un ou deux hommes de naissance
inférieure, fils de leurs œuvres, ou élevés à leur charge
par le caprice de l'autocrate ou par les intrigues de quelque moine obscur. Ce n'est pas en vain que parmi les *boiars*
s'était répandue la légende suivant laquelle l'évêque
Vassian avait donné au czar Jean, en 1553, le conseil
suivant : « Si tu veux être un autocrate, n'aie pas de
conseiller plus habile que toi-même; ainsi tu seras le
plus sage de tous et tout à fait en sûreté sur ton trône. »
Ce conseil était l'opposé de l'opinion qu'avaient des hommes imbus des idées d'un âge plus reculé au sujet de
l'avantage de consulter en toute occasion les princes et
les *boiars*, et non ces « morts non enterrés » terme par
lequel un des pamphlétaires du temps désignait les moines comme Vassian (1). L'auteur d'un de ces pamphlets
politiques dit que le czar doit prendre l'avis des conseillers en toute occasion, réfléchir et encore réfléchir
avec ses *boiars*, afin d'arriver à une meilleure décision.
C'est là l'ancienne méthode dans laquelle un humaniste,
Maxime le Grec, qui malheureusement pour lui, fut
amené à s'occuper des affaires ecclésiastiques et politiques russes, fut entretenu par un conseiller du czar
Basile. Le czar devait respecter les hommes âgés et leur
accorder toutes les concessions de terre. C'est cette ancienne coutume, écartée par les souverains du xvi⁰ siècle,
que les *boiars*, en traitant avec Vladislav, voulaient
restaurer, mais ce n'est pas la *douma* seule que nous
trouvons mentionnée dans le document que dut signer
le fils du roi polonais.

(1) Voir les rapports entre les saints faiseurs de miracles
dans *Vallaam*, pamphlet politique du xvi⁰ siècle.

En même temps on réclamait la tenue d'une assemblée générale du pays — le *Zemsky sobor*. Dans la meilleure période de son règne, illustrée par la conquête de Kazan et d'Astrakan et par une habile direction de la politique intérieure, Jean le Terrible avait déjà appelé à son conseil à la fois les divers fonctionnaires électifs chargés de percevoir l'impôt, et les serviteurs militaires établis à Moscou, quoique venant par la suite des provinces. Ce n'est pas une assemblée de fonctionnaires seuls, mais une assemblée de véritables représentants, que Kourbski, le célèbre antagoniste de Jean le Terrible, aurait voulu voir établir dans l'empire russe, probablement suivant l'exemple d'institutions similaires qui fonctionnaient paisiblement dans le royaume polonais de Lithuanie. Ces restrictions de pouvoir, l'autocrate russe les tournait en ridicule, non moins que celles d'Elisabeth d'Angleterre. Ce que Kourbski voulait, c'était un conseil universel du peuple, tenu chaque année, et composé d'hommes appelés de toutes les villes et de tous les districts ; avec eux le czar devait traiter toute affaire concernant la généralité de son peuple. Cette institution, plus familière peut-être au roi de Pologne qu'aux *boiars* qui la réclamaient, fut imposée au prince Vladislav lors de son élection au trône de Russie. Des hommes comme Philarète Romanov, père du futur czar Michel, étaient aussi intéressés à l'acceptation de ces limitations que ceux qui avaient récemment été partisans de Chouiski et l'avaient forcé d'accepter certaines restrictions similaires.

Dans de telles conditions est-il vraisemblable que, en choisissant par la suite les Romanov, qui étaient des *boiars* de rang secondaire, et dont l'élévation fut amenée par le mariage de Jean le Terrible, avec une dame de cette famille, ceux qui prirent part à l'élection abandonnèrent complètement toute idée de garanties constitutionnelles et de limitations du pouvoir autocratique ? Nullement ! Et si des historiens récents expriment une supposition de ce genre, leur hypothèse est absolument contredite par les témoignages contemporains émanant d'autorités russes et d'autorités étrangères. C'est d'abord Kotoschitchine, le réfugié russe bien connu qui vécut en Suède, qui, dans son traité sur l'état de la Russie sous le règne d'Alexis, deuxième czar de la maison de Romanov, dit clairement qu'il fut le premier des czars élus à ne donner aucun document qui le liât, comme l'avaient fait les souverains précédents. « Si l'on n'exigea pas d'Alexis ce document, continue ce même auteur, c'est que chacun le savait d'humeur paisible ». Quant à Michel, Kotoschitchine dit : « Bien qu'il se déclarât autocrate, il ne pouvait rien sans le conseil des *boiars* ». Parlant du caractère de ces limitations Kotoschitchine mentionne seulement la promesse faite par le czar de n'être ni impatient ni cruel, de ne condamner à mort personne sans jugement ni faute, et d'examiner toutes les affaires avec les *boiars* et les hommes du conseil. Rien ne devait être décidé en secret à l'insu de ces personnages. Kotoschitchine n'est pas le seul témoignage russe que nous ayons au sujet des restrictions imposées à Michel lors de son élection. Un annaliste contemporain, né à Pskov, raconte avec indignation comment, sous Michel, les *boiars* avaient le pays en leur pouvoir, ne faisaient aucune attention au czar, ne le craignaient pas, et cela parce qu'ils avaient obligé le monarque à baiser la croix et à jurer qu'il ne condamnerait pas à mort des hommes de position élevée et appartenant à des familles de *boiars*, mais qu'il se bornerait à les envoyer en prison. Un autre récit, cité par Tatischev, historien russe du siècle dernier, dit que, quoique l'élection du nouveau czar eût été générale, il monta sur le trône après avoir signé une charte comme celle qu'octroya Vasili Chouiski. Jusqu'ici nous n'avons vu aucune mention du *sobor* dans les promesses faites par les czars nouvellement élus, mais seulement celle du conseil des *boiars* ou *douma*. Certains étrangers vont un peu plus loin dans leurs assertions. L'écrivain suédois Fokkerodt, affirme que, parmi les obligations acceptées par le jeune czar, était celle de n'introduire aucune loi nouvelle sans le consentement du *sobor*, et de s'abstenir aussi, dans les mêmes conditions, de lever aucune taxe ou d'engager aucune guerre. Quant à Straalenberg, autorité allemande, tout en répétant à peu près la même chose, il remarque avec beaucoup de justesse, que l'idée de ces restrictions du pouvoir suprême était empruntée à la Pologne, où déjà, au milieu du xvie siècle, sous Stephen Bathory, les Etats généraux ou *seim*, et le conseil privé, possédaient un pouvoir politique considérable. Straalenberg affirme clairement que, avant d'être couronné, Michel accepta et signa les suivantes *conditiones* : maintenir et protéger la religion ; oublier toutes les injures faites à son père ; ne faire aucune loi nouvelle ni changer les anciennes ; traiter les affaires importantes conformément aux lois, suivant une marche juridique ; ne déclarer aucune guerre et ne conclure aucune paix de son autorité privée, ne concéder aucune terre aux membres de sa propre famille, et ne confisquer aucuns biens au profit de la couronne.

On peut croire ces assertions d'autant plus volontiers qu'il n'y avait alors personne pour défendre les droits du czar. Son père, Philarète, était alors étroitement emprisonné par les Polonais, et il était si loin de penser que son fils serait choisi, qu'il suggéra, dans une lettre privée écrite à Scheremetiev, que certaines restrictions devraient être imposées au pouvoir du nouveau souverain. Si Scheremetiev fut le premier à proposer la nomination de Michel, un enfant de quinze ans, c'est que lui et ses partisans croyaient très probable que le gouvernement réel de la Russie passerait entre leurs mains.

La première partie du règne de Michel, celle qui va jusqu'au retour d'exil de son père, est caractérisée par la fréquente convocation des *sobors* et la discussion constante des affaires du pays par les *boiars*. Cela même montre que des conditions avaient été proposées par les *boiars* au nouveau czar et qu'elles avaient été acceptées par lui. Pendant la première moitié du règne de Michel, de nombreuses questions importantes furent discutées et décidées par le *sobor*. Dans les premières années le manque d'argent obligea plus d'une fois le czar à avoir recours à des emprunts et à des dons gratuits forcés. Il était perçu en outre des taxes régulières sur les biens des marchands et des paysans ; la taxation recevait chaque fois le consentement du *sobor* et les dons gratuits étaient approuvés par ce même corps. La nomination d'un nouveau patriarche en 1619 fut aussi son œuvre. Les annales du temps nous disent que les *boiars*, les dignitaires de la cour et tout le peuple de « l'Etat moscovite » s'adressèrent à Michel pour lui demander d'engager son père, Philarète, à accepter la primatie de l'église russe. Deux ans après, en 1621, un nouveau *sobor* fut consulté sur la question de savoir si la Russie ferait la guerre à la Pologne. Les Etats firent une réponse affirmative, mais le manque d'argent et de soldats força le gouvernement à remettre l'exécution de cette décision.

Ce n'est qu'après le retour de Pologne du père du nouveau czar et son élévation à la dignité de premier représentant de l'église orthodoxe, que les *sobors* cessèrent d'être convoqués. Philarète eut probablement, pendant son séjour en Pologne, l'occasion de voir dans quelle mesure le pouvoir du roi y était limité par la diète. Afin de permettre à son fils d'échapper au même sort, il l'engagea sans doute à mettre un terme à la convocation régulière des *sobors*. Au lieu d'un czar contrôlé par deux conseils, celui de ses *boiars* et celui des représentants des divers ordres, la Russie devint une monarchie double. Dans les actes du temps le czar et le patriarche sont également appelés « Grand *Gosoundar* » ou « Grand Seigneur ». Tous deux jugent tel et tel cas porté devant eux, et ordonnent qu'il soit fait de telle ou telle manière selon leur décision mutuelle. Quoique le professeur Sergievitch explique ce fait par les rapports excellents qui existaient entre le père, patriarche, et le fils, czar, cela seul ne nous dit pas les raisons pour lesquelles le premier représentant de l'orthodoxie moscovite était ainsi appelé à jouer un rôle prépondérant dans l'exercice du pouvoir souverain même par la suite. Le fait est que le soulèvement de 1612, qui aboutit au retrait des Polonais de Moscou, et à l'élévation au trône d'un vrai Russe, se fit autant en faveur de l'orthodoxie qu'en faveur du maintien de l'indépendance nationale. Les appels pressants faits

par le patriarche Hermogène, de Moscou, au prieur
Denis et à l'économe du monastère, Abraham Palizen,
tous deux de l'abbaye de Troïtzk, en faveur de l'union
de toutes les forces de la nation pour la défense de la
religion et du pays, aboutirent à l'établissement d'un
État non moins imbu de l'idée de sa mission providen-
tielle, mission dont le but était d'empêcher les principes d'un christianisme pur et universel d'être corrom-
pus par les dogmes du pape, que de celle d'un empire
absolument libre de toute ingérence étrangère. C'est
pour cette même raison que, dans la suite, sous le czar
Alexis, Nikon, homme de basse extraction élevé au
rang de patriarche, fut, du moins quant aux attributs
extérieurs de la souveraineté, mis sur le même pied
que l'empereur. Très instructive à ce point de vue est
la relation récemment publiée du voyage en Russie
fait, au XVIe siècle, par le patriarche d'Antioche, Ma-
caire. L'auteur de cette relation fut invité plusieurs
fois à diverses fêtes auxquelles il vit le czar Alexis
offrir le pain et le sel et des fourrures de zibeline au
patriarche. « Le Monarque semblait être le serviteur
du prélat » dit cette relation, récemment traduite en
russe : « Ne faut-il pas s'étonner, dit l'auteur, d'entendre le czar, en apportant en personne ces dons au
patriarche, adresser à celui-ci les paroles suivantes :
« Ton fils, le czar Alexis, s'incline devant ta Sainteté
et t'apporte ceci et cela ! » Il est vrai que, quelques
années plus tard, ces deux maîtres du pouvoir suprême commencèrent à se quereller. Le patriarche d'Antioche fut rejoint sur le chemin du retour par des délégués du czar, qui lui demandèrent de revenir sur ses
pas avec autant de diligence que possible ; les envoyés
expliquèrent au prélat étonné que le czar avait querellé

avec Nikon et l'avait appelé paysan et bâtard, ce à
quoi l'autre avait répondu : « Pourquoi m'insultes-tu,
moi qui suis ton saint père ? » Le czar refusa de reconnaître ce titre à Nikon. Ceux qui sont versés dans
l'histoire russe racontent comment finit la querelle et
quelle peine le czar eut à avoir le dessus sur son dangereux et opiniâtre adversaire. Tous deux durent s'en
remettre au jugement d'un concile des patriarches
orientaux, qui finalement se prononcèrent contre le
rebelle supposé, en décidant qu'un patriarche qui osait
résister au czar et changer les anciens statuts de l'é-
glise, devait être privé de ses fonctions. Et ainsi
l'homme qui, dans les actes publics, avait été désigné
comme le « Grand Seigneur de la Grande Russie, de
la Petite Russie et de la Blanche Russie », au même
titre que l'autre « Grand Seigneur », le czar, dut finir
ses jours dans la retraite monastique. La ruine future
du patriarcat n'était cependant pas encore consommée.
Des patriarches étrangers proclamèrent seulement en
1667 que le czar avait l'autorité la plus grande dans les
matières politiques, et le patriarche dans les matières
ecclésiastiques. Pierre le Grand voulut garder son autorité sur l'Église et l'État ; aussi abolit-il le patriarcat,
instituant à sa place une haute commission ecclésiastique, appelée le Saint-Synode, et composée aujourd'hui
de membres, souvent renouvelés, du haut clergé,
provincial, avec un procureur civil nommé par le
czar, et exerçant les droits d'un ministre d'Etat.

Tandis que l'autorité du patriarche, en ce qui concerne les affaires civiles, dut céder à celle des czars, les
sobors, ou Etats-généraux, gardèrent, sous Alexis, l'autorité qu'ils avaient exercée dans les premières
années du règne de son père. Quoiqu'ils ne fussent

pas convoqués périodiquement, ils devaient conseiller le gouvernement sur presque tous les sujets d'une importance prépondérante tels que la guerre et la paix, l'augmentation des impôts ou l'annexion de nouveaux territoires.

En 1632, la guerre avec la Pologne nécessita la levée de nouveaux subsides. Le *sobor* fut donc assemblé et donna son consentement à l'imposition d'une taxe générale sur tous les Etats de l'empire, sur les commerçants comme sur les « gens de service ». La somme d'argent à exiger de ces derniers ne fut pas fixée ; chacun pouvait verser ce qu'il voulait. Les sommes produites par la taxe étaient destinées à la solde de l'armée. Pendant les deux années qui suivirent, nous voyons le *sobor* consulter le czar sur des matières de guerre et de taxation, et sur les relations avec la Pologne et les Tatars de la Crimée. Le czar se plaignit de la façon dont son envoyé avait été traité par le Khan. Le haut clergé, dont la réponse a seule été conservée, insista sur la nécessité d'élever des forteresses sur les frontières méridionales de l'empire moscovite, dans les villes de l'Ukraine, qui, comme Belgorod ou Voronège, sont restées pendant des siècles les pionniers du christianisme et de la culture dans les steppes du sud de la Russie et qui étaient périodiquement pillées par les Tatars.

Deux ans après, l'occupation militaire d'Azov, par les cosaques du Don, et la nécessité imminente d'une guerre avec les Tatars de la Crimée pour défendre cette conquête, firent convoquer un nouveau *sobor*. Cette assemblée fut en faveur de la guerre et, en conséquence, ordonna la levée de forces militaires,

« même dans les villages dépendant des terres de la couronne et sur les terres du clergé. »

En 1642 la question de la forteresse d'Azov devint de nouveau la cause immédiate d'une nouvelle assemblée des Etats russes.Comme les Turcs n'avaient pas l'intention de laisser Azov aux mains des Cosaques, qui n'étaient pas capables de la tenir seuls, la question de l'annexer à l'Etat russe se présenta au gouvernement, bien qu'une telle action impliquât le risque d'une guerre nouvelle et presque imminente. Le czar, jugeant nécessaire de connaître le sentiment de la nation, appela à Moscou cent quatre-vingt-quinze membres élus par les Etats, outre la *douma* ou conseil privé et le haut clergé. Presque toutes les classes de la société envoyèrent des représentants, et chaque classe donna son opinion ou son avis séparément sur des cahiers portant les signatures de tous les membres du même État, tandis que les dissidents envoyaient leurs opinions sur des cahiers séparés et privés.

Le haut clergé, fidèle à ses anciennes habitudes, assura le czar qu'il était tout à fait incapable de le conseiller sur cette question ; ce n'était pas, disait-il, son habitude de le faire, car c'était l'affaire du czar et sa *douma*; son unique rôle était d'appeler les bénédictions de Dieu sur les entreprises du czar. Si pourtant le czar avait besoin d'une aide militaire, il se déclarait prêt à faire les sacrifices nécessaires pour payer les soldats, et cela selon ses moyens. La majorité de la noblesse moscovite se déclara en faveur de l'annexion. Le czar devait garder la forteresse nouvellement acquise, mais il devait simplement ordonner aux Cosaques de continuer à la tenir. Il ne devait falloir que des volontaires pour prêter aide et assistance. Certains conseillèrent qu'on envoyât à Azov des soldats, non seulement des villes de l'Ukraine, mais même de Moscou. On devait, dans ce but, choisir toutes sortes d'hommes à l'exception des serfs et de ceux qui avaient perdu leur liberté en ne payant pas leurs dettes. Si l'on avait besoin d'argent, chaque Etat devait nommer deux ou trois hommes que le czar autoriserait à lever des subsides sur toutes personnes et sur tous biens, sur les fonctionnaires (*prikasnii*) et sur la suite du czar, sur les veuves et les orphelins, sur les « hôtes » et les marchands et en général sur tout homme ne servant pas dans l'armée.

Certains membres de la noblesse, entre autres ceux de Vladimir, promirent simplement d'obéir aux ordres du czar, faisant en même temps remarquer l'état misérable de leurs villes et de leur contrée, état qui, disaient-ils, était bien connu du czar et des *boiars* de sa *douma*. Bien plus péremptoire fut l'avis donné par la noblesse locale de certaines grandes villes, telles que Suzdal, Juriev (la moderne Dorpat), Novgorod et Rostov. Elle fut d'avis que l'abandon d'Azov appellerait le courroux céleste. « Le czar ne peut laisser aux mains des infidèles, dit-elle, les saintes images de Jean Baptiste et de Saint-Nicolas. » Si l'armée manquait de vivres, on pourrait en prendre dans les magasins appartenant aux villes de l'Ukraine. On pourrait, de Moscou, envoyer des renforts militaires, et les frais du ravitaillement de l'armée devaient être mis à la charge du pays tout entier, sans aucune exception. Se plaignant de la grande quantité de terres données comme bénéfices aux *boiars*, et de la grosse somme d'argent obtenue par la corruption et les extorsions des fonctionnaires de l'Etat (*prikasnii*),

qui ensuite l'employait à la construction de vastes
édifices et palais, les bourgeois insistèrent sur la nécessité de faire retomber le poids de la future guerre sur
les épaules des membres de cette classe et de les obliger
à armer les soldats ; ils prétendaient en outre que
leurs fortunes devaient être imposées comme celles
de toutes les autres classes de l'Etat. Il fallait aussi
prendre les mêmes mesures à l'égard du clergé, les
évêques et les abbés étant également appelés à équiper
des hommes de guerre, suivant le nombre de serfs
qu'ils possédaient. Le czar devait proclamer un oukase
fixant le nombre de serfs qu'un soldat devait posséder,
ou plutôt la proportion existant entre le nombre de ses
serfs et le service exigé de lui. Cette proportion devait
être strictement observée à l'avenir, et ceux qui n'a-
vaient pas assez de serfs devaient recevoir de nouveaux
dons de serfs du gouvernement. L'argent destiné à
subvenir aux besoins de la guerre, insistaient-ils encore,
pouvait être pris dans les trésors du patriarche et des
monastères.

Les membres de la petite noblesse, ou, ce qui revient
au même, les hommes de guerre des villes de Toula,
Kolomna, Serpoutchov, Riazan, Kalouga, etc., furent
même encore plus précis dans leurs demandes de voir
la proportion du service militaire correspondre au
nombre de serfs que chaque homme de guerre ou
chevalier possédait. Ceux qui avaient plus de cinquante
serfs devaient servir sans solde et aussi contribuer
aux frais de la guerre en fournissant des vivres à
à l'armée, tandis que ceux qui n'en avaient pas plus
de cinquante devaient être exempts de cette dernière
obligation.

Si nous portons notre attention sur les « opinions

écrites » présentées par les membres du tiers-état, nous les voyons se plaindre de la condition misérable dans laquelle ils étaient récemment tombés, en partie parce que tout le commerce de Moscou était aux mains d'étrangers, et en partie à cause de l'oppression des *voïé vodes* ou gouverneurs de province, qui avaient remplacé les chefs de district librement élus (les *goubnii starosti* du xvi⁰ siècle). Les délégués des hôtes et marchands de Moscou, insistent néanmoins sur la nécessité de garder Azov, faisant remarquer en même temps qu'eux ne reçoivent pas de terres de la couronne, et qu'ils ont plus de mal que de profit à recouvrer les taxes et les droits d'accise, et suggérant généralement au czar l'impossibilité où ils étaient de supporter une augmentation de contribution.

Le « mémoire » des centeniers et des chefs des centaines et villes noires, nom sous lequel il faut entendre les représentants de la population rurale, contient plus ou moins les mêmes plaintes et des vœux similaires. Le peuple est épuisé par les impôts, la corvée, le service militaire, etc ; il a aussi beaucoup souffert de l'incendie ; les *voïvodes* l'ont ruiné par leurs exactions ; sa condition est si misérable que beaucoup se sont enfuis, quittant leur maison et leur terre. La conclusion de ce document très intéressant ne nous est malheureusement pas parvenue.

Notre impression générale en lisant les mémoires ou pétitions de ce *sobor* est que, bien que tous les Etats fussent unanimes dans leur désir patriotique de garder cette forteresse nouvellement conquise, ils ne se sentaient néanmoins guère en mesure de supporter les frais d'une nouvelle guerre avec les Turcs ; et, partageant leurs appréhensions, le czar n'osa pas encourir la responsabilité, et envoya aux Cosaques l'ordre de se retirer d'Azov.

Le *sobor* de 1642 fut la dernière assemblée générale réunie par le dernier des Romanov.

Bien que le successeur direct de Michel, Alexis Michaelovitch, fut monté sur le trône sans prendre d'engagement avec son peuple, le *sobor* n'en fut pas moins appelé à confirmer l'acte de son couronnement. Ceci se passait en 1645. Quatre ans après, le *sobor* fut appelé à prêter son aide au travail important de la codification. Des chercheurs modernes ont mis au jour ce fait que les pétitions présentées à cette assemblée fournirent plus d'une fois des matériaux importants pour la réformation de la loi russe et que l'on peut retrouver leur influence d'un bout à l'autre du code d'Alexis (connu sous le titre de *Ulozhenie*). L'année suivante, le *sobor* fut de nouveau réuni à Moscou afin de conseiller le gouvernement au sujet de la répression de mouvements insurrectionnels dans diverses parties de l'empire et particulièrement à Pskov. L'assemblée conseilla de traiter les insurgés avec douceur et le gouvernement agit en conséquence.

En 1651 et en 1653 le *sobor*, à deux reprises différentes, se déclara en faveur de l'annexion de la Petite Russie. Ce pays avait été délivré des Polonais par l'*hetman* des Cosaques, Bogdane Chmelnizki, qui peu après l'offrit au czar de Russie. On craignait que l'acceptation de cette offre n'impliquât la Russie dans une nouvelle guerre avec la Pologne ; aussi l'avis du *sobor* de 1651 fut seulement conditionnel. Si la Pologne acquiesçait aux exigences du czar, la Russie devait s'abstenir de l'annexion ; sinon, le risque d'une nouvelle guerre ne devait pas être évité et les chrétiens devaient être pris sous la protection du czar orthodoxe. Trois ans après, quand le roi de Pologne, Jan Kasimir, conclut une alliance formelle avec les ennemis traditionnels de la Russie — les Suédois et les Tatars de la Crimée — et quand, par conséquent, il ne pouvait plus y avoir de doute quant à la nécessité de la guerre, le *sobor* invita franchement le czar à prendre l'*hetman* et les Cosaques du Dniéper « sous sa haute main, avec leurs villes et leurs terres, et cela afin de préserver la véritable église orthodoxe ». Les délégués dirent qu'ils étaient prêts à combattre le roi de Pologne et à perdre la vie pour l'honneur du czar.

Le *sobor* de 1653 fut la dernière assemblée générale convoquée sous Alexis. Suivant l'exemple de ses prédécesseurs, le czar, en plusieurs occasions, réunit lui aussi des représentants d'un seul Etat pour se consulter avec eux sur des matières qui concernaient directement leur ordre. Une telle assemblée de notables siégea à Moscou en l'an 1617. Elle se composait principalement de marchands moscovites. Elle fut réunie pour savoir l'opinion des commerçants russes sur la question de savoir s'il était expédient d'accorder aux marchands anglais qui trafiquaient à Moscou, et à leur principal agent John Merrick, le droit de faire des explorations à la recherche d'une route nouvelle vers la Chine et l'Inde « par la rivière Ob ». La majorité des délégués se montra hostile au projet.

Le même sentiment d'animosité à l'égard des étrangers se fit jour en 1626, quand, à la demande de certains marchands anglais d'être autorisés à commercer avec la Perse, les membres de la corporation des hôtes et les marchands de Moscou insistèrent sur la nécessité de maintenir le monopole qu'avaient les

commerçants moscovites d'aller à Astrakan acheter
des marchandises perses. La majorité des marchands
se déclarèrent incapables de soutenir la concurrence
des marchands étrangers, et la minorité elle-même fut,
d'avis que si le libre trafic était permis aux commerçants anglais en retour des importantes contributions
qu'ils payaient à la couronne, cette liberté ne devait
pas être étendue au trafic des marchandises russes. Un
demi-siècle plus tard, en 1667, les mêmes marchands
moscovites, consultés par Alexis, s'opposèrent vigou-
reusement à la demande formée par des marchands
arméniens pour être autorisés au libre trafic des marchandises perses, et prièrent le gouvernement de ne
pas mettre en péril leur propre commerce par la concurrence étrangère. Dix ans plus tard, les commerçants
de Moscou, avec les délégués des centaines et villages
noirs, furent convoqués pour donner leur opinion sur
les causes qui tendaient à élever le prix du grain. Ils
se plaignirent qu'il y eût des accapareurs et demandèrent que leurs pratiques fussent interdites à l'avenir.
Ils parlèrent aussi du grand dommage que l'agriculture avait subi du fait des récentes guerres. L'augmentation du nombre des distilleries fut citée aussi comme
l'une des principales raisons de la cherté du grain. En
1681-82 les « gens de service » furent convoqués avec
la *douma* pour réformer l'administration militaire.
C'est cette assemblée mémorable qui abolit l'ancienne
coutume de nommer aux premiers postes de l'armée,
non pas en tenant compte du mérite personnel, mais
en se basant sur le rang de la famille et sur l'espace
de temps qu'elle avait servi l'Etat ; c'est elle aussi qui
fit brûler les livres héraldiques. Les derniers exemples
que nous ayons de la convocation des *sobors* russes

appartiennent à la période de troubles intérieurs qui
suivit la mort du czar Théodore. En 1682 un *sobor*
auquel seuls les habitants de Moscou furent appelés se
prononça en faveur de l'occupation du trône vacant par
le plus jeune fils d'Alexis, le futur empereur Pierre le
Grand. Une nouvelle assemblée, qui, par sa composition,
répondait encore moins que celles qui l'avaient précédée
à l'idée d'un conseil représentatif général, fut convoquée quelques mois après par le parti qui favorisait
les desseins politiques de la princesse Sophie, sœur de
Pierre le Grand. Elle demanda le partage du pouvoir
souverain entre les deux frères de Théodore, Pierre et
Jean. La princesse Sophie devint dès ce moment la
véritable souveraine de l'empire. Cette fois encore
Moscou seule était représentée, bien que les actes
parlent de la présence de délégués de toutes les provinces et villes de l'empire.

C'est en 1698 que le *sobor* fut convoqué pour la dernière fois. Il fut réuni pour juger la princesse Sophie,
qui, durant l'absence de Pierre le Grand, qui se trouvait dans les Etats occidentaux d'Europe, avait tenté,
avec l'aide des *streltzi* (sorte de gardes du corps), de
s'asseoir sur le trône de Russie. Le seul écrivain contemporain qui fasse mention de cette assemblée est
un Allemand du nom de Korb, qui était secrétaire de
la légation allemande. D'après lui, le jeune monarque,
en cette occasion, exigea la présence de deux délégués
de chacun des Etats, depuis les plus hauts jusqu'aux plus
bas. Malheureusement il ne nous est parvenu aucun
renseignement sur la décision que prit cette représentation quasi-générale du peuple russe.

Un fait surtout mérite notre attention : les *sobors*
n'ont jamais été abolis par une loi. Ils cessèrent sim-

plement d'exister tout comme les Etats-généraux de
France cessèrent d'exister du commencement du xvii°
siècle (1613) à la fin du xviii°. Aucun acte légal
n'empêche donc une nouvelle convocation des représentants de l'empire. Si l'empereur actuel les convoquait,
il serait, ce faisant, parfaitement d'accord avec les premiers fondateurs de sa dynastie et aussi avec les promesses contenues dans la *Magna Charta* du premier
Romanov.

Quittant l'histoire politique des anciens parlements
russes, nous allons maintenant considérer leur constitution intérieure. Comme nous l'avons vu, le xvii°
siècle introduisit un changement complet dans leur
composition. Sous le règne de Jean le Terrible les
classes administrative et militaire seules avaient été
représentées ; à partir de l'époque de l'interrègne, les
sobors devinrent des assemblées de délégués de tous
les divers Etats. Voici les classes du peuple qui étaient
représentées : le haut clergé, la haute noblesse, le bas
clergé et la petite noblesse, ou, ce qui revient au même, la
classe des ministres ou des chevaliers, comme on disait
alors, les trois guildes des marchands moscovites, les
bourgeois des divers districts urbains, et, à deux reprises, en 1614 et en 1682, les centaines et villages noirs,
ce qui signifiait, dans la langue technique du temps,
les paysans établis sur les terres de l'Etat. Les serfs et
ceux qui avaient perdu leur liberté personnelle pour
cause de dette ou pour toute autre raison, n'ont jamais été admis au droit de représentation. L'armée
était très souvent représentée par des délégués des régiments réguliers tels que les *streltzi*, et de certaines
troupes irrégulières, par exemple les Cosaques. La
grande étendue des Etats russes et l'éloignement dans

lequel conséquemment se trouvaient certaines villes de la Capitale, était un empêchement naturel à la présence au *sobor* de certains délégués. C'est pour cette raison que les villes de la Sibérie restèrent sans représentation. D'autres villes moins éloignées se firent exempter de l'obligation de choisir des délégués à cause du mauvais état des routes et des difficultés et même des dangers que le voyage présentait. Certaines considéraient la chose comme une lourde charge, à cause des frais du voyage et des frais d'entretien des délégués. En cela elles agissaient comme ces cités et ces bourgs anglais du moyen-âge qui, sous les Plantagenet, firent tout leur possible pour éviter l'obligation de se faire représenter. Le nombre des délégués envoyés par chaque circonscription électorale n'était pas strictement fixé. Généralement les lettres de convocation parlent de deux ou trois délégués.

La circonscription électorale se composait généralement de la ville et de ses faubourgs. Les grandes villes, comme Novgorod, constituaient à elles seules plusieurs circonscriptions ; à Novgorod, il n'y en avait pas moins de cinq. La capitale (Moscou) était largement représentée par des délégués de la petite noblesse, par ceux des trois classes de marchands moscovites et par les représentants des centaines et villages noirs.

Les lettres de convocation étaient adressées aux *voïvodes* ou gouverneurs des provinces, et aux *goubnii starosti*, ou chefs électifs des districts.

Pour donner une idée claire de la manière dont les élections se faisaient, il faut donner la traduction d'une de ces lettres de convocation. La lettre en question fut envoyée le 9 Septembre 1728, en comptant du

commencement du monde (c'est-à-dire l'année 1619) :
« Au nom du czar Michel, il est ordonné au *voïvode*
de Oustujna, nommé Boutourline, d'élire dans le
clergé un homme ou deux, et dans la noblesse (fils
de *boiars*) deux hommes, et deux autres parmi
les habitants du district urbain (*posadskii liudi*). Ces
hommes doivent être dans une situation de fortune
aisée et intelligents, capables d'exposer les injures
qu'ils ont subies et l'oppression et la destruction dont
ils ont été victimes. Les rôles d'élection doivent être
envoyés à Moscou par le *voïvode* et ne pas arriver plus
tard que le jour de la St-Nicolas. »

Le *voïvode*, ou *goubnoï starosta*, dès qu'il avait en main
la lettre, convoquait les électeurs et leur ordonnait de
procéder à la nomination de leurs délégués. Chaque
Etat ou ordre agissait séparément. En réponse aux
lettres qu'ils avaient reçues, les *voïvodes* envoyaient un
rapport détaillé des opérations électorales. Plusieurs de
ces documents très intéressants ont été trouvés dans
les archives du Ministère de la Justice à Moscou. Le
Professeur Latkine en a publié un grand nombre dans
ses précieux « matériaux pour une histoire des *Sobors* »;
et en les lisant, on arrive à la conclusion que l'élection était généralement faite par les Etats eux-mêmes
sans l'intervention du *voïvode*. « La noblesse de Voronège, dit le *voïvode* de cette ville, le prince Alexis
Krapotkine, en l'année 1631, a élu deux hommes pris
dans son sein, l'un appelé Trofim Mitchnev, et l'autre
Théodore Philoppof, les bourgeois, seulement un
homme nommé Sacharof ; et moi, l'esclave (*cholop*) de
Votre Majesté, je vous ai envoyé ces trois hommes à
Moscou ». L'action des *voïvodes*, qui, au lieu de consulter les électeurs, procédaient à une nomination directe

des délégués, était quelquefois désavouée. Tel fut, par exemple, le cas du *voïvode* de Kropivna, un certain Astafiev. Dans les lettres qu'on lui envoya au nom du gouvernement, il fut grandement blâmé pour avoir mal entendu les ordres qu'on lui avait donnés : « La noblesse était invitée à élire un bon noble pris dans son sein et rien ne vous autorisait à faire · vous-même la nomination du délégué ».

Le délégué appartenait, en règle générale, au même Etat que son électeur, mais il arrivait parfois que, à cause du petit nombre d'hommes en mesure de supporter le fardeau de la représentation, un homme d'un autre ordre était chargé des fonctions de délégué. Les *voïvodes* et les *starostas* font plus d'une fois mention de faits tels que les suivants : en 1651, le *starosta* de Zvenigorod, Eléazar Marcov, déclare dans une lettre adressée au czar, qu'il lui était impossible de nommer un délégué choisi parmi les habitants du district de la ville (*posadskii liudi*), car les plus gros personnages étaient occupés à de la maçonnerie au monastère de Storojevoï, accomplissant la « corvée de clôture » qu'ils devaient à la couronne (*ogradnaïa povinnost*) un autre *starosta* de Kropivna écrivait à la même époque que, dans son district, le nombre des hommes résidant dans la ville ne dépassait pas trois. Ils étaient tous très pauvres et gagnaient leur vie en allant d'une maison à l'autre pour travailler à nettoyer les cours. Aussi, il jugeait plus convenable de nommer un *honnête homme* pour les représenter au *sobor*.

Les délégués recevaient généralement des instructions appelées *nakasi* dans lesquelles les électeurs faisaient connaître leurs opinions sur les principaux sujets à discuter à l'assemblée générale. Malheureusement aucun document de cette espèce n'a été conservé et nous ne connaissons leur existence que parce qu'il en est fait mention incidemment dans certains documents contemporains. Parlant des délégués convoqués au *sobor* de 1613, les chartes du temps constatent formellement qu'ils apportèrent avec eux de Moscou « des instructions complètes » (*dogovori*) concernant l'élection du czar. Les délégués recevaient de leurs électeurs l'allocation de vivres (*zapassi*) nécessaires durant leur séjour à Moscou. Néanmoins ils adressaient très souvent au gouvernement une demande d'argent pour couvrir leurs dépenses. Ce fait est mentionné plus d'une fois dans les documents du temps. Les lettres de convocation n'établissent aucune règle au sujet du chiffre de la fortune qu'un délégué était requis de posséder ; elles recommandent seulement l'élection de « bons délégués, hommes sensés et riches, accoutumés à traiter les affaires d'Etat ». Cela n'impliquait pas que l'on demandait aux délégués de connaître les règles de la grammaire, ni d'être capables de signer correctement leur nom sur les rôles du *sobor*. Le nombre des illettrés était assez grand, même jusqu'à l'assemblée de 1649 et il s'en trouvait non seulement parmi la petite noblesse et les représentants des villes, mais aussi dans les rangs des *boiars* ; il n'y en avait pas cependant parmi le haut clergé.

Le lieu ordinaire des assemblées était la salle du palais appelée la *granovitaia Palata*. Parfois le *sobor* siégeait au palais du patriarche ou dans la cathédrale (*Ouspenski sobor*). La session était ouverte soit par le czar en personne, soit, comme c'était le plus souvent le cas, par un de ses secrétaires, qui, dans un écrit ou dans un discours, exposait la raison pour laquelle l'assemblée était convoquée et les questions qu'elle avait à discuter. La lecture de cette adresse était écoutée par tous les délégués et tous les membres de la *douma* et du synode ecclésiastique. La division par Etats avait lieu immédiatement après, et chaque ordre délibérait séparément sur les questions que le gouvernement avait proposées. Le résultat des discussions était présenté par écrit au czar par chaque Etat séparément. Ces documents étaient rédigés par des secrétaires, spécialement attachés dans ce but aux assemblées des divers Etats. En deux occasions seulement en 1649 et en 1682, les membres du *sobor* s'assemblèrent en deux chambres différentes, une Chambre haute et une Chambre basse. La Chambre haute fut formée par la *douma* et le haut clergé et la Chambre basse par les délégués des ordres inférieurs. Mais la coutume suivant laquelle chaque Etat délibérait séparément persista même en ces deux occasions, la Chambre haute et la Chambre basse étant subdivisées en autant de sections qu'il y avait d'Etats.

En répondant aux demandes du gouvernement, les délégués exprimaient très souvent leurs propres sentiments quant au cours de la politique russe. Ils se plaignaient amèrement des injures faites au peuple par les fonctionnaires de l'Etat et par les juges ; ils indiquaient la nécessité d'améliorer toute l'administration exécutive et militaire et par des pétitions écrites (*chelobitnia*), ils insistaient sur la nécessité d'introduire certaines améliorations dans les lois existantes. Le grand rôle que ces pétitions jouèrent dans l'œuvre de la codification des lois de Russie, œuvre qui illustra le règne d'Alexis Michaelovitch, a été amplement reconnu par les investigateurs récents et spécialement par Ditiatine, Zagoskine et Latkine.

Les décisions que prirent les divers Etats furent à la fin de la session condensées en un document unique, connu sous le nom de *zemskii prigovor*, ce qui veut dire le verdict général du pays. Plusieurs documents de cette espèce ont été conservés. Ils portent généralement les sceaux du czar, du patriarche et des ordres supérieurs. Quant aux ordres inférieurs, leurs membres baisaient la croix en signe d'approbation.

Ayant ainsi considéré l'histoire politique et la constitution intérieure des *sobors*, nous allons maintenant examiner les fonctions qu'ils remplissaient. Des résidents étrangers, et, parmi eux, le fameux Fletcher, ont relevé dans leur organisation certains points faibles qui empêchèrent les assemblées représentatives russes de s'élever au niveau des parlements anglais. Fletcher fait cette observation ingénieuse que les membres du *sobor* n'avaient pas le droit de présenter de projets de lois. Cela n'implique pas que l'initiative de toutes les réformes ne pouvait venir que du gouvernement ; plus d'une fois, les Etats abordèrent des sujets de plainte qui n'étaient pas mentionnés dans l'adresse de la couronne, et demandèrent des réformes auxquelles le gouvernement n'avait pas pensé. Mais leur droit d'adresser des pétitions à la couronne n'allait pas plus loin que celui des Etats-généraux français. Comme eux, les *sobors* ne pouvaient pourvoir à la réalisation de leurs vœux et cela pour la même raison qui empêcha les Etats-généraux de France de prendre en main le pouvoir législatif. Le droit de prendre l'initiative de réformes, que le Parlement anglais commença à exercer sous les rois de la famille de Lancastre, resta totalement inconnu en France comme en Russie. Alors que le Parlement anglais remplaçait les pétitions par des « bills », les Etats français continuaient à présenter leurs *cahiers de doléances*, laissant au gouvernement le droit de ne tenir aucun compte de leurs demandes dans ses *ordonnances*. La même chose avait lieu en Russie, où les lois nouvelles étaient décrétées directement par le czar et sa *douma* et où le « verdict général du pays » resta pendant de longues années sans effet.

Si les *sobors* ne jouèrent qu'un rôle secondaire en matière de législation, l'action qu'ils exercèrent sur le mécanisme de l'Etat fut encore moins efficace. On ne peut trouver un seul cas où des conseillers royaux furent disgraciés et remplacés sur le désir exprès du *sobor*. Le gouvernement moscovite n'était, il est vrai, nullement un gouvernement parlementaire. Néanmoins, ce fait ne prouve pas que les *sobors* n'eussent rien de commun avec les parlements anglais ou les Etats-généraux français. Il ne faut pas oublier que l'Europe du Moyen-âge ignora généralement le gouvernement parlementaire et que des assemblées comme le Parlement Fou d'Oxford ou les Etats-généraux français révolutionnaires de 1355, qui tous deux essayèrent d'établir une sorte de cabinet, ne furent que des exceptions. Quoique le *sobor* n'eût pas le droit d'imposer au czar l'obligation d'appeler certains hommes à ses conseils, le rôle qu'il jouait dans la politique générale du pays était important. Nous avons eu l'occasion de montrer que les questions de guerre et de paix étaient décidées par ses avis. L'abandon d'Azov et l'annexion de la Petite Russie eurent tous deux lieu conformément à ses désirs. Et quoique l'on refusât au *sobor* le droit de choisir un ministère, il avait un droit beaucoup plus important, celui de choisir les czars. Sur ce point il n'avait pas lieu de porter envie ni aux parlements anglais, ni aux Etats-généraux français.

Tant que la nouvelle dynastie des Romanov resta fidèle aux engagements contractés par le czar Michel, c'est-à-dire durant la première partie du xviie siècle, le vote des subsides était autant la fonction de l'assemblée représentative russe qu'elle était celle des assemblées représentatives d'Angleterre, de France, d'Allemagne ou d'Espagne. Pendant la plus grande partie du règne du premier Romanov, aucun subside ne fut perçu, aucun don gratuit ne fut extorqué sans le consentement du *sobor*. Cette observation scrupuleuse de son autorité financière exigeait sa convocation périodique tout autant que, longtemps avant l'introduction des parlements triennaux et septennaux, il était nécessaire de réunir les représentants anglais. Sauf pendant la période dont nous venons de parler, les *sobors* étaient convoqués à des époques irrégulières et seulement quand les nécessités du gouvernement exigeaient leur assistance. Comme les autres assemblées représentatives, elles étaient réunies et dissoutes par le souverain, et elles n'avaient pas le droit de s'assembler de leur propre chef.

Si nous voulons savoir quel bien ils ont fait à la Russie, il nous faut étudier le rôle qu'ils ont joué dans le redressement des griefs publics et dans la réforme de la justice. Il faut nous rappeler que plus d'une fois ils s'élevèrent contre le gouvernement oligarchique des *boiars*, le despotisme local des gouverneurs de provinces ou *voïvodes* et la corruption et les exactions de la bureaucratie de Moscou. Nous devons nous rappeler combien de fois ils furent les champions de la jus-

tice et de l'égalité en s'opposant au système d'immu-
nités judiciaires, aux donations extravagantes de
terres de la couronne et à l'exemption d'impôts dont
jouissaient la noblesse et le clergé. Nous n'aurons alors
aucune peine à reconnaître que leur influence fut
vraiment salutaire. En plusieurs occasions ils eurent
l'honneur de participer à de grandes réformes administratives et judiciaires, telles que la codification des
lois et l'abolition de la coutume anormale suivant laquelle les charges de l'armée étaient occupées, non par
des hommes aptes et capables, mais par des hommes
de naissance aristocratique. La politique extérieure fut
plus d'une fois traitée par les *sobors* avec discerne-
ment et avec un bon sens pratique. Leurs sentiments
patriotiques et religieux ne les empêchèrent pas de
reconnaître le danger d'une guerre nouvelle et la nécessité d'abandonner une conquête qui avait été faite
sans peine. D'autre part, leur aversion naturelle pour
les taxes nouvelles ne les empêcha pas de tendre
une main secourable à leurs frères orthodoxes quand
ceux-ci luttaient pour s'émanciper de la persécution
religieuse de la Pologne catholique. Bien qu'ils se
soient opposés en une occasion à l'annexion d'Azov,
néanmoins, en une autre occasion, ces représentants
du peuple de la Grande Russie, manifestèrent ouvertement leur désir d'union avec la Petite Russie, malgré la possibilité d'une nouvelle guerre qui serait nécessairement suivie d'une augmentation des impôts.
Dans la « période des troubles », ils se firent les champions de l'idée nationale par l'opposition qu'ils firent
à toute combinaison politique qui aurait pu aboutir à
la soumission de la Russie à un prince étranger. Dans
les jours malheureux où tant de provinces étaient

occupées par des soldats polonais et suédois et où les *boiars* étaient à moitié gagnés aux intérêts de Ladislas, fils du roi de Pologne, où Novgorod fit séparément la paix avec les Suédois, et fut sur le point de reconnaître les droits douteux d'un prétendant suédois, l'unité politique de la Russie ne trouva de champion que dans les rangs des ordres inférieurs représentés au *sobor*.

L'histoire de ces anciens parlements russes présente certainement un intérêt moins dramatique que l'histoire des parlements anglais ou des Etats-généraux français. Il est très rare que des conflits éclatent entre les divers ordres convoqués aux conseils nationaux. Il n'est pas question d'invectives véhémentes, comme celles que les députés de la noblesse lancèrent au tiers-état, aux Etats-généraux de 1613. On n'entend pas non plus parler d'alliances ni de pactes entre les Etats comme ceux qui plus d'une fois permirent aux barons ou aux *burgess* anglais de remporter sur le roi une victoire manifeste. Le langage qu'employaient les représentants russes en parlant à leur souverain est modéré et quelquefois même servile. Ils aiment à se dire les « esclaves de Sa Majesté », mais, ce faisant, ils n'oublient jamais leurs obligations envers leurs électeurs, obligations qui consistent à ouvrir les yeux du gouvernement sur « toutes les injustices, déprédations et oppressions commises par ses officiers ». Ce sont des sujets conscients de leurs devoirs envers leur souverain et leur pays, prêts à sacrifier leur vie et leurs biens pour la défense des intérêts essentiels de la patrie ; ce ne sont pas des esclaves, craignant d'ouvrir la bouche ou d'offenser l'oreille du Monarque par une relation sincère de leurs griefs. Leur dévouement au

czár marche de pair avec leur dévouement à l'église
grecque. Ils sont orthodoxes et par conséquent prêts à
verser leur sang pour la défense de leur religion naïvement représentée, comme elle l'est quelquefois, par
les images des saints ; mais ils ne penchent nullement
vers le cléricalisme et ne voient pas d'inconvénient à
imposer le clergé ni même à séculariser ses biens dans
l'intérêt du pays et au profit de la classe militaire.
Illettrés comme l'étaient leurs membres, il n'est pas
surprenant que les *sobors* n'aient pris aucune mesure
en vue d'augmenter le nombre des écoles et des établissements d'éducation. Ils sont probablement les seules
assemblées représentatives qui n'aient jamais dit un
mot sur la science ou l'érudition. C'est surtout leur ignorance qui fut cause que leurs opinions au sujet des
relations commerciales avec l'étranger furent si peu
rationnelles. Il n'est pas surprenant que toute la politique commerciale se soit réduite, dans leur concep-
tion, à l'élimination de la concurrence des marchands
orientaux et occidentaux.

Outre le *sobor*, et comme corps délibérant régulier,
la *douma* des *boiars* aidait le czar dans l'accomplissement de ses fonctions gouvernementales et judiciaires.
Des contemporains d'origine russe et d'origine étrangère montrent également que, à partir du règne
d'Alexis, les czars s'astreignirent moins à convoquer
la *douma* et que, de temps en temps, ils décidèrent des
questions très importantes de leur autorité privée,
ou demandèrent conseil non seulement aux membres de la *douma*, mais aussi à des hommes étrangers
à cette assemblée. C'est ce que dit formellement
Fletcher, l'Anglais qui peut-être connaît le mieux l'état
de la Russie au temps d'Alexis ; son témoignage est

confirmé par celui de Kotoschitchine, qui, à tout prendre, est assez défavorable aux hommes composant la *douma*. D'après lui, ils siégeaient, la barbe sur la poitrine, et n'ouvraient pas la bouche. La formule générale des décisions prises par les czars mentionne soit que les *boïars* assistaient aux débats, soit qu'ils avaient décidé une question que le souverain leur avait soumise. Quant à la compétence de la *douma*, elle variait beaucoup, selon les besoins du moment. Sous le règne de Michel, les *boïars* siégeant en conseil, furent appelés à remplir réellement les fonctions d'une haute-cour de justice. Comme juges, ils furent invités non seulement à délibérer, mais même à rendre des décisions en l'absence du czar.

C'est, d'autre part, sous le règne d'Alexis, le deuxième czar de la dynastie des Romanov, qu'il commença à y avoir une certaine hiérarchie entre les divers hauts bureaux, ou *prikasi*, et la *douma* siégeant seule, sans le czar, dans la « chambre d'or » et y réglant les questions d'administration intérieure que les hauts bureaux n'avaient pas osé résoudre d'eux-mêmes. Ces matières administratives étaient généralement traitées, non par tous les membres du conseil, mais par ceux que le czar avait spécialement désignés pour assister à ces réunions et qui constituaient à eux seuls les *raspravnaia palata*. Les cas sur lesquels ils avaient à se prononcer étaient ceux qui n'avaient été prévus par aucune loi ou ceux dans lesquels il s'élevait quelques doutes quant à la façon d'interpréter la loi. Chaque fois que les membres du *prikas* ne pouvaient régler la question par une décision unanime, elle était portée aussi devant ce petit conseil. On peut voir ainsi que, en Russie, comme dans d'autres pays d'Europe,

le conseil du Monarque, *curia regis*, contenait le
germe d'une haute-cour judiciaire et d'un haut corps
administratif. L'une et l'autre étaient aux mains de la
noblesse russe. C'est elle aussi qui dirigeait les divers
bureaux principaux et qui de cette manière administrait et jugeait les affaires du royaume les plus diverses. C'est à ses membres que le czar confiait le commandement de son armée, principalement composée
d'une sorte de troupes féodales, qui étaient payées non
pas tant en argent qu'en terres données à vie. Enfin
c'est aux nobles qu'était confiée l'administration des
provinces. Nul autre qu'un noble ne pouvait être
voïvode et, comme tel, gagner sa vie par l'exaction
régulière de donations. Le mot *kormlenie*, qui signifie
« nourriture » est assez éloquent par lui-même, et
quand on voit le *voïvode* demander à recevoir du czar
une ville ou une province pour sa nourriture, on ne
doute pas que la corruption légalisée ait précédé dans
l'évolution russe, la corruption illégale encore en
vigueur.

Comme les gentilshommes que le czar chargeait de
diriger les affaires administratives et judiciaires de son
royaume n'étaient ni instruits, ni très attentifs aux
affaires, ils étaient assistés de quelques clercs principaux et d'un plus ou moins grand nombre de scribes
inférieurs. En outre, une foule de scribes non officiels,
pauvres écrivains, gagnaient leur vie à dresser des
actes privés, tels que des requêtes adressées aux tribunaux par le plaignant, ou des répliques du défendeur,
le procès entier se faisant par écrit selon la méthode
formaliste régnant dans les tribunaux du temps. Quand
le czar voulait attacher quelqu'un à telle ou telle
branche spéciale de l'administration et de la justice,

il rendait un décret, un *prikas*, déclarant que tel
personnage était désormais désigné pour s'occuper
de telles et telles matières. Comme il y avait trop à
faire pour un seul homme, deux ou trois autres
gentilshommes de rang inférieur étaient désignés pour
l'aider, outre un ou plusieurs clercs chargés des écritures. Les différents bureaux créés ainsi et connus sous
le nom de *prikasi*, ou ordres, avaient chacun son
budget spécial. A cette fin, certaines taxes ou bien des
monopoles d'Etat étaient attachés exclusivement à tel
et tel *prikas*.

Aucune idée d'une division rigoureuse des fonctions
entre les officiers, suivant la séparation logique de
toute la sphère d'administration intérieure en branches
différentes et distinctes, n'apparaît dans la distribution
des affaires de l'Etat entre les *prikasi*. C'est ainsi que
plusieurs bureaux séparés et indépendants avaient à
s'occuper de l'administration financière ou militaire,
et que des provinces nouvellement acquises, comme
Kazan, recevaient une direction spéciale, au lieu de
voir leurs affaires d'Etat dirigées avec celles du reste
de l'empire. Pour donner un exemple de la manière
dont les *prikasi* étaient formés, énumérons-en quelques-
uns. Le *prikas* du grand palais s'occupait des fourni-
tures de pain, de miel, de bière, de vin destinés à la
cour, et administrait les bourgs et les villages appartenant à la couronne ; ainsi il exerçait des fonctions
judiciaires en réglant les différends civils des personnes
habitant ces bourgs et ces villages, tout au moins tant
qu'on n'eut pas créé à cet effet un *prikas* judiciaire
spécial du grand palais. Le *prikas* du grand palais avait
aussi le pouvoir de nommer les *voïvodes* dans les
bourgs qui dépendaient de lui. La chose la plus étrange

était de voir soumis à ce même *prikas* tous les intérêts civils du clergé, du clergé blanc aussi bien que du clergé noir, cette dernière appellation désignant le clergé régulier. Tous les procès civils concernant le clergé étaient jugés dans ce *prikas*, tout au moins jusqu'à l'année 1640, année où fut créé un nouveau bureau appelé le *prikas* monastique ; ce dernier n'exista néanmoins que jusqu'en 1677 et fut alors réuni de nouveau au *prikas* du grand palais. Si l'on ajoute que de temps en temps un *prikas* spécial était institué pour approvisionner de pain le palais, et un autre pour surveiller la fabrication de la vaisselle d'argent ou d'or destinée à la table du czar ainsi que celle des vases destinés à l'église, et un autre encore pour pourvoir aux services religieux à la mémoire des défunts, grands ducs et czars, et de toute leur famille, on verra bien vite quelle incohérence présidait à la répartition des fonctions entre ces bureaux.

Il n'est pas besoin de donner la liste ne serait-ce que des plus importants de ces bureaux. Il suffira de mentionner ce fait qu'un *prikas* spécial, celui des ambassades, s'occupait de la diplomatie étrangère, ainsi que de toutes les agences étrangères établies en Russie. S'agissait-il d'accorder à des étrangers la permission d'entrer en Russie, ou à des Russes celle de quitter leur pays, c'était lui que cela regardait. Enfin, ce conseil était une sorte d'administration supérieure des postes, le service des postes étant entre les mains d'étrangers et établi seulement sur les grand'routes menant à l'étranger. Le pouvoir de rémunérer les services sous forme de bénéfices à vie était concentré entre les mains d'un autre *prikas* spécial, le *romestric*. L'administration de l'armée était

partagée entre un grand nombre de bureaux de ce genre ;
l'un s'occupant des *streltzi*, troupes d'infanterie permanentes qui avaient été créées au temps de Basile III ; un
autre de la cavalerie permanente nouvellement formée
au temps d'Alexis ; deux autres encore s'occupant des
troupes légères des Cosaques et des régiments étrangers
au service de la Russie et ainsi de suite. Et l'administration financière était également aux mains de plusieurs *prikasi* ; spécialement de celui qu'on appelait « le
grand trésor ». De plus, un certain nombre de provinces tout entières, telles que la Sibérie, la Petite Russie
et l'ancien empire de Kazan, voyaient leurs intérêts confiés à des *prikasi* spéciaux. Le peu qu'on a dit au
sujet de l'organisation de ces hauts bureaux en Russie,
suffira à montrer qu'il n'existait pas de séparation
rigoureuse des fonctions financières, administratives
et judiciaires durant le xviie siècle, bien que certains
des *prikasi*, — par exemple celui qu'on appelait « *prikasi* du brigandage » — eussent déjà l'aspect d'une cour
criminelle pour les délits graves.

Voyons maintenant les tribunaux inférieurs et subordonnés. Les causes criminelles, dès Jean le Terrible,
avaient été jugées, en première instance, par des juges
de district élus, appelés *starostas* ; plus tard, la juridiction de ces juges fut étendue, tout au moins dans les
villes, jusqu'à englober les causes civiles. Mais les
juges élus, vivant, non d'un traitement, mais d'honoraires reçus des parties plaidantes, devinrent bientôt
aussi nuisibles et odieux que les *voïvodes* nommés.
D'ailleurs, le système qui consistait à confier le règlement des procès civils à des juges élus ne semble pas
avoir été suivi très rigoureusement ; autrement les Etats-
généraux de 1642 n'auraient pas eu lieu de se plaindre

d'être ruinés par des *voïvodes* nommés dans les villes, contrairement à l'usage autrefois constant d'envoyer ces *voïvodes* dans les citadelles situées sur les frontières de l'empire. Et, lorsqu'on se rappelle que la justice criminelle administrée par les gouverneurs de province, les *voïvodes* et leurs clercs, était tout aussi inhumaine que celle du même moment dans toute l'Europe, on ne peut s'étonner des plaintes constantes qui s'élevaient contre la manière dont les coupables étaient traités, ni de la haine du vulgaire contre les *boiars* russes qui occupaient ces fonctions judiciaires. La peine capitale, par exemple, était prescrite, non seulement dans les cas de meurtre, mais aussi dans tous les délits commis contre l'Eglise et l'Etat ; on versait du métal bouillant dans la bouche des faux monnayeurs : tandis que ceux qui commettaient un délit de parole contre l'empereur avaient la langue coupée outre qu'ils recevaient le knout.

Ce qui contribua encore à cette époque à augmenter la haine du peuple pour ses supérieurs, ce fut ce fait que la noblesse russe, aidée directement par le czar, fit aboutir l'évolution séculaire par laquelle le paysan russe, de libre occupant du sol qu'il était, devint serf. Ce sujet, digne d'une étude spéciale ne saurait être traité ici avec les développements qu'il comporte. Il suffira de mentionner brièvement les faits qui déterminèrent la disparition du droit dont jouissaient jadis les locataires campagnards, qui étaient en retard dans le paiement de leur loyer, d'être achetés par quelque gentilhomme voisin qui alors transportait les délinquants sur ses propres terres. Cette pratique était généralement suivie par les nobles les plus riches. Il n'est donc pas étonnant que, afin de protéger les moins riches, le gouvernement

ait borné le droit de migration des paysans à un jour
déterminé de la fin de la moisson — la Saint-Georges —
et ait reconnu au propriétaire le droit de réclamer un
paysan fugitif à une date quelconque de la période de
cinq ans suivant la date de la fuite.

Des mesures de ce genre avaient déjà été prises à
la fin du xvi⁰ siècle, lorsque Boris Godounov, le futur
czar élu de Russie, était le maître tout-puissant du
pays sous l'incapable fils et successeur de Jean le
Terrible. Il n'est donc pas étonnant que, au « temps
des troubles » les paysans russes aient aussi pensé à
mettre en avant leur prétendant à eux. Tel fut l'imposteur, Bolotnikof. Il n'inspira aucune confiance à
la classe supérieure ni à la classe moyenne, mais il eut
pour partisans, d'après des documents contemporains, des
esclaves fugitifs et des paysans, la population mécon-
tente des villes frontières. Les Cosaques et les *streltzî*
furent aussi des premiers à lui donner leur appui. Le patriarche Hermogène, en parlant dans ses sermons des lettres envoyées par le nouveau prétendant, nous dit qu'elles
contenaient l'ordre à tous les esclaves des *boiars*
de tuer leur maître et d'annihiler leur famille.
Bolotnikof promettait que les biens et les bénéfices
possédés par les *boiars* passeraient aux mains des
roturiers et que les paysans auraient aussi le droit
de devenir *voïvodes* et clercs. Ces promesses trouvèrent
facilement créance, d'après les annales dites de Nikon.
Les habitants des villes s'emparèrent des *boiars* et
les jetèrent en prison ; on détruisit leurs maisons, on
pilla leurs biens-meubles et l'on viola leurs femmes. Les
bandes commandées par Bolotnikof, qui lui-même était
un esclave fugitif, s'avancèrent jusqu'à Moscou.
D'autres bandes formées d'hommes d'origine finnoise,

connus sous le nom de *Mordves*, et qui avaient été
poussés à la révolte par ce fait que des colons russes
et les « gens de service » s'étaient appropriés leurs
meilleures terres, ne demandèrent pas mieux que de
se ranger sous les ordres d'un quatrième prétendant,
un Cosaque du Terek, qui se disait Pierre, fils du
czar Théodore. Bien entendu toutes ces bandes finirent
par être détruites, mais ce fait même que des paysans
se soulevaient sous les ordres de prétendants pour
protester contre l'organisation sociale de l'empire,
inspira des doutes sur la possibilité de faire aboutir
l'asservissement des roturiers russes. Malheureusement les Romanov ne tinrent aucun compte de cet
avertissement et le czar Alexis introduisit dans son
code de lois (l'*Ulozhenie*) un chapitre d'après lequel
il était défendu à quiconque de recevoir sur ses terres
le paysan fugitif ; les délais au-delà desquels le propriétaire perdait le droit de réclamer son serf étaient
aussi abolis.

Ce qui montre à quel point le peuple s'émut du mal
que lui faisait l'oppression sociale et politique de la
haute noblesse, c'est la rapidité avec laquelle la rebellion d'un Cosaque du Don, Stenka Razine, sous le règne
d'Alexis, se transforma en une révolte en masse de
tous les opprimés, commençant par les esclaves et les
serfs, se continuant par les habitants de la Volga, et
finissant par les Cosaques qui tenaient garnison dans
quelques villes frontières. Le chef des rebelles parlait
ainsi aux gens qu'il arrêtait : « Je viens pour battre
les *boiars*, les riches, et je suis l'ami de tous les
pauvres et de tous les gens du peuple ». Cela exprime
très bien le caractère général du soulèvement, ou plutôt de la série de soulèvements où se trouve mêlé le

nom de Razine. Ces soulèvements commencèrent dès
1668 par une expédition dans de grands bateaux vers
les rives orientales de la Caspienne, d'où le chef revint
chargé de butin et d'où on le laissa retourner dans
son ancien séjour, malgré les attaques couronnées de
succès qu'il dirigea contre certains détachements des
streltzi et contre la *voïvodie* de Czarizïn. Quoique Stenka
reçut le pardon du czar, il continua les années suivantes à troubler la paix publique et à préparer un nouveau
raid plus important. A ceux qui regrettaient de s'être
rangés sous ses ordres la première fois, il disait généralement : « Vous combattez pour ces traîtres de *boiars*,
et moi avec mes Cosaques, pour le grand seigneur, le
czar. » Les villes de Czarizïn et d'Astrakan furent
prises par Stenka au cours de cette seconde insurrection préparée de longue main. Le *voïvode*, le prince
Prozorovski, et l'évêque furent tous deux exécutés.
Ils furent précipités vivants du haut du clocher de la
cathédrale.

Razine, de là, se dirigea vers le nord en suivant la
Volga. Dès qu'il parut devant Simbirsk, les habitants
ouvrirent les portes, mais la citadelle fut défendue
contre les agresseurs par les *streltzi* et le *voïvode*. Durant un mois entier, le chef des rebelles resta devant
cette forteresse de bois, ne pouvant ni la prendre d'as-
saut ni la brûler, mais pendant tout ce temps-là, son
armée s'augmentait d'une foule d'esclaves, de serfs et
de gens du pays, tels que les Tcheremisses, les Tchouvaches et les Mordves. Bien qu'une armée envoyée de
Kazan sous les ordres du prince Bariathinski eût gagné
sur ces bandes une bataille décisive, la rébellion ne
fut pas encore réprimée. Les lettres envoyées par Razine avaient produit leur effet parmi les gens du pays

ainsi que parmi les serfs attachés aux monastères et aux évêchés. L'abbaye de Makariev, où de nombreux riches avaient caché leurs trésors, fut en conséquence prise et pillée. En même temps, sur les propriétés privées du prince Odoevski, situées dans les gouvernements de Penza et de Tambov, le soulèvement devint général ; très souvent les paysans rebelles avaient à leur tête des prêtres, tels que le prêtre Sava dans la province de Temnikov.

A la fin, cependant, les *voïvodes* réprimèrent l'insurrection par des massacres terribles. Ils envoyèrent des rebelles, les mains et les pieds coupés, annoncer et rendre palpable le sort qui attendait tous ceux qui voudraient seconder Razine. Celui-ci se réfugia de nouveau sur le Don, mais cette fois il fut trahi par l'*attaman* ou chef des Cosaques non révoltés. Un sort affreux l'attendait à Moscou. Après avoir été fouetté et mis à la question du feu, on lui fit subir une nouvelle torture ; de l'eau froide tomba goutte à goutte sur sa tête préalablement rasée, ce n'est que quelques jours après qu'il fut écartelé vivant par le bourreau et que ses entrailles furent jetées aux chiens. Malgré toutes ces cruautés, les *boiars* ne purent arracher à Stenka, avant sa mort, l'aveu du lieu où il avait caché ses trésors. Le rebelle mourut sans prononcer un seul mot qui trahît ses souffrances.

Razine avait fait la guerre aux *boiars*. Ces mêmes *boiars* furent dénoncés comme ayant amené les Cosaques du Dniéper, qui, sous Boydane Tchmelnizki, s'étaient séparés violemment de la Pologne et avaient conclu un traité d'allégeance avec la Russie, à manquer à leur promesse sous le suivant *hetman* ou chef, Vigovski. Celui-ci prétendit que le *boiar* Scheremetiev, envoyé par Alexis dans la Petite Russie, extorquait d'innombrables sommes d'argent et nommait des *voïvodes* dans les villes sans entente préalable avec l'*hetman*.

Mais ce n'est pas seulement dans les matières d'administration civile que le gouvernement aristocratique des *boiars* et des nobles entraîna pour le pays un réel dommage. Le maintien de l'organisation aristocratique féodale de l'armée mettait en même temps en danger la sécurité et l'indépendance de l'Etat russe.

Dans la « période des troubles », la Russie, en guerre avec la Pologne et la Suède, fut loin d'avoir le dessus. Vainement Michel, cédant à l'influence de son père, Philarète, et contrairement à son propre désir, essaya de reprendre les hostilités contre la Pologne. Smolensk fut assiégée par les armées de Sigismond, la garnison entière dut capituler, et par un honteux traité la Russie céda aux exigences des Polonais et leur abandonna l'antique ville et principauté russe de Smolensk. La principale cause de toutes les pertes subies par la Russie dans la première moitié du xviiᵉ siècle se trouve sans doute dans ce fait que, tandis que la Suède depuis Gustave Adolphe et, dans une certaine mesure, la Pologne, avaient des armées permanentes, prêtes à tenir campagne, le gros des forces russes se composait de bandes féodales qui servaient, non pour un salaire fixe, mais pour des concessions de terres à tenure. Tant que de libres paysans russes continuèrent à prendre à ferme les propriétés territoriales des seigneurs, ceux-ci, vivant du loyer que leur payaient ces fermiers, avaient moins de peine à se donner plus ou moins complètement à l'accomplissement de leurs fonctions militaires. Ils

équipaient leurs hommes et souvent les amenaient de
très loin au premier appel du czar. Mais quand le servage se fut généralisé, le système de la petite culture
pratiqué par les paysans, donnant au seigneur une
part déterminée du revenu annuel, fut remplacé par le
système des grands domaines, exploités par le propriétaire lui-même, qui cultivait la totalité du bien avec
l'aide d'esclaves détenant en commun certaines parties
de la terre manoriale. Trop occupé par la besogne
journalière de diriger et de surveiller ces ouvriers non
salariés, le seigneur se trouvait dans l'impossibilité de
répondre à l'appel qui le convoquait à un service
immédiat. Le nombre des hommes ne remplissant
pas les obligations que leur imposait la défense du
pays, augmenta considérablement, malgré les peines
sévères infligées aux récalcitrants. Ils étaient connus
sous le nom spécial de *netchiki*, les absents. D'autre
part, parmi ceux qui se présentaient à la revue d'appel, plus d'un venait avec une troupe ou bien insuffisamment équipée ou bien mal exercée ; le seigneur
ne voulait pas faire la dépense d'un équipement
complet ou bien il ne voulait pas tenir ses paysans
éloignés de leur charrue assez longtemps pour les
familiariser avec les exercices militaires indispen-
sables.

C'est pourquoi, en force de résistance à l'envahisseur
étranger, la Russie demeura en retard sur les autres
Etats européens. Il n'est pas étonnant que, dès le
milieu du xvi° siècle, les czars aient essayé de créer,
à côté des levées d'hommes féodales, des troupes
permanentes, exercées et équipées à l'imitation de
l'étranger ou d'engager des soldats et des corps étrangers pour servir en retour d'une solde régulière.

C'est ainsi que furent formés les régiments d'infanterie et de cavalerie commandés par des officiers étrangers et composés d'hommes enrôlés par la conscription ou de volontaires. Pendant la guerre avec la Pologne, en 1632, la Russie avait six de ces régiments de la couronne, comptant en tout dix mille soldats exercés au maniement des armes à feu et recevant une paye régulière. Ce nombre se trouva presque quadruplé sous Alexis. Alors, en effet, dans une période de paix, vingt régiments d'infanterie appelés *streltzi*, tenaient garnison à Moscou et un nombre égal de régiments étaient disséminés dans d'autres régions du pays. Chaque régiment comprenait de huit cents à mille hommes.

Un pareil changement dans le régime militaire aboutit nécessairement à augmenter les charges publiques et partant, le chiffre des impôts directs. La Russie se trouvait ainsi dans la situation de la France sous Charles VII, époque où la formation d'une armée régulière par la fameuse ordonnance *de la gendarmerie*, entraîna la levée d'un impôt régulier, la *taille royale*. Rien d'étonnant à ce que, au XVIIe siècle, la taxe dite des *streltzi* soit devenue, en Russie, la plus importante des contributions directes. Au XVIe siècle, elle avait consisté surtout en petits paiements en nature — ordinairement en grain. Elle devint désormais aussi un impôt payable en argent. Afin d'augmenter le rendement de cette taxe, le gouvernement, en 1679 et en 1681, en changea le mode de répartition, prenant le *feu* comme unité d'imposition au lieu d'une certaine superficie déterminée de terre, appelée la *socha*.

Mais cette augmentation des dépenses de l'Etat

occasionna également un accroissement des impositions indirectes. Les droits de douane et les droits
d'accise en 1680 s'élevaient à quarante-cinq pour cent
du budget entier, tandis que les contributions directes
de diverses espèces n'atteignaient que quarante-trois
pour cent. Mais, attendu que les impôts rentraient très
lentement et que le montant de l'arriéré s'élevait
souvent aux deux tiers de la recette prévue, il n'est pas
étonnant que le gouvernement se soit vu de plus en
plus fréquemment forcé d'avoir recours à des percep-
tions extraordinaires.

Et ainsi, quand le gouvernement ne pouvait pas équi-
librer les recettes et les dépenses, il se mettait à arracher aux marchands et aux artisans le vingtième et
même le dixième de leurs revenus. On voit facilement
par là que les difficultés militaires et financières, mettant en danger la sécurité du pays, exigèrent, par
dessus tout, à la fin du xvii° siècle, l'attention du gouvernement. Certains historiens récents, entre autres le
Professeur Miloukov, ont donc très justement établi
l'hypothèse que les réformes de Pierre ont été surtout
amenées par l'impossibilité d'améliorer la position de
la Russie vis-à-vis des puissances étrangères sans refondre ses conditions sociales, militaires et financières.

Nous voici arrivé au terme de ce court exposé des
institutions russes telles qu'elles étaient avant les
grands changements qu'y introduisirent Pierre et Catherine. Ces réformes, comme nous le verrons par la
suite, dotèrent la Russie d'une organisation militaire
et civile, ressemblant beaucoup à celles des monarchies
bureaucratiques de l'Europe au xvii° siècle ; mais elles
furent impuissantes à changer tout d'un coup les dispositions morales du peuple qui s'étaient développées

dans une grande mesure sous l'influence du despotisme oriental auquel il avait été soumis pendant plusieurs siècles. Il est curieux de remarquer que les voyageurs européens qui visitèrent la Russie au xvi⁰ siècle et au xvii⁰ ne surent que penser de l'influence que les institutions du pays avaient exercées sur la psychologie du peuple russe. « On se demande, dit Herberstein, si c'est le manque de lumière du peuple qui a rendu nécessaire la tyrannie des gouvernants, ou si ce sont ces derniers qui ont rendu le peuple grossier et cruel ». Suivant cette même autorité, les Moscovites étaient astucieux et fourbes à un tel point que, dès que Novgorod et Pskov furent conquises par Jean III et Basile, les habitants entrant en relations étroites avec les Moscovites de ces villes, devinrent tout aussi malhonnêtes dans les affaires, tandis qu'auparavant ils étaient connus pour être tout le contraire. Un autre trait de caractère noté par Herberstein, c'est le grand mépris des Moscovites pour toute manière de gagner sa vie par le travail. Il n'en pouvait certes pas être autrement dans un pays où le travail était fait par des esclaves et des serfs.

La différence de rang était, en même temps, scrupuleusement observée dans la vie journalière. Ainsi, par exemple, un homme de basse extraction et de peu de fortune n'osait pas pénétrer à cheval dans la cour d'un homme d'une position supérieure. Les gens de la petite noblesse même, n'aimaient pas à paraître en public de peur de perdre leur prestige. Ils avaient une telle horreur de se mêler aux masses, que ceux qui avaient quelqu'argent n'auraient pas consenti à faire à pied le moindre trajet ne fût-ce que pour aller à cinq maisons de la leur, sans être suivis d'un cheval sellé et harnaché.

Lorsque nous comparons cette assertion du voyageur autrichien aux relations contemporaines écrites par des auteurs italiens, français, anglais, danois ou suédois, un fait nous donne à penser, c'est que tous ils indiquent les mêmes traits de caractère et qu'ils les considèrent tous, plus ou moins, comme dérivant de l'état politique du pays ou comme tout au moins influencés par lui. Une basse servilité devant les supérieurs et une arrogance sans bornes à l'égard des subordonnés règne, d'après ces récits, dans l'ordre supérieur. Le czar n'hésite pas à faire infliger des peines corporelles aux gens de sa suite. Antonius Possevin, jésuite, qui parcourut la Russie au temps de Jean III, et dont le petit traité intitulé « Moscovia » parut dans presque toutes les langues de l'Europe, sans compter l'édition latine, rapporte que les membres mêmes des plus hautes familles ne sont pas à l'abri de semblables traitements. Il n'est pas étonnant que les propriétaires et les nobles aient agi de la même manière vis-à-vis de leurs inférieurs. Dans les nombreux traités d'un caractère moral qui parurent en vieux russe, la pratique de châtier les esclaves, les enfants et les serviteurs est hautement recommandée et la théorie est que l'âme est sauvée par les souffrances du corps. Certains historiens russes, entre autres Zabeline, prétendent que le caractère patriarcal régnait dans les relations de supérieurs à inférieurs durant toute la période qui précéda la refonte de la Russie sur des modèles étrangers. Les relations de czar à *boiars*, d'après eux, avaient aussi ce caractère, tout comme les relations de chef de famille à femme, enfants et serviteurs. Cela peut être vrai, mais ne suffit pas à expliquer pourquoi un *boiar* russe ne se croyait pas déshonoré par des actes qu'un noble français aurait regardés comme l'insulte la plus grossière faite à son honneur. Et la description suivante montre que le temps n'amena aucun changement important. En 1654, le czar Alexis, prenant congé de son armée commandée par le prince Troubezkoï qui partait combattre les Polonais, est salué ainsi par les *boiars* et les « gens de service » : « ils furent appelés à lui baiser la main après s'être courbés jusqu'à terre — les plus jeunes sept fois et les principaux chefs trente fois. »

Dans la vie privée nous trouvons les mêmes manifestations de servilité de la part de la femme, des enfants et des serviteurs. Dans un des nombreux traités sur la manière dont une maison doit être tenue, nous lisons qu'un mari et chef de famille doit agir à l'égard de sa femme, de ses enfants et de ses serviteurs tout comme le prieur d'une abbaye qui n'hésite pas à infliger des châtiments à ceux qui ne marchent pas droit. « Si le mari voit, dit le texte, faussement attribué à un ministre de Jean le Terrible, le prêtre Sylvestre, que sa femme ou ses serviteurs ne se conduisent pas comme il faut, il doit les punir avec modération et en particulier. Il en fait autant pour ses fils et ses filles ». Battez votre fils quand il est jeune, et il prendra soin de vous quand vous serez vieux. Si vous l'aimez, augmentez le nombre de vos coups. Ne le laissez pas faire ce qu'il veut, mais frappez-le sur les côtes. Rien n'est si habile, si sain ni si propre à inspirer la crainte et l'obéissance qu'une bonne fustigation infligée par le mari en personne à sa femme. Les femmes, suivant les idées très répandues en Orient, sont une sorte d'être impur. Les écrivains ecclésiastiques russes du moyen-âge discutaient très sérieusement la question de savoir si une chambre devenait impure après qu'une femme mariée y avait mis au monde un enfant. Pendant trois jours on ne devait pas entrer dans cette chambre, après quoi il fallait la laver et y lire une prière. Le même auteur demande ce qu'il faut faire si une femme fait entrer dans la confection de riches vêtements ecclésiastiques un mouchoir qui lui appartient. Ce présent ne doit-il pas être considéré comme impur ? Il va sans dire que, sous l'influence de pareilles superstitions, la femme russe regardait la vie retirée et voilée d'une nonne comme le plus haut idéal féminin. Herberstein dit qu'une femme qui se laisse voir aux étrangers est considérée en Moscovie comme ayant une conduite inconvenante. Rarement il est permis aux femmes d'aller à l'église et encore moins à des réunions amicales. La maîtresse de la maison ne dîne pas avec les convives. Kotoschitchine nous dit qu'elle ne paraissait que pendant un instant avant le banquet, pour saluer les invités et recevoir leurs salutations.

Le manque de liberté politique et d'égalité sociale fut la source d'autres traits peu aimables du caractère des Russes. Fletcher, dans son livre bien connu sur la *République russe*, dit que, ayant à souffrir beaucoup de dureté et de cruauté de la part de ses supérieurs, l'homme du commun devient tout aussi dur à l'égard de ses inférieurs. « Cela, dit l'auteur, explique pourquoi un paysan qui rampe aux pieds d'un noble devient lui-même un effroyable tyran dès que la force brutale est de son côté ». Cette inégalité

sociale explique aussi le grand nombre de meurtres
et de vols commis chaque année dans le pays. Margeret, cependant, donne une autre raison de ce fait.
« Les nobles ne donnent pas assez de nourriture à
leurs esclaves, ce qui les pousse à tomber la nuit sur
les gens qui passent sur la route et à les dépouiller
de leurs biens ». La tyrannie exercée par tous ·ceux
qui étaient au pouvoir produisait aussi son effet.
Selon une autorité anglaise, Jenkins, dont l'assertion
est confirmée par un écrivain russe, Jean Timothief,
les Russes étaient « de grands menteurs et de grands
hypocrites ; ils changent très souvent d'avis, tournant comme une meule ».

Presque toutes les autorités étrangères s'accordent
à dire que les Russes étaient très ignorants. Possevin
dit : « La seule chose qu'ils apprennent dans leurs
écoles, c'est à lire et à écrire. Quiconque voudrait
acquérir quelqu'autre connaissance, devient suspect
et se fait châtier ». Cet auteur pense que les gouvernants moscovites veulent tenir leurs sujets dans une
ignorance crasse. Pour cette raison ils ne leur permettent pas de voyager à l'étranger, croyant à bon
droit qu'il serait difficile de tenir dans une servitude
absolue des hommes plus instruits. Margeret déclare
que l'ignorance du peuple est la raison de sa piété
extérieure. Car le peuple fréquentait assidûment les
églises et passait de nombreuses heures à assister au
service divin. L'évêque d'Antioche, qui alla en Russie
au milieu du xviie siècle, ne pouvait supporter les
longues heures que l'on passait debout dans les églises
moscovites. Paul d'Alep, qui a écrit la relation du
voyage de l'évêque, dit que durant le carême, les
Russes restaient debout à l'église de neuf à seize heu-

res et cela la nuit, et que parfois ils paraissaient presque morts de fatigue, de faim et de sommeil. Cette
piété extérieure se répandit surtout à partir du moment
où le mariage de Jean III avec la dernière héritière
des Paléologue de Byzance, Sophie, inspira aux Moscovites la prétention que leur Etat devait devenir une
troisième Rome, une quatrième ne devant jamais naître.
Le peuple était accoutumé aussi à se comparer à un
nouvel Israël. Et pour toutes ces raisons il croyait que
son pays devait tenir la première place parmi tous les
Etats chrétiens.

Ignorants, vains et indolents comme ils l'étaient,
les Moscovites ne pouvaient trouver de jouissance que
dans l'ivrognerie et dans une immoralité grossière. Il
ne pouvait être question du plaisir que l'on tire de la
conversation et de la société des femmes bien élevées
chez un peuple qui avait peur d'exprimer ses opinions
individuelles et qui avait confiné ses femmes dans
une sorte de prison privée appelée *terem*. Tous les
étrangers s'accordent à dire que l'usage des spiritueux
était fort répandu en Moscovie chez les hommes, les
femmes et les enfants indistinctement. Margeret mentionne ce fait, ainsi que Daniel Printz qui accuse
également les Russes de la plus monstrueuse immoralité, qui très souvent prenait une forme tout à fait
orientale.

Quoique nous admettions qu'il y a beaucoup d'exagération dans ces histoires d'étrangers et que nous
disions qu'ils étaient prévenus ou mal informés, nous
n'en devons pas moins conclure que le gouvernement
despotique qui remplaça en Russie une période de républiques nombreuses, dont chacune choisissait son
maître dans la dynastie de Rurik et puis passait avec

ce maître un contrat régulier qui définissait les droits
et les devoirs des deux parties, fut loin d'avoir un effet
heureux sur le caractère moral du peuple. Ce fut le
manque d'instruction, d'énergie personnelle, de confiance en soi, qui rendit si difficile la tâche de réformer la Russie sur le modèle de l'Europe. Et c'est à ces
défauts du caractère national que nous avons encore
affaire lorsque nous essayons d'expliquer pourquoi un
peuple fort et capable ne possède pas la liberté politique et le *self-government* qui sont nécessaires au développement intégral de ses richesses morales. Les
institutions disparaissent plus aisément que les traits
de caractère qu'elles ont concouru à former. Et si, de
nos jours, la Russie n'a plus affaire aux *boiars* ni aux
serfs, elle souffre encore de l'esprit d'injustice sociale
et du manque de liberté publique sur lesquels était
basé le despotisme oriental d'un Jean le Terrible, ou
le pouvoir pseudo-patriarcal d'un Alexis.

CHAPITRE IV

INSTITUTIONS POLITIQUES DE LA RUSSIE AU XVIIIe SIÈCLE. — RÉFORMES DE PIERRE LE GRAND.

Le règne de Pierre le Grand est le point tournant de l'histoire de la Russie. Si la Russie est un Etat européen, c'est à lui qu'elle le doit, car Pierre, trouvant la Russie un Etat oriental, sa seule côte utile sur la mer Caspienne,—le port d'Arkangelsk était trop au nord pour être un facteur sérieux dans le commerce de l'Europe — fit d'elle la rivale de la Suède sur la Baltique, et, en prenant Azov, lui ouvrit une route vers le sud. Pour atteindre ce but, il remania l'armée russe, créa une marine russe et changea totalement l'administration financière et civile de son pays, mettant fin à l'existence du *sobor* et de la *douma*, des *prikasi* et des *voïvodes*. A leur place fut établi, comme on le verra plus tard, un système bureaucratique d'administration très centralisé, mais qui n'excluait pas complètement le self-government local en ce qui concernait les villes. En tout cela, Pierre n'eut qu'à suivre l'exemple des nations occidentales. Il serait toutefois ridicule de le blâmer de ne pas avoir conservé, ou même développé les éléments de gouvernement représentatif contenus dans ces pâles copies des diètes et des parlements étrangers qu'étaient les *sobors* au xvie siècle et au xviie. Le changement complet que Pierre voulait amener dans la condition sociale et morale de la nation ne pouvait pas être accompli par une assemblée d'hommes imbus de superstitions religieuses et de préjugés de classe, très souvent illettrés et, pour cette raison, insoucieux d'instruire le peuple. Les *sobors* russes sont probablement les seules assemblées représentatives qui ne touchèrent jamais un mot au sujet des sciences ni des lettres. Et ils étaient également opposés à la liberté dont jouissaient les marchands étrangers. Toute leur politique commerciale se réduisait à l'élimination de la concurrence.

Avec l'aide que pouvait donner une pareille assemblée, il n'y avait pas d'apparence qu'une réforme générale se réalisât jamais. On peut donc aisément comprendre pourquoi Pierre, le plus grand des révolutionnaires russes, n'essaya jamais d'associer les *sobors* à son œuvre. Un despotisme éclairé vit qu'en Russie il était tout aussi difficile de marcher la main dans la main avec les assemblées des États qu'en Autriche au temps de Joseph II. Et pour bien comprendre les raisons qui ont empêché le développement ultérieur des conseils nationaux de la Russie, il faut se rappeler que l'époque où la Russie, par le génie de Pierre, fut lancée dans d'actives relations avec les puissances européennes était loin d'être l'âge d'or du gouvernement représentatif. Quand les *sobors* avaient commencé à prendre racine dans le sol russe, la chute des assemblées délibérantes était déjà commencée sur tout le continent. La dernière assemblée des États-Généraux en France eut lieu en l'année 1614. Après le traité de Münster, le

Reichstag et le *landstande* allemands perdirent toute
importance politique. Le même sort avait frappé les
Cortès de Castille et d'Aragon et les *diètes* provinciales
de Hongrie et de Bohème. Dans toute l'Europe l'autocratie devenait le principe souverain du jour. Etait-
il probable, en ce cas, que Pierre allât rapporter de
ses longs voyages en Occident un respect particulier
pour les institutions représentatives ?

Ce que la France, l'Allemagne ou la Suède pouvait
lui apprendre, c'était au contraire la manière dont le
pouvoir monarchique avait pu surmonter toute opposition faite à son aggrandissement par la noblesse, le
clergé et le tiers-état. Les meilleurs alliés dans cette
longue lutte étaient les fonctionnaires de l'Etat, hommes choisis, fils de leurs œuvres, qui ne devaient
rien à la naissance, mais qui devaient tout à leur
talent et à leur zèle. Bien payés par le monarque, ils
pouvaient obtenir cette somme d'indépendance personnelle des divers ordres et des divers partis, qui faisait
d'eux les uniques interprètes de la volonté souveraine
exprimée en lois et en ordonnances. Réunis en grands
corps consultatifs, les fonctionnaires étaient à même de
discuter et de régler les affaires courantes de l'Etat
avec l'impartialité inhérente à un vote collectif et avec
le savoir et l'expérience que donne un long exercice
des fonctions publiques. L'administration provinciale
tout entière était confiée à des délégués de ces mêmes
bureaux, hommes nommés et révoqués selon le bon
plaisir du monarque. C'est de cette manière que
les assemblées collégiales, placées à la tête des
divers départements, purent centraliser entre les
mains de leurs membres la direction des affaires
centrales aussi bien que des affaires locales. Le

meilleur type de cette machine bureaucratique, c'était
l'administration établie en France sous Louis XIII
et le cardinal Richelieu. Le conseil du roi, avec
son autorité croissante à la fois administrative et
judiciaire, les diverses hautes-cours contrôlant les
comptes de l'Etat, les finances, le Trésor, l'administration des domaines et des forêts, pour ne rien dire
des parlements ou des tribunaux d'appel— tels étaient
les bureaux collégiaux qui par des délégués appelés
intendants — les précurseurs des préfets actuels, pris
généralement dans les rangs inférieurs du Conseil
d'Etat — dirigeaient toute l'administration policière,
judiciaire et financière de la province. La France était
probablement le premier pays, à l'exception des principautés italiennes, qui eût appliqué avec succès le
système des bureaux collégiaux et de la centralisation
administrative. Mais il s'en fallait de beaucoup que ce
fût là l'unique exemple d'une bureaucratie bien ordon-
née. A l'époque où Pierre commença ses pérégrinations
sur le continent, la Suède était généralement louée
pour avoir porté à sa perfection ce même système
collégial, dans l'administration centrale et locale, et
Pierre vit lui-même fonctionner ces institutions dans
les provinces baltiques qui avaient fait partie des
Etats suédois, ou dans le sud de la Finlande encore
soumis à la couronne de Suède.

Dans ce chapitre l'attention du lecteur n'est appelée
que sur une partie de l'activité multiforme du grand
Empereur à qui la Russie doit d'être un État européen.
Ce n'est, ni la plus importante ni celle dont les résul-
tats réels ont pu apparaître aux générations suivantes.
Il s'agit de la refonte de l'administration centrale de la
Russie. Il est peu douteux que l'accroissement des

connaissances et surtout de l'éducation technique, l'ouverture du *terem* russe — partie de la maison habitée par les femmes — aux relations avec le monde extérieur l'abolition de l'antique superstition qui faisait qu'un homme était apprécié plutôt pour sa naissance que pour ses mérites intrinsèques, ont fait davantage pour la refonte de l'Etat russe que le fait d'avoir doté la Russie d'institutions bureaucratiques empruntées à l'étranger. C'est plus spécialement ces dernières réformes que les adversaires du plus grand des Romanov, les Slavophiles, ont en vue quand ils déclarent que Pierre a été le mauvais génie qui a empêché la Russie de suivre ses destinées historiques.

Les Slavophiles accusent Pierre le Grand d'avoir introduit en Russie une bureaucratie instituée sur un modèle étranger et d'avoir complètement supprimé toute espèce de gouvernement populaire, central ainsi que provincial. Ils font cela en idéalisant les faibles germes de self-government dont, dans l'ancien Etat russe, la communauté jouissait, en partie sous la forme d'*anciens* élus (*starosti*) appelés hommes loyaux et fidèles, *zilovalniki viernii liudi*, et en partie sous la forme de pseudo-parlements, qui, sous le nom de *sobors* comme nous l'avons vu, ne faisaient rien moins que représenter le peuple moscovite. Et l'on ne peut pas non plus, comme les faits le montrent bien, dire que cette accusation est absolument dénuée de fondement. Sans doute le grand réformateur ne pensa jamais à s'associer au peuple dans ce qu'il concevait comme la régénération de son pays et, à son point de vue, pour l'excellente raison que ses sujets étaient tout à fait hostiles à toutes ses visées. Et, demandera-t-on, quelles étaient ces visées ?

La première de ces visées était le renforcement des forces militaires dans le but de livrer bataille avec succès aux Suédois, aux Polonais et aux Turcs et d'étendre la domination russe jusqu'à la Baltique, projet qui avait déjà occupé l'esprit du grand czar du XVIᵉ siècle, Jean le Terrible. Pour atteindre ce but, la première chose qui s'imposait, c'était une réorganisation du système militaire ; il fallait établir un corps permanent de troupes disciplinées, bien payées, n'ayant rien de commun avec ces rassemblements occasionnels de propriétaires ruraux inexpérimentés, qui étaient trop occupés à leurs affaires privées pour servir l'Etat avec le zèle et l'abnégation qui sont absolument essentiels à une armée effective. Mais puisqu'il fallait se procurer de l'argent pour la réorganisation de la milice, aussi bien que pour faire la guerre, il fallait une révision du système d'imposition. Le système existant, qui consistait en une contribution directe frappant, non pas des individus, mais la famille entière habitant sous le même toit, avait un très grave défaut : il permettait à un grand nombre de contribuables d'échapper à leurs obligations en se faisant compter comme une seule famille, comme un feu unique. Ainsi, mainte grande famille qui n'existait pas en réalité était déclarée, à seule fin de diminuer les sommes dûes à la Couronne. Dans ces conditions, il était tout naturel d'introduire dans les impôts la réforme méditée par Pierre le Grand. Elle consistait à créer, au lieu de la taxe par feu ou par communauté, la capitation ou taxe par tête. Puisque ce système avait déjà été essayé en Suède, Pierre choisit ce pays pour modèle quand il remania le système financier de son Etat.

Mais ces réformes militaires et financières qui s'imposaient alors, conduisirent par une suite naturelle, lorsqu'on les entreprit, à une reconstruction totale de la machine administrative tout entière. Pour comprendre la nécessité d'un pareil résultat, il faudra rappeler ce qui a été dit dans ces pages au sujet du rapport étroit qui existait entre la tenure des terres d'une part, et les services militaires et civils de l'autre. Dans l'Etat moscovite du xvie siècle et du xviie, « les gens de service » comme les *thanes* de la période anglo-saxonne se trouvaient dans les rangs du conseil, à la tête de provinces entières ou au gouvernement des villes et des bourgs fortifiés. Les fonctions civiles étaient données comme une sorte de récompense aux officiers méritants qui souvent, à la vérité, sollicitaient du czar qu'il les nommât à tel ou tel poste afin qu'ils pussent vivre. Le terme technique, comme nous l'avons vu, était *pokormitsia* littéralement : avoir de quoi manger. Or, cela impliquait pour eux la faculté de faire tourner à leur propre profit la partie des revenus de la province, de la ville ou du bourg qui excédait la somme d'argent dûe annuellement à la couronne comme impôts indirects. Dans ces conditions le chef de l'administration locale, était naturellement disposé à augmenter les charges qui tombaient sur le peuple. Et comme on n'avait pas, encore l'idée de la séparation des pouvoirs, le *voïvode* était en même temps le chef de l'armée locale, de la police locale et de la justice. Il va sans dire, qu'il n'exerçait pas seul toutes ces fonctions ; il demandait l'aide de scribes rémunérés ou *diaki*. Satisfait du paiement régulier des amendes et autres frais de justice, le *voïvode* laissait au scribe l'administration réelle de la justice courante, et celui-ci, bien entendu, profitait de cette situation pour exiger des pots-de-vin des

plaideurs. Les pétitions adressées de temps en temps
au czar contenaient souvent des plaintes de ce genre.
En effet, le premier des Romanov, le czar Michel, fut
obligé une fois de reconnaître que les *voïvodes* et les
autres fonctionnaires civils qui servaient dans les
bureaux centraux ou *prikasi*, réglaient toutes choses
contrairement aux ordres qui leur étaient donnés et
employaient la violence, causant des dommages et
exigeant des pots-de-vin sous forme de dons d'argent
ou de dons en nature.

A partir du moment où, suivant la réforme apportée par Pierre, l'administration militaire, ainsi que
la perception des impôts passèrent aux mains de
fonctionnaires nommés directement par la couronne,
les *voïvodes* devinrent, pour la plupart, des officiers
locaux de justice et de police. Ne voulant pas les
laisser sans contrôle dans l'accomplissement de ces
fonctions responsables, Pierre commença par introduire, sur le modèle des villes allemandes, telles
que Riga et Revel sur la Baltique, des bureaux
locaux connus sous le nom de *landraths* et des cours
du maire ou *cours du bourgmestre*. Ce n'était là cependant que le premier pas ; des réformes plus importantes étaient déjà projetées. Mais des préoccupations
militaires — la nécessité d'étendre la puissance russe
vers la Baltique et de soutenir dans ce dessein une
longue guerre contre Charles XII de Suède et contre
les Cosaques de Dniéper qui, alliés aux Suédois, com-
battaient sous Mazeppa pour leur indépendance,
empêchèrent le grand czar de se donner aux réformes
intérieures et le forcèrent de remettre à une date
ultérieure l'exécution de celles qu'il avait déjà en
vue. Mais les années qu'il passa à parcourir l'Europe

et à compléter son éducation technique sur les quais de Hollande ainsi que celles qu'il passa à combattre l'Allemand et le Suédois, ne furent pas entièrement perdues pour la tâche de la réorganisation future de l'empire. A Paris, Pierre est supposé avoir exprimé, par la phrase suivante, son extrême admiration pour le principal créateur de la centralisation admini stra- tive en France, Richelieu : « Si j'avais la chance de trouver un tel ministre, je laisserais avec plaisir entre ses mains la moitié de mes Etats à condition qu'il m'aidât de ses conseils à gouverner le reste ». Cette phrase, donnée par les mémoires français du temps, est peut-être apocryphe ; elle exprime néanmoins avec force la grande admiration que le nouveau système d'autocratie illimitée et de centralisation inauguré par Richelieu et achevé par Louis XIV, produisait parmi les souverains continentaux, jusqu'au fond même de la Moscovie.

Il est facile de comprendre que les institutions françaises devinrent, dans ces conditions, un modèle pour les divers Etats de l'Europe. Elles furent en effet imitées plus ou moins servilement par les potentats de Suède et du Danemark ; d'autant plus que ces deux derniers engagèrent, à la fin du xviie siècle, une lutte couronnée de succès avec les corps représentatifs et essayèrent, avec l'aide du bas peuple, de mettre fin aux empiètements politiques de l'aristocratie féodale. Ce pouvoir de centralisation explique et le rapport étroit qui, on peut le voir, existe entre les institutions pro- vinciales et centrales de la France et celles de ces deux royaumes septentrionaux, et le fait que ces derniers devinrent les modèles de Pierre le Grand. Le fameux philosophe allemand, Leibnitz, appela, dit-on, l'atten-

tion du grand czar sur les avantages que le système de
bureaux qui, en Suède, dirigeait les diverses branches de l'administration publique présentait sur des
ministres individuels.

Aussi Pierre demanda-t-il à des correspondants russes et étrangers de lui élaborer un plan complet pour
la refonte des *prikasi* sur le modèle des bureaux collégiaux de la Suède et du Danemark. Mais ce n'est pas
seulement vers la Suède et le Danemark que le réformateur tourna son œil inquisiteur ; deux jeunes hommes d'Etat, envoyés par lui en Hollande et en Angleterre, furent chargés de l'informer par écrit de toutes
les grandes choses que ces deux pays avaient accomplies en matière politique, économique et commerciale.
On leur demandait en même temps de noter, dans ce
qui faisait l'objet de leurs rapports, ce qui pouvait être
transplanté en Russie, à la seule condition de ne pas
changer le système autocratique de gouvernement du
pays. Cette condition seule explique pourquoi le correspondant de Pierre en Angleterre, Saltikoff, n'eut
pas grand chose à dire dans son mémoire au sujet du
Parlement et se laissa même entraîner à rabaisser le
réel pouvoir de la Chambre des Lords en la comparant
ridiculement à un conseil d'Etat ordinaire, ayant simplement voix consultative dans les affaires du pays.
Cette nécessité où ils étaient d'extirper tous les germes
de représentation que renfermaient les institutions
qu'ils voyaient poussa d'autres correspondants à parler
de la première Chambre de Suède comme d'un conseil
privé, n'exerçant aucune influence directe dans la
conduite des affaires publiques ou dans la création de
lois nouvelles.

Le résultat fatal de tout cela ne pouvait être que

celui-ci : les correspondants du czar, tout en recommandant l'introduction de bureaux administratifs,
dans le genre et des bureaux collégiaux de Suède et
de Danemark et des nombreux conseils que le Régent
de France, Philippe d'Orléans, voulait créer dans le
royaume, sur l'avis du célèbre abbé de St-Pierre,
précisément au moment de la visite de Pierre à Paris,
n'osaient ouvrir la bouche sur la question délicate de
la réforme du gouvernement central. Et ainsi ces
créations nouvelles n'étaient soumises directement
qu'au contrôle de l'empereur. Or, c'était là plus qu'un
seul homme ne pouvait faire, cet homme possédât-il
toute l'énergie et la grande intelligence qui distinguaient le grand réformateur.

Pierre cependant se crut tout naturellement le droit
d'exercer le contrôle suprême. Il châtiait en personne
les hauts fonctionnaires de l'Etat qui n'avaient pas
résisté à l'appât du lucre. La majorité des coupables,
cela va sans dire, échappait au châtiment, parce qu'il
n'y avait personne à qui on pût en appeler dans le
cas d'une décision illégale prise, soit administrative-
ment, soit judiciairement, par les bureaux centraux.
Cela était si vrai que, en 1705, l'ancien conseil des
boiars, la douma, cessa d'exister et ne fut remplacé
par aucun corps similaire, à moins que nous ne con-
sidérions comme tel le secrétariat privé du czar, la
blijniaia kanzeliaria.

Du moment où la naissance et l'occupation d'offices
importants par les ancêtres ne furent plus considérées
comme conférant des titres à un siège au conseil privé,
et quand des hommes d'extraction humble, gratifiés
d'une place élevée dans la hiérarchie bureaucratique
ou du tchine, furent appelés à devenir les conseillers

du czar, une réforme s'imposa — la création d'un organe
spécial destiné à remplacer la *douma* supprimée. Pierre
crut répondre à ce besoin en créant, sous le nom de
Sénat, une assemblée régulière des hauts dignitaires
de l'Etat, à qui devaient s'unir aussi les chefs des
bureaux collégiaux. Ce projet fut mis à l'épreuve pour
la première fois à l'occasion d'un nouveau voyage du
czar en Europe. Ainsi composé, le Sénat fut appelé, en
l'absence du souverain, à exercer les hautes fonctions
du gouvernement. Il dirigea les affaires publiques,
contrôla les corps administratifs et judiciaires du pays
tout entier et jugea en première instance les crimes
politiques, au nombre desquels étaient comprises toutes les malversations intéressant le Trésor public, telles
que la fabrication de fausse monnaie. Outre les hauts
fonctionnaires, membres du Sénat, nous trouvons
d'autres personnages à la tête de provinces — généralement considérées comme d'origine suédoise —
correspondant, et par le nom et par l'étendue, aux
gouvernements français.

Par ce rapide aperçu de la composition et du pouvoir
du Sénat, on verra que les principaux chefs de l'administration publique, centrale et provinciale, exerçaient
une surveillance sur leurs propres actes. Formant
généralement la majorité du Sénat, ces chefs n'avaient
qu'à s'assurer la complaisance de quelques dignitaires de la couronne pour échapper à toute responsabilité pour tout excès de pouvoir, et pour toute injustice
qu'ils commettaient. A quel point les affaires publiques souffraient dans de telles conditions, on peut en
juger par les déclarations du czar lui-même. Dans
un nouveau décret rendu en 1722, suivant lequel les
chefs des corps collégiaux n'étaient plus, à deux excep-

tions près, appelés à siéger au Sénat, le czar dit :
« Comment peuvent-ils être leurs propres juges ? »
Les auteurs de mémoires particuliers écrits à cette
époque, Berchholz et Bassevitch, commentent ainsi
ces paroles : le premier mal était que dans les bureaux
nul n'osait combattre l'opinion d'un chef siégeant au
Sénat ; et le second, que, à cause de sa présence au
Sénat, le chef d'un corps collégial acquérait le droit
d'être injuste — *était le maître de détourner la justice
dans son département.*

Mais cette refonte du Sénat ne fut pas la seule mesure
dont Pierre s'avisa comme de la meilleure manière
d'introduire la loi et la justice dans ses Etats. Suivant
encore l'exemple donné par la Suède, il nomma dans
les bureaux et tribunaux inférieurs et dans le Sénat, des
accusateurs publics connus sous le nom de fiscaux.
L'office de ces fiscaux était d'examiner toute dénonciation privée dirigée contre tel ou tel fonctionnaire ou
juge ou de prendre l'initiative d'instituer des enquêtes
privées en vue de découvrir la vérité concernant les
agissements des hommes employés dans les services
publics. Malheureusement, il devint bientôt manifeste
que ces contrôleurs publics faisaient usage de leurs
pouvoirs illimités simplement pour arracher aux plaideurs autant d'argent qu'ils pouvaient. Le réformateur
sentit encore une fois la nécessité de surveiller l'activité de ces agents tout-puissants. A cet effet, un haut
fonctionnaire nouveau fut créé et appelé à siéger au
Sénat. Ce fut le procureur général, et il eut autorité
pour contrôler et la gestion des affaires au Sénat et la
conduite des accusateurs publics. Entre les mains
d'un personnage puissant, tel que Jagouginsky, cet
office devint bientôt le premier en importance. Il était

en effet appelé à rendre à l'Etat les services qui, dans un pays qui possède des institutions représentatives, sont rendus par l'assemblée ou les assemblées des Etats.

Il était naturel que la haute bureaucratie, qui s'était pliée à une pareille subordination sous un empereur puissant et victorieux, ne fût pas disposée à montrer la même soumission quand le trône fut vacant. En l'absence d'un héritier désigné, une femme vulgaire, d'extraction étrangère, Catherine Ire, qu'on supposait avoir été la femme légitime du feu czar, fut appelée à exercer le pouvoir impérial par quelques courtisans avec, à leur tête, son amant, le prince Menschikoff, et, comme partisans, une foule d'officiers et de soldats de la garde. Un conseil privé suprême, composé des hauts dignitaires de l'Etat, et dont Menschikoff était l'âme, fut aussitôt installé. Les historiens russes ont récemment discuté la question de savoir si ce conseil était une sorte de frein légal à l'autocratie impériale. On ne peut dire que ce point ait été complètement élucidé, mais il est indubitable que l'autocratie, sous le court gouvernement de Catherine, dut céder à l'oligarchie bureaucratique et cela pour cette seule raison que la nouvelle souveraine était totalement incapable de traiter les affaires publiques. Les rôles du conseil n'enregistrent qu'une fois la présence de l'impératrice à sa session ; elle ne se montra le jour de l'ouverture que pour inviter les membres du conseil à dîner. Tandis qu'elle ruinait sa santé par un genre de vie qui n'avait rien de distingué et qu'elle dépensait en orgies nocturnes l'argent amassé avec tant de peines par Pierre le Grand, les hauts fonctionnaires de la couronne, unis en conseil privé, s'enrichissaient à qui

mieux mieux en s'appropriant de grands domaines de
la couronne habités par des familles de paysans qui
devenaient ainsi des serfs privés. Menschikoff fut le
premier à la curée et réussit ainsi à se faire un patri-
moine plus vaste que le plus grand fief d'Angleterre,
de France, d'Allemagne ou d'Espagne.

Elevée fut la position occupée par le conseil privé
durant le court règne de Pierre II, fils de l'infortuné
prince Alexis, exécuté par ordre de son propre père,
Pierre le Grand, à cause d'une conspiration présumée
et de l'antipathie qu'il avait manifestée pour les réformes faites à l'imitation des Etats européens. Sous son
règne, nous avons à traiter aussi non pas tant des
limitations constitutionnelles que de l'incapacité où
cet empereur-enfant était pratiquement de s'occuper
des affaires publiques, livré comme il l'était au plaisir
et à l'amour. Les Golitzine et les Dolgorouki firent
tout ce qu'ils purent pour centraliser entre les mains
de leurs propres familles l'exercice du pouvoir politique souverain. La disgrâce de Menschikoff, jadis tout-
puissant, qui dut finir ses jours en un exil obscur à
Berézof, petite ville de Sibérie, après avoir été traité
en égal par les princes régnants du Saint-Empire
romain, laissa à ces deux familles toute liberté de
mener à bonne fin leurs ambitieux desseins. Elles
visaient non seulement à s'enrichir en s'appropriant
les domaines de la couronne, mais aussi à élever au
trône de Russie, une des leurs, la belle Catherine Dolgorouki, promise en mariage à l'empereur.

Il est facile de comprendre quel coup pour les intrigues peu scrupuleuses de ces grandes familles fut la
mort subite de Pierre II à la suite des divers excès
auxquels il s'était laissé entraîner. Sa mort fut pour

elles une véritable calamité, d'autant plus qu'une tentative faite par Ivan Dolgorouki, père de la fiancée, pour proclamer sa fille impératrice, ne trouva d'écho ni dans les rangs de la haute noblesse, ni parmi les officiers de la garde. Aucun testament contenant une semblable nomination ne put être présenté à la signature du czar mourant que veillait de trop près un ennemi personnel des Dolgorouki, l'allemand Osterman. Le trône de Russie se trouva donc encore une fois vacant et la descendance légitime de Pierre le Grand était éteinte ; il restait, il est vrai, une princesse du sang du czar, Elisabeth, mais c'était une bâtarde, car il n'y avait rien qui prouvât qu'un mariage avait été conclu entre Pierre le Grand et Catherine. On pouvait en dire autant de la duchesse de Holstein, autre fille de Pierre. En parlant de ces deux princesses, Dimitri Golitzine employait le mot *vibliadki*, qui est un terme injurieux pour désigner une naissance illégitime. Il existait, il est vrai, une sorte de testament prétendument écrit par Catherine Ier à son lit de mort, mais aucune voix ne s'éleva dans le conseil pour protester contre l'affirmation des Dolgorouki qu'une personne de si basse extraction — il voulait dire la défunte impératrice — n'avait aucune autorité pour disposer de la couronne de Russie. « On dit, continua le même orateur, en regardant les Dolgorouki, qu'il existe un autre testament, mais celui-ci ne saurait être qu'un faux. » Aucun membre de l'assemblée n'osa dire le contraire. Dans ces conditions il fallait choisir l'héritier parmi les membres survivants de la maison des Romanov — deux filles du frère aîné de Pierre le Grand, Ivan, un idiot, qu'on supposait avoir régné pour un temps à côté du futur réfor-

mateur sous la tutelle de l'ambitieuse princesse Sophie,
leur sœur à tous deux. Une de ces filles, l'aînée, était
la duchesse de Mecklembourg. Aucun des membres du
conseil ne tint compte d'elle, probablement parce
qu'elle était mariée à un prince étranger encore en vie.
Il n'en fut pas de même de la duchesse de Courlande,
Anna Ivanovna, qui était veuve. Le fait que Jagouginsky, l'ancien procureur tout-puissant du Sénat,
avait passé des années à Mitau à gouverner la principauté en son nom, explique, dans une certaine mesure,
la préférence qui lui fut donnée par les membres du
conseil. Il était tout naturel qu'on s'attendît, de la
part d'une princesse qui avait déjà dû se soumettre
aux exigences des Etats de Courlande, à une reconnaissance de certaines restrictions constitutionnelles appor-
tées à son autorité. Cette supposition et l'exemple de
la Suède qui avait déjà pris vis-à-vis de Charles X
certaines mesures pour assurer au peuple plus de
liberté et une plus grande somme de self-government,
poussèrent le conseil privé de Russie à dresser toute
une liste de conditions que la nouvelle impératrice
devait signer avant d'obtenir le trône.

« Nous devons penser à rendre notre situation plus
facile, » déclara Dimitri Golitzine.

« Que voulez-vous dire par là ? » demanda un autre
membre du conseil, Golovkine.

« Je veux dire qu'il faut nous assurer plus de
liberté, » fut-il répondu. Les conditions furent donc
rédigées par écrit et envoyées à Mitau à la future impératrice, qui, trop contente de monter sur le trône, ne
fit pas de façons pour les signer.

Il peut être intéressant de savoir d'où vint l'idée
d'une semblable innovation. Deux écrivains, un Russe

et un Suélois, le Professeur Hierne, d'Upsal, et le
Professeur Korsakov, de l'Université de Kazan, s'accordent à dire que l'exemple vint de Suède. Le premier de
ces deux auteurs, ayant fait une étude spéciale des
« conditions » signées par Anne, n'a pas de peine à
reconnaître les rapports étroits qu'elles présentent avec
les modèles suédois. Tout bien considéré, il y avait là
quelque chose qui aurait pu, avec le temps, devenir le
germe fécond d'un développement constitutionnel de
la Russie, en cas que les rangs du conseil fussent
accrûs ou plutôt qu'une nouvelle chambre fût créée au-
dessous de celle de la haute noblesse.

Ces fameuses conditions imposaient à la nouvelle
impératrice les obligations suivantes : elle devait faire
tout son possible en vue de l'extension de la religion
orthodoxe ; ne pas se marier ; ne désigner aucun héritier de la couronne ; maintenir un conseil suprême
composé de huit personnes dont le consentement serait
nécessaire pour toute déclaration de guerre, conclusion
de paix ou introduction de taxes nouvelles. L'impératrice acceptait l'obligation de ne nommer personne
dans l'armée à un grade supérieur à celui de colonel
de son autorité privée sans prendre l'avis du conseil,
et de ne condamner non plus personne à mort, ni à
l'infamie, ni à la confiscation des biens, si ce n'est avec
le consentement du conseil. Il fallait aussi une décision préalable du conseil pour rendre légale toute
sorte de donation ayant pour objet des terres de la
couronne, ou toute appropriation des ressources de
l'État destinées à couvrir les dépenses personnelles de
l'Impératrice. Aucun Russe, aucun étranger ne pouvait
désormais être nommé à une charge de la cour sans
l'acquiescement du conseil. Toutes ces conditions

devaient être observées sous peine de perdre la couronne en cas de non-exécution.

Il est clair que, limité comme il l'était, à huit membres, le conseil privé était en passe de devenir une sorte d'oligarchie dirigeante. Il était donc tout naturel que la petite noblesse créât un mouvement en vue de recevoir de la couronne certaines garanties en faveur de ses membres. Le talent de ceux qui, comme Jagouginsky, voulaient que l'impératrice eût une autorité exempte de toute restriction, consista à diriger ce mouvement contre les exigences du conseil privé et en faveur de l'ancienne autocratie. Toute cette comédie se joua de la manière suivante : un représentant de la petite noblesse Tatichtchev, prépara un contre-projet où il proposait d'accroître le conseil, ou plutôt de créer à sa place une assemblée de cent membres. Deux cent quarante-neuf personnes, des officiers de la garde principalement, signèrent cette pétition. Mais la majorité ne fut pas satisfaite de cet unique changement proposé aux demandes formulées. Aussi on fit circuler deux autres listes qui portaient, l'une sept cent quarante-trois signatures et l'autre huit cent quarante. Chacune était une tentative directe pour imposer des restrictions à l'autocratie, mais moins en faveur d'un petit groupe de hauts fonctionnaires qu'au bénéfice de l'ensemble de la noblesse russe. Le projet qui réunit le plus grand nombre de partisans déclarait que la future impératrice pourrait trancher, sans contrôle, toutes les questions sauf celles qui se rapportaient à sa cour, dont les revenus étaient fixés par la loi. Le pouvoir exécutif devait être confié à un conseil suprême ayant le droit de déclarer la guerre, de conclure la paix, de commander l'armée, de contrôler les finances

et de nommer à toutes les fonctions de l'Etat. A côté
de cet établissement d'un conseil suprême, on trouve
dans ce document deux autres dispositions : un Sénat,
composé de trente-trois membres, pour considérer toutes les affaires avant leur discussion au conseil suprême
et deux chambres représentatives, l'une de la noblesse,
contenant deux cents membres, et l'autre du tiers-état,
composée de députés nommés par les villes. Il est facile
de voir que les demandes de la petite noblesse ne favo-
risaient nullement le rétablissement de l'autocratie et
pouvaient être considérées comme une tentative pour
créer une sorte de gouvernement représentatif. Elles
prouvaient en même temps la grande aversion que la
petite noblesse, dans son ensemble, avait pour les hauts
fonctionnaires, qui, abusant des avantages que leur
donnait leur charge, voulaient créer dans les rangs de
la noblesse une sorte de classe supérieure, semblable
à celle de l'aristocratie occidentale.

Afin de comprendre maintenant pourquoi ces tentatives avaient peu de chance de succès, il nous faut jeter
un rapide coup d'œil sur les destinées de l'ordre supé_
rieur russe depuis le temps de Pierre le Grand. On a
vu, dans les précédents chapitres, que la masse de ce
que l'on regarde aujourd'hui comme la noblesse russe
a été constituée par les « gens de service », — personnes
qui, à condition d'obtenir une rémunération en terres,
s'engageaient à faire campagne avec un nombre déterminé de gens bien armés, plus ou moins nombreux,
proportionnellement à l'importance de la tenure qui
leur était accordée pour leur temps de service. Battu
par Charles XII à la bataille de Narva, Pierre attribua
sa défaite à la mauvaise organisation de cette armée
féodale, dont les membres, en effet, étaient trop occu-

pés à faire fructifier leurs terres pour voir dans le
service militaire autre chose qu'un ennui auquel ils
essayaient de se soustraire de leur mieux. Le nombre
des réfractaires était assez grand pour affaiblir la force
de l'armée. Et ceux qui répondaient à l'appel n'avaient
aucune idée de la discipline militaire. Afin d'avoir une
armée permanente semblable à l'armée suédoise, Pierre
fit les réformes suivantes : il déclara que les terres
données autrefois en tenure pour le temps du service
deviendraient la propriété héréditaire de ceux qui en
auraient la jouissance, mais que tous les « gens de
service » seraient désormais considérés comme obligés au service militaire depuis leur majorité, c'est-à-
dire dès l'âge de quinze ans, jusqu'à leur mort. Seuls
ceux que la maladie ou l'âge empêchaient de se rendre
utiles à l'armée étaient admis à servir l'Etat dans les
fonctions civiles en lieu et place du service militaire.
Chacun devait débuter dans les rangs inférieurs de
l'armée et être rémunéré suivant le poste qu'il occupait. Tous ceux qui, par droit de naissance, étaient
considérés comme défenseurs à vie du pays furent
déclarés former un seul État, désigné à l'exemple de la
Pologne, par le mot *diachta*. Ce terme, à cause de son
origine étrangère, fut bientôt remplacé par celui de
dvoriane, mot qui avait été employé dans l'ancienne
Moscovie pour désigner les classes inférieures de la
noblesse. Au lieu d'être une sorte de caste fermée à
tout nouveau venant, la noblesse russe devint, à partir
du temps de Pierre le Grand, une sorte d'ordre supérieur auquel les gens de l'extraction la plus humble
pouvaient accéder par leurs services, tandis que dans
l'ancienne Moscovie les familles princières et celles
dont le père ou l'aïeul avaient occupé une place pré-

pondérante dans la *douma* ou au conseil privé tenaient
seules ce rang supérieur. A partir du règne de Pierre
le même privilège fut accordé aux officiers commis-
sionnés ; ils curent la préséance même sur les princes
et les comtes, nouveau titre honorifique conféré par
les czars de Russie depuis le grand réformateur, généralement à des hommes qui étaient fils de leurs œuvres
ou à des favoris.

On peut voir par là que le premier État était, quant
à son organisation intérieure, plus démocratique en
Russie que dans la plupart des contrées européennes.
Contrairement à la coutume d'Angleterre, tous les membres d'une famille noble étaient regardés comme également nobles et toutes les familles nobles étaient sur le
même pied, aucune différence n'existant à l'égard du
titre porté ; la seule différence venant du rang occupé
dans les fonctions militaires ou civiles. Cette tendance
égalitaire se trouva en contradiction directe avec la loi
de primogéniture que Pierre introduisit dans les dernières années de son règne, probablement en vue d'assurer à la classe qu'il avait appelée aux emplois la richesse matérielle nécessaire pour que fussent utilement
remplis ces emplois. Le caractère démocratique qui
distingue la noblesse russe rendit bientôt cette loi
inapplicable. Les parents firent leur possible pour
maintenir l'ancienne coutume des partages égaux.
Dans ce but ils vendirent de leur vivant une partie de
leurs biens afin de laisser aux fils cadets un capital
égal à la valeur de la terre héritée par l'aîné. Quelquefois, s'en tenant strictement à la lettre de la loi, ils
laissaient aussi tous leurs biens meubles, les ustensiles
de ferme, le bétail et le grain aux autres, laissant la
terre à l'héritier légitime. Tandis que quelques famil-

les, qui vivaient dans des rapports étroits avec la
cour et qui étaient disposées à suivre l'exemple donné
par la haute aristocratie d'Allemagne, ne trouvaient
pas à redire à la loi de primogéniture, la majorité
insista pour qu'on l'abrogeât. Elle introduisit donc
cette demande parmi les conditions que dut accepter
la nouvelle impératrice Anne.

Le rapide exposé qui vient d'être fait nous permet
d'expliquer l'origine des divisions qui existaient dans
les rangs de l'ordre supérieur de la Russie au moment
même où la question des restrictions constitutionnelles se posa pour la première fois. Les traditions des
boiars jadis puissants furent ressuscitées par le petit
nombre de familles qui, sous les derniers règnes,
avaient été placées à la tête des affaires publiques
et étaient imbues des idéals politiques de la Suède.Les
autres membres de la noblesse, et surtout ceux qui
servaient dans les rangs de la garde, se sentant lésés
par les prétentions de cette oligarchie de formation
nouvelle, voulurent élargir la base des futures institutions représentatives. Ni l'un ni l'autre des deux
partis n'était en faveur du maintien de l'autocratie
pure. La malice de ceux qui conspirèrent avec l'impératrice en faveur de l'absolutisme, se manifesta en
mettant les partis en opposition violente. Les prétentions de la petite noblesse furent flattées par de
vagues promesses de faire aboutir plus tard les réformes qu'elle défendait, mais seulement à condition
qu'elle prêterait, dans le présent, son appui contre
les prétendues menées de la haute noblesse. On peut
juger des racines profondes qu'avait cette politique en
lisant certaines lettres écrites alors par des personnages que leurs fonctions officielles retenaient loin de

St-Pétersbourg, mais qui suivaient avec un intérêt
extrême le cours des événements qui se déroulaient
dans la capitale. Parmi eux nous trouvons Volinsky,
homme qui, dans la suite, devint le chef du parti
national dirigé contre les intrus allemands. Tenant
alors un emploi à Kazan, il exprime les vues de la
petite noblesse au sujet des aspirations oligarchiques
des conseillers privés dans cette phrase d'une lettre à
Soltikoff : « Dieu nous préserve d'avoir, au lieu d'un
autocrate, dix familles aussi puissantes ; dans ce cas
nous autres, simples nobles, nous sommes sûrs de
notre perte, car nous serons forcés de nous courber et
de nous prosterner encore plus que nous ne le faisons
aujourd'hui. »

Les petits nobles, étant de cet avis, se laissèrent donc
facilement amener par quelques intrigants, tel que le
célèbre poète Kantemir, ou tel que l'officier de la garde
Tcherkaski, à manifester leurs sentiments sur le caractère obligatoire des conditions souscrites par l'impératrice. Quand les officiers de la garde osèrent présenter
leur projet de réformes, et le faire lire en présence
même de l'impératrice, un échange de récriminations
s'ensuivit. Le conseiller privé Golitzine demanda de
qui ils avaient reçu le droit de légiférer, et Tcherkaski
répondit : « De vous même, qui avez amené Sa Majesté
à croire que les conditions qu'Elle a signées contiennent l'expression de nos vœux unanimes ». A la
demande de la duchesse de Mecklembourg, sœur de
l'impératrice, qui était du complot, Anne mit sa signature à la pétition des officiers et les autorisa à revenir
au palais le même jour afin de présenter le résultat
de leurs délibérations ultérieures. Ce stratagème permit l'occupation du palais par une foule de soldats qui,

dûment préparés, se mirent à crier qu'ils ne souf-
friraient pas que des rebelles commandassent à Sa
Majesté. « Dites un mot et nous jetons leur tête à vos
pieds. » Anne leur ordonna de n'obéir qu'à Soltikoff,
haut officier qui était du complot. Le même jour les
conseillers privés furent invités à dîner à la table de
Sa Majesté ; de la salle à manger ils étaient forcés d'entendre les voix bruyantes des nobles délibérant sur
les demandes qu'ils devaient présenter à l'impératrice
et manifestant leurs bonnes dispositions à l'égard de
celle-ci par leur proposition de mettre en pièces ceux
qui ne voudraient pas la reconnaître comme autocrate.
En face d'une multitude hostile, les membres du conseil trouvèrent inutile de résister plus longtemps.
« Vous m'avez insultée ! » s'écria l'impératrice,
s'adressant au chef des Golitzine ; il ne répondit rien.
Anne ordonna qu'on lui apportât les fameuses conditions déjà signées et les déchira. Quelques mois après,
l'exécution de deux membres de la famille des Dolgorouki et l'exil des autres, ainsi que l'envoi des Golitzine dans leurs terres éloignées, mirent fin à cet effort
prématuré pour édifier le pouvoir suprême en Russie
sur la base des institutions représentatives.

Il est difficile de trouver dans l'histoire du xviiie
siècle — on pourrait dire dans l'histoire moderne tout
entière — une période plus honteuse, plus contraire
aux sentiments de la dignité personnelle et de la dignité nationale, que celle qui commença en Russie du
moment où l'impératrice Anne déchira les fameuses
conditions ou restrictions qui lui avaient été imposées
par un certain nombre de hauts fonctionnaires. La
Russie fut prétendûment gouvernée pendant cette
période par une sorte de triumvirat, dans lequel le

ministre des affaires étrangères, le chancelier Osterman, était le directeur principal. Mais en fait, l'empire
tout entier dut s'incliner devant un simple aventurier
d'origine étrangère, qui ne connaissait ni le pays qu'il
avait à gouverner, ni la langue de ceux qui devaient
obéir à ses ordres. La seule cause de son établissement
dans cette position élevée fut la sympathie qu'il avait
inspirée à l'impératrice des années avant son avènement au trône, à un moment où, sentant le besoin
d'être dirigée et conseillée dans son administration de
la Courlande, elle crut avoir trouvé tout cela dans la
personne d'une espèce de *junker* allemand, appelé
Bühren. Il avait reçu quelqu'éducation à l'Université
de Kœnigsberg, mais il n'avait pu réussir à prendre
un grade universitaire, à cause de sa moralité et de
sa tendance prononcée à troubler l'ordre public et à
s'approprier le bien d'autrui. Il n'est pas besoin de
dire que la famille de cet aventurier n'avait rien de
commun avec les Biron de France. Car ce n'est que
par impudence pure que, après avoir été décoré par
l'impératrice de l'étoile de Saint-André et honoré par
Charles VI d'Autriche, à la requête spéciale d'Anne,
du titre de « Sa Grâce » Bühren osa s'appeler « Biron ».
Le chef de la famille ducale de ce nom en France, au
lieu de protester, se plut à déclarer à son entourage,
que l'usurpateur ne pouvait trouver en Europe un
meilleur nom. Et ainsi cet aventurier passe à la pos-
térité avec un nom volé, et la période la plus déshono-
rante de l'histoire russe, est encore désignée sous le nom
de *Bironovschina* ou période de Biron. D'après une lettre,
qui est encore conservée dans les archives de Dresde
et qui porte la date du 30 décembre 1738, l'impératrice
qui souffrait de la goutte et du scorbut, ne se souciait

que de ses plaisirs. Quant au gouvernement, il était
aux mains de son favori, que son impératrice avait
honoré du titre de duc de Courlande. Bühren, il est
vrai, consultait souvent Osterman, mais se méfiant
de lui, il ne suivait les conseils d'Osterman que quand
ils avaient été approuvés par un juif à ses ordres, un
certain Lipmann. De sorte que, en fin de compte, on
peut considérer ce juif comme ayant été le véritable
souverain de la Russie. C'est ainsi que l'autorité
d'étrangers s'introduisit dans l'empire et que fut posée
la base de cette haine de l'Allemand qui est encore
vivace en Russie, mais qui implique tout autre chose
qu'une simple animosité de race.

Le fait est que Bühren ne fut pas le dernier aventurier allemand dont les Russes eurent à se plaindre et
qui osa s'adresser à eux dans une langue étrangère en
disant : « Vous autres Russes ». Dans une période plus
proche de la nôtre, sous le règne de cette idole des
Nationalistes, Nicolas Ier, un personnage non moindre
que le héros du Caucase, Ermolov, eut lieu de faire la
réponse suivante à cette demande de l'Empereur :
« Quelle récompense veux-tu pour tes services ? »
« Sire, faites-moi allemand ! » Ce que les Russes
ne peuvent supporter c'est l'arrogance de ces petits
nobles, nés dans les provinces baltiques, qui, directement ou indirectement, favorisés par les princesses allemandes de la cour de Russie, parviennent
à occuper de hauts emplois, non seulement dans
l'armée et dans la marine, mais aussi dans les
fonctions civiles, et même sur les bancs de l'Académie des sciences de Russie, où l'allemand est parlé
presque autant que le russe et l'était encore plus il y
a un quart de siècle..

Des historiens récents, cependant, ont essayé, non pas tant d e disculper Bühren de toutes les atrocités qui furent commises sous son autorité, que de répartir plus justement la responsabilité de ces atrocités entre lui, l'impératrice Anne et le chef du clergé russe, le célèbre Théofan Prokopovitch. Ce dernier, qui, dès le règne de Pierre Ier et de Catherine avait été tenu à distance par ses nombreux rivaux, prit alors sa revanche en persécutant tous ceux qui lui avaient été hostiles. D'autre part, la cruauté qui se manifestait même dans les plaisirs qu'elle goûtait le plus, semble avoir été l'un des traits dominants du caractère de sa Majesté. Par exemple, afin de célébrer le mariage d'un prince russe authentique qui avait osé se convertir au catholicisme, avec une femme qui avait fait métier de bouffon, l'impératrice fit élever un palais de glace et ordonna que leur nuit de noces fût passée sur un lit de glace. Le malheureux couple faillit mourir de froid. Un de nos amis, M. Jakobi, membre de l'Académie des Beaux-Arts de St-Pétersbourg, a peint un tableau qui montre remarquablement bien la folie et la cruauté du caractère de l'impératrice. Ce tableau s'appelle « Les Fous ». On y voit les chefs de la noblesse russe rivalisant à qui amusera l'impératrice par ses postures et ses costumes ridicules, tandis qu'Anne prête l'oreille au rapport politique que le chef de la police secrète lui fait à voix basse au sujet des tortures que des personnes inculpées de conspirations ont à subir. Le favori, Bühren, jette un coup d'œil arrogant sur cette scène révoltante, mais sa future victime, Volinsky, véritable patriote russe, se tient tristement à l'écart, manifestement honteux de ses concitoyens.

Pour confirmer cette condamnation générale du règne

d'Anne, — règne qui doit marcher de pair avec celui
de Jean le Terrible — jetons un coup d'œil sur quelques statistiques. Au dire de deux contemporains,
l'auteur de mémoires allemands, Mardefeld, et l'ambassadeur français, La Chétardie, le nombre des personnes condamnées à mort durant cette période de dix
années seulement, fut de cinq à sept mille, tandis que
trente mille personnes étaient exilées en Sibérie. De
plus, en une seule année, ou plutôt en cinq mois, du
premier août 1730 au 1er janvier 1731, les procès-ver-
baux des *syskno prikasi*, sorte de chambre étoilée,
montrent que quatre cent vingt-cinq hommes furent
mis à la torture, onze exécutés, cinquante-sept envoyés
en Sibérie et quarante-quatre enrôlés dans l'armée
comme simples soldats. Dans ces conditions, il est
facile de comprendre pourquoi Anne à son lit de mort,
n'eut d'autre pensée que d'encourager son favori
tremblant par ces paroles : « Ne crains personne ; ne
crains pas ! »

Le gouvernement qui fut installé en Russie après la
mort d'Anne fut quelque chose de très éloigné de
l'idée de légitimité. Un jeune garçon fils d'une princesse allemande, appelée Anna Léopoldrovna, nièce de
l'impératrice, mariée à un prince allemand de la maison de Brunswick, fut déclaré empereur, mais tout le
pouvoir réel était entre les mains du régent, le tout-
puissant Bühren. A son lit de mort Anne l'avait élevé
à ce poste. Assez heureusement cependant, les maîtres
allemands de la Russie ne purent s'entendre, notamment sur la question des dépouilles à partager. Le duc
de Brunswick, pensant qu'il n'avait pas assez d'autorité
dans le nouveau gouvernement, trouva bientôt un allié
dans la personne du feld-maréchal, autre Allemand

appelé Münich. Avec quelques soldats ce dernier arrêta
une nuit Bühren, qui se croyait trop puissant pour
devenir l'objet d'un complot militaire. Avec toute sa
famille, il fut envoyé en Sibérie après un emprisonne-
ment de six mois et une condamnation à mort de pure
forme, pour avoir insisté vis-à-vis de la défunte impératrice sur sa nomination au poste de régent. Le lieu
d'exil de Bühren était à plus de trois mille milles de
St-Pétersbourg et était connu sous le nom de Pelym.
Débarrassée de la crainte de Bühren, la grande duchesse Anne, mère de l'empereur, donna toute son
attention au choix d'un nouvel amant. Celui-ci était
d'origine flamande ; c'était l'ambassadeur du roi de Saxe
et il s'appelait le comte de Lina. Ce nouveau favori
se mit aussitôt à rêver une position non inférieure à
celle qu'occupait Bühren. Le feld-maréchal Münich,
seul, le gênait ; aussi fit-il tout son possible pour le
perdre dans l'esprit de sa maîtresse. Nul ne se réjouit
plus de cette intrigue qu'Osterman, le chancelier, un
troisième Allemand, qui ne pouvait vivre en paix avec
le feld-maréchal, attendu qu'il était plus partisan d'une
alliance avec l'Autriche que de l'alliance avec la Prusse
en faveur de laquelle Münich s'était déjà déclaré.
Pour commencer, Münich dut démissionner et s'établir
dans un quartier écarté de Pétersbourg, le Vassili
Ostrov. Mais il ne devait pas y rester longtemps.

Car un nouveau changement de gouvernement, cette
fois en faveur de la fille illégitime de Pierre, Elisabeth,
vint de nouveau plonger tout dans la confusion et
changer la situation des principaux compétiteurs au
pouvoir. Tout comme aux plus mauvais jours de
l'empire romain, officiers et soldats de la garde impériale commencèrent à disposer de la couronne par voie

de révolutions de palais, le seul genre de changement
violent du cours des événements politiques qu'on ait
vu réussir en Russie. Parler de l'influence de la France
ou de la Suède dans cette espèce de coup d'Etat, qui
porta la fille de Pierre à l'exercice du pouvoir suprême,
c'est dénaturer l'histoire. Ces deux gouvernements
firent tout leur possible pour encourager le complot
fomenté par le parti de la grande duchesse, mais tous
deux étaient également anxieux de ne pas se compromettre en cas d'insuccès. Quand tout arriva selon leur
désir et que le prétendant, après maint baiser donné
au czar-enfant, l'éveilla soudain pendant la nuit et le
fit en quelque sorte son prisonnier, l'ambassadeur
français La Chétardie, sut profiter du changement
survenu dans la politique intérieure de la Russie. Le
pauvre petit empereur, Ivan Antonivitch, passa les
longues années du règne suivant dans la détention et
l'exil, et, l'année qui suivit l'avènement d'une nouvelle
aventurière, Catherine II, alors que, sans doute, il
rêvait de liberté, il fut assassiné. Peut-être cet acte de
cruauté ne fut-il pas inspiré personnellement par l'ami
humain de Voltaire et de Diderot, mais, en tout cas,
l'homme qui le perpétra dans la forteresse de Schlüs-
selburg, Féodor Mirowitch, prétendit avoir reçu
l'ordre de prévenir par le meurtre toute tentative pour
libérer le souverain prisonnier. Avant de terminer
cette triste histoire d'aventuriers qui intriguèrent pour
s'emparer du trône de Pierre, par des complots de
cour et des complots militaires, il faut rappeler une
révolte militaire dirigée par des officiers du même
régiment de Préobrezensky qui avait déjà conspiré en
faveur d'Elisabeth, et qui, en 1762, rendit le même
service à l'épouse légitime de Pierre III. Un de ces

officiers, Alexis Orloff, qu'on supposait être dans les
meilleurs termes avec Catherine II, fut assez auda-
cieux pour lui assurer le trône en tuant l'empereur.
Et plus tard, lorsque Paul I⁰ʳ, malgré les intrigues de
sa mère qui voulait laisser le pouvoir impérial à son
petit fils Alexandre, monta sur le trône et essaya
d'assurer une succession paisible par une loi encore
en vigueur, qui exclut les femmes de l'hérédité légale,
ce fut par un nouveau complot de cour, dont ses deux
fils aînés eurent parfaitement connaissance, que cet
autocrate plus ou moins fou perdit et le pouvoir et la
vie.

Ce qui mérite réellement d'être remarqué dans tous
ces événements, c'est qu'ils laissèrent le peuple, ou
plutôt toutes les classes, abstraction faite de quelques
courtisans et officiers des gardes, parfaitement in-
différents. On acclama Elisabeth — la « Petite mère »,
comme on l'appelait — admirant sa prétendue huma-
nité qui se manifesta dans la résolution d'abolir la
peine capitale, mais qui ne l'empêcha pas de maintenir et même de développer le système des accusateurs privés et des procès inquisitoriaux qui admettaient la torture. On loua la sagesse et le bon cœur
de Pierre III et on voulut lui élever une statue d'argent en souvenir de ce qu'il avait libéré la noblesse
de l'obligation du service à vie. On ne trouva pas d'éloge suffisant pour célébrer l'habile administration de
Catherine II que les poètes comparèrent aux plus
grands souverains connus dans l'histoire. Et Paul I⁰ʳ
lui-même, tout au moins dans les premières années
de son règne, fut regardé comme un réformateur qui
désirait mettre un terme à la mauvaise gestion qui
peu à peu s'était introduite dans les affaires publiques

durant les dernières années de la vieille impératrice.

Cette indifférence du peuple russe en présence des intrigues de cour, lesquelles très souvent aboutissaient à un changement violent d'empereur et de fonctionnaires principaux, semble presque incompréhensible, lorsqu'on songe que ce même peuple, tant dans les périodes antérieures que dans celle qui suivit, fut bien loin de voir d'un œil calme le mal que lui faisait le gouvernement. Les Russes ont en effet prouvé en mainte occasion qu'ils ne sont pas hommes à tolérer des mesures qui affectent directement leur croyance religieuse ou leur indépendance personnelle et leur sentiment de la justice. Car, dans la « période des troubles », ils se soulevèrent, comme nous l'avons vu, pour la défense de l'orthodoxie et de l'indépendance politique, sacrifiant vie et biens pour se débarrasser d'un roi polonais et de la religion catholique. Des années plus tard, les Cosaques exterminèrent propriétaires polonais, fermiers juifs et prêtres catholiques et unionistes, uniquement à l'effet de délivrer la Petite Russie des griffes de Rome et de Varsovie.

Mais tout en acceptant la suprématie d'un souverain orthodoxe, tel que le czar de Moscovie, les Petits Russiens firent tout leur possible pour conserver leur autonomie et l'autorité d'officiers et de fonctionnaires militaires élus par eux-mêmes. Quand le czar Alexis, ne voulant pas laisser entre les mains des Cosaques des citadelles comme Kiev, transféra et l'occupation des forteresses et le prélèvement des redevances pour l'entretien de la garnison à des *boiars* moscovites, nommés par lui, les Cosaques du Dniéper déclarèrent, par la bouche de leur *hetman* élu, Jury Tchmelnizki, que la première condition à observer, pour s'assurer de

leur allégeance était le rappel des *boiars*. Et c'est
contre ces mêmes *boiars* et contre le genre de justice,
qu'ils rendaient, que, sur le Don, la Volga et l'Oural
des millions d'hommes se soulevèrent à l'appel d'un
autre chef cosaque, Stenka Razine. Du moment cependant où, grâce à la réforme de Nikon et à son imitation
servile de l'église byzantine, la population de l'Etat
moscovite se fut séparée en deux parties à peu près
égales, les conformistes, et les Raskolniki, ou non-
conformistes, l'esprit d'indépendance se manifesta par
l'opposition incessante de ce dernier parti aux prêtres
et aux cérémonies religieuses qui étaient en contradiction avec l'usage traditionnel.

Les faits suivants suffiront à donner une idée de cette
révolte générale du peuple contre l'oppression. Parmi
les trente ou quarante mille personnes envoyées en
Sibérie sous le règne d'Anne, le plus grand nombre se
composait de ces non-conformistes. D'autre part, pendant tout le cours du règne d'Elisabeth, en réponse
aux mesures prises pour assurer aux manufactures
nouvellement créées le travail gratuit d'esclaves, les
paysans russes se révoltèrent parfois à plus de cinquante mille, de telle sorte que la force militaire seule
put les réduire à l'obéissance. Et, quelques générations
plus tard, Catherine, afin de créer une base solide pour
le self-government local de la noblesse, consolida et
étendit le système qui faisait des esclaves ou des serfs
des habitants jadis libres des provinces orientales tant
de la Petite Russie que de la Nouvelle Russie. Là-
dessus, des millions d'hommes sous un chef commun,
le cosaque Pougatchev, manifestèrent leur désir de se
débarrasser de toute la machine administrative et de
recouvrer avec leur indépendance personnelle l'entière

possession du terrain abandonné avec tant de prodigalité par l'impératrice et ses prédécesseurs immédiats à des aventuriers politiques et à des favoris.

Il faut admettre néanmoins que, abstraction faite de colères sporadiques, le sujet russe, généralement, resta ce qu'il est en réalité supposé être juridiquement, moins un citoyen qu'un contribuable. Partagé en deux parts inégales, une minorité de nobles, tenus de servir à l'armée et dans les fonctions civiles et exempts pour cette raison de toutes autres contributions, et une majorité des classes dites « déshonnêtes » — *potli liudi* — condamnées comme telles à assurer de leurs deniers le fonctionnement de toute la machine civile et militaire de l'Etat, le peuple russe continua, génération après génération, à soutenir un système dont il était le dernier à profiter. Comment expliquer un fait si anormal ? Et d'autant plus anormal que, dans la nature des institutions mêmes, on ne trouve rien de semblable à ces autres institutions qui, à l'époque même de la chute de Byzance, continuèrent à maintenir l'unité de l'empire romain. Les historiens russes donnent le patriotisme et le légitimisme comme les principales caractéristiques du peuple russe. Mais patriotisme, suivant l'un d'eux, Karamsine, veut dire proprement, amour des institutions du pays. Comme on l'a montré, cependant, à partir de Pierre, il n'y eut pas d'institutions essentiellement russes, celles existantes étant d'origine suédoise, allemande ou française. Et quand on se rappelle qu'un enfant d'origine allemande, une maîtresse, et, plus tard, un bâtard du grand Pierre, s'assirent sur le trône, on sent bien que les Russes ne sont guère autorisés à dire que le légitimisme est une caractéristique de leurs compatriotes.

La vérité, c'est que l'unité russe et la paix intérieure furent maintenues, surtout par la force d'un despotisme militaire.

Aucun despotisme militaire ne saurait être durable néanmoins, à moins qu'il ne trouve dans une ou plusieurs classes de la population des alliés intéressés. C'est dans une claire entente de cette vérité que consista la soi-disant grandeur de Catherine II : elle réussit à faire de la noblesse russe le pilier de son autocratie. Ses prédécesseurs Anne et Élisabeth ne pensèrent, d'autre part, qu'à restaurer les institutions du grand réformateur. Ainsi, tout en abolissant le conseil suprême, Anne parla de rétablir le Sénat dans son ancienne autorité. Ce n'était là, bien entendu, qu'une promesse, car, en réalité, l'impératrice gouverna avec son favori allemand et une sorte de conseil de cabinet dont le rusé Osterman était l'âme. Elisabeth se montra, cependant, encore plus disposée à restaurer les institutions de Pierre. Elle abandonna l'exercice des hautes fonctions administratives au Sénat, soumit à cette assemblée les divers bureaux officiels et restaura la puissante charge du procureur général, vrai premier ministre ou secrétaire d'Etat à l'intérieur, appelé suivant l'expression caractéristique de Pierre, « l'œil du czar qui voit tout » .

Mais ces réformes contribuèrent bien peu à implanter la bureaucratie sur le sol russe. On va le voir par les faits suivants : selon le témoignage personnel de Catherine II, elle trouva, à son avènement au trône, plusieurs milliers de procès non encore examinés par le Sénat, et, au bureau de la justice seul, des actions juridiques non déterminées au nombre de six mille, dont beaucoup avaient été engagées dès 1712. Au rapport également de l'impératrice, les fonctionnaires subalternes attachaient si peu d'importance aux ordres du Sénat que ces ordres devaient être réitérés deux ou trois fois avant d'être entendus. D'autre part le seul résultat de la réintroduction du système d'espions hiérarchiques connus sous le nom de procureurs et de fiscaux avait été de créer les moyens pour un criminel d'échapper aux poursuites en dénonçant autrui. L'histoire d'un voleur notoire, Petit Jean Caïn, mérite d'être citée à ce propos. Dès qu'il était en danger d'être arrêté pour ses crimes, il criait la formule sacramentelle : « Parole et acte » passant ainsi soudainement en plusieurs occasions du rôle d'accusé à celui d'accusateur. De nombreuses personnes avaient été jetées en prison et mises à la torture sur la foi de ses accusations, tandis que lui-même échappait à tout châtiment. Ce que la bureaucratie nouvellement créée hérita, cependant, de l'ancien gouvernement moscovite, ce fut la fameuse idée que l'extorsion pratiquée sur le peuple était une manière naturelle de tirer des moyens de subsistance des fonctions publiques. Ceux qui choisissaient la carrière de fonctionnaire, ne rédigeaient plus, il est vrai, leur demande de nomination selon la formule traditionnelle : « Faites-moi voïvode afin que je puisse me nourrir », mais ils acceptaient des pots-de-vin des plaideurs et extorquaient de l'argent et des dons en nature sur la simple promesse de s'occuper sur le champ des demandes qui leur étaient soumises. Faut-il dire que ces promesses n'étaient ordinairement pas tenues et que l'antique terme russe, *voloki-ta*, l'art de remettre les procès, ne perdit pas son sens sous l'empire nouveau que son grand réformateur s'imaginait avoir refondu sur le modèle de l'Europe ?

Toutes les classes de la société souffraient grandement
de cette espèce de maladministration, comme il ressort
des demandes adressées à Catherine II par les députés
assemblés en 1767 afin de réformer toute la législation
de la Russie. Certains d'entre eux allèrent jusqu'à
demander la peine capitale contre les personnes déclarées coupables de corruption.

La juxtaposition de tous ces faits démontre clairement que, dès la seconde partie du xviiie siècle, la
bureaucratie avait fait faillite. Mais par qui, alors, la
Russie devait-elle être administrée sinon par les membres de ces innombrables bureaux supérieurs et inférieurs qui étaient montés patiemment d'échelon en
échelon (*tchines*) dans la machine administrative,
conformément au fameux tableau des rangs copié par
Pierre sur les modèles allemands? La seule autre classe
de gens qui pouvaient prendre sur leurs épaules la
lourde tâche de rendre la justice et d'assurer la police
était tenue à un service à vie à l'armée et dans la marine. Naturellement le premier pas vers le self-government était l'exemption de cette classe de l'obligation
du service, exemption d'abord partielle et, par la suite,
complète. Le premier progrès avait été fait sous Anne :
à partir de ce règne, en effet, un service de vingt-cinq
ans fut considéré comme suffisamment long, et les
familles comprenant plusieurs fils furent autorisées à en
garder au moins un au logis pour faire valoir les biens
qu'elles possédaient. Un nouveau progrès fut fait sous
Pierre III, qui, en 1762, affranchit les membres de
la noblesse de l'obligation de passer leur vie à l'armée
ou dans les emplois civils. Ainsi furent créés les matériaux avec lesquels Catherine II put construire le
nouveau et foncièrement aristocratique édifice du self-

government local, qui, du moins, eut l'avantage d'assurer à l'aristocratie russe l'appui intéressé d'une classe appelée à partager avec elle le fardeau et les bénéfices du pouvoir. Ce fait à lui seul entraîna toute une suite de conséquences. Afin de se donner entièrement à ces fonctions administratives, la noblesse russe voulut faire assurer ses intérêts économiques par l'extension du système du servage et par la création en sa faveur d'un monopole qui consistait dans le droit exclusif de posséder et d'acquérir des propriétés habitées, c'est-à-dire des terres occupées par des paysans. Mais tout en sacrifiant ainsi les intérêts de la roture à ceux de l'ordre supérieur, le gouvernement empêcha cet ordre de devenir ce qu'il avait été dans d'autres pays et plus particulièrement en Angleterre, le précurseur du mouvement pour l'émancipation politique. En assurant sur une grande échelle sa richesse économique au détriment du peuple, la noblesse russe perdit la chance de se voir appuyée quand elle réclama la liberté personnelle et le contrôle des affaires publiques.

CHAPITRE V

RÉFORMES DE CATHERINE II

Le règne de Catherine II peut être considéré, dans une certaine mesure du moins, comme le commencement d'une ère nouvelle dans le développement des institutions politiques de la Russie. Jusqu'au jour de l'émancipation des serfs sous Alexandre II, réforme qui fut suivie de près par l'introduction du principe du self-government local, auquel toutes les classes de la société furent appelées à prêter leur cordial appui, la Russie vécut plus ou moins avec les idéals poursuivis et en partie atteints par la Grande Impératrice. Or ces idéals étaient aussi peu le résultat de recherches personnelles que ceux qui avaient jadis été appliquées par Pierre. Ils avaient, comme ceux de Pierre une source étrangère. Mais cette fois ce ne fut pas tant dans les institutions existantes de la Suède, de la France et de l'Allemagne, que dans des théories politiques d'abord élaborées en Angleterre et puis popularisées par des écrivains français, et notamment par Montesquieu, que Catherine trouva la source d'où tirer les grands principes de sa réforme. Elle a reconnu

nettement, dans ses lettres à Grim, dans quelle grande
mesure elle avait empr unté à « *L'Esprit des lois* » les
principaux points de cette espèce d'instruction écrite
qu'elle prépara pour l'assemblée représentative appelée
à la seconder dans la tâche de refondre toute la législation de l'empire.

Et en effet, en parcourant les différents chapitres
de cette œuvre extraordinaire — plus semblable à
une encyclopédie juridique qu'à un code pratique de
lois — on est étonné du nombre de passages emprun-
tés au livre fameux qui a eu une destinée si particulière dans toute l'Europe et en Amérique. Montesquieu,
naturellement, n'est pas le seul écrivain mis à
contribution par Catherine. L'Italien bien connu,
Beccaria, fut aussi « pillé », selon l'expression employée
par l'impératrice elle-même. On n'ose pas dire, d'ailleurs
que Catherine suivit son maître principal, Montesquieu, dans toutes les théories qu'il tenta de développer. Son livre peut même être considéré comme un
chef-d'œuvre dans l'art d'interpréter un auteur
contrairement à presque toutes les convictions qu'il
exprime. Il est bien connu que Montesquieu, écrivant
sous l'impression du grand mal fait aux peuples du
continent par les récentes conquêtes de l'absolutisme,
essaya d'enrayer le courant général qui forçait les
divers ordres de la France à résigner les droits politiques qu'ils possédaient depuis des siècles entre les
mains du roi et de ses ministres. A cette fin il recom-
mandait les institutions de l'Angleterre comme le
seul pays où, grâce à la division des pouvoirs, à ce
qu'il croyait, la noblesse et le peuple avaient gardé un
certain contrôle sur les affaires publiques. Il n'est
guère besoin de dire, bien entendu, que Catherine

n'éprouvait pas le désir d'abandonner une part quelconque de son autorité impériale soit aux états, soit aux individus. Bien qu'elle ait insisté beaucoup sur les avantages de la division des pouvoirs, elle l'entendait seulement dans ce sens : que ceux qui sont appelés à juger, ne doivent pas être en même temps administrateurs ni législateurs. De toute la théorie de la représentation il n'est pas dit un seul mot par l'impératrice. Elle élimine cette question en empruntant à ce même livre de Montesquieu cet autre principe : que, dans un grand Etat, l'autocratie est naturelle. Ainsi son livre montre la tendance à emprunter les idées et les institutions étrangères seulement en tant qu'elles ne contrarient pas la forme existante de gouvernement, tendance que nous avons déjà vue dans les divers projets de réformes présentés à Pierre et recommandant l'introduction de telle et telle coutume ou loi étrangère non opposée à l'autocratie.

Une autre preuve de la grande habileté de l'impératrice paraît quand elle exprime franchement son désir de remettre toute œuvre législative effective jusqu'au moment où les besoins réels du peuple seraient manifestés par des déclarations personnelles, faites en son nom par les députés des diverses classes. Plus tard, lorsqu'elle parlait des résultats obtenus par la convocation de ces députés, l'impératrice avait coutume de dire que, avant cette date, elle était dans la plus complète ignorance touchant le réel état de choses et les voies et moyens à prendre pour l'améliorer. Il est incontestable, bien entendu, que l'information qu'elle obtint de cette manière ne pouvait être complète que dans le cas où elle se serait adressée aux classes qui déjà étaient regardées comme ayant perdu leur liberté. Et

telle qu'elle fut, la commission juridique de 1867 ne
contenait qu'un petit nombre de représentants paysans,
tous des provinces du Nord où le servage était presque
inconnu.

Un autre trait de l'impératrice dont il faut tenir
compte lorsqu'on analyse l'assemblée convoquée par
Catherine, c'était son indifférence religieuse qu'elle
avait acquise en étudiant les écrits de Voltaire. Cette
indifférence s'était révélée dans la guerre ouverte que
déclara Catherine au désir des ordres religieux d'être
propriétaires fonciers. Elle explique aussi ce fait que
parmi les personnes appelées à assister à cette réunion,
le clergé était représenté uniquement par le délégué
du Synode ou de la haute commission ecclésiastique
de la Russie. Ainsi la noblesse et, dans une proportion
moindre, les marchands et les membres des corporations de métiers eurent le rôle prépondérant dans les
conseils ainsi que dans les débats d'une assemblée qui
était censée être l'image fidèle des divers ordres de
l'empire. Dans la composition de cette assemblée, la
noblesse était en majorité, pour cette raison que les
hauts corps administratifs, tels que le Sénat, étaient
aussi appelés à envoyer des délégués. Ils faisaient
ainsi en nommant des leurs, qui nécessairement
étaient des nobles. Il n'est donc pas étonnant que
les intérêts de la noblesse aient été mieux représentés dans la commission juridique de 1767 que
ceux de toute autre classe de la société russe. Pour
cette raison la question brûlante du servage — question déjà débattue à la Société des Economistes fondée
par Catherine à Pétersbourg — fut touchée légèrement
par les députés des provinces, tandis que les avantages
juridiques dont la noblesse devait jouir furent discutés

plus au long, au profit de l'ordre supérieur. Catherine semble avoir été très frappée par le *dictum* bien connu de Montesquieu : « la noblesse est l'appui naturel de la monarchie », car elle insiste sur ce point dans ses conseils imprimés aux délégués, et il est très probable que ces mêmes principes étaient dans son esprit quand, plus tard, en 1777 et en 1785, elle posa la base du self-government aristocratique tant pour la province que pour le district.

En outre des raisons déjà données, une autre raison empêcha l'impératrice d'accorder toute l'attention qu'il fallait au mal fait à l'Etat par le servage. On a déjà vu que, sous les règnes qui précédèrent le sien, les soulèvements locaux d'esclaves avaient été très fréquents. Il n'était donc pas prudent de faire de la question d'abolir le servage un sujet de discussion publique. Dans sa correspondance avec Grim, Catherine reconnaît qu'elle a été forcée d'omettre une bonne partie de ses instructions écrites, et précisément la partie où elle traitait la question des restrictions juridiques à imposer à l'autorité des possesseurs de serfs. Et c'est pour la même raison qu'elle ne tint aucun compte, par la suite, du plaidoyer en faveur de l'émancipation des esclaves russes que Diderot eut le mérite de lui présenter. Et, dans la dernière période de son règne, signalée par la révolte de Pougatchev, elle alla, en s'efforçant de réprimer toute discussion de cette question dangereuse, jusqu'à condamner à mort un écrivain russe Radischev, parce que, dans sa relation d'un voyage de Pétersbourg à Moscou, il avait donné une description assez fidèle de la condition intolérable des serfs. Cette sentence ne fut pas exécutée, car, au lieu d'être mis à mort, Radischev fut exilé en Sibérie, d'où il ne revint à Pétersbourg que sous le règne d'Alexandre Ier.

La réunion de la commission législative convoquée par Catherine peut être considérée comme le point de départ dans la réforme de l'administration provinciale de Russie. Grâce à sa composition, les nobles étaient en majorité. Naturellement, ils profitèrent de ce fait pour développer tout au long leurs vues quant aux privilèges économiques et politiques à accorder à leur classe. Et ces vues étaient loin d'être ingénues ; elles ne ressemblaient nullement à une résurrection des anciennes prétentions politiques des *boiars* à gouverner le pays comme membres de la *douma* ou conseil du czar. Les nobles du temps de Catherine II n'insistèrent pas sur la remise en vigueur de cette pratique longtemps existante suivant laquelle les affaires du pays devaient être « décidées par l'ordre du czar et le jugement des *boiars*. » Le prince Scherbatov, le principal orateur de la noblesse dans les rangs de la commission juridique, insista moins sur le pouvoir de la noblesse que sur son honneur et ses intérêts. Et, en agissant ainsi, il ne faisait que suivre de près l'opinion courante des écrivains politiques européens du xviie siècle et du xviiie touchant les relations intimes qui devaient exister entre le trône et l'aristocratie terrienne. Il s'éleva donc contre cette réduction de l'ordre supérieur à celui de « gens de service » par excellence, ce qui depuis l'époque de Pierre était le caractère distinctif de la noblesse russe. Pour cette même raison Scherbatov ne voulut pas admettre que la classe des nobles pût être augmentée en aucun temps par l'introduction de survenants qui auraient atteint un certain rang dans la hiérarchie officielle.

Mais ces idées de Scherbatov étaient opposées au passé
tout entier de l'ordre supérieur russe, qui, tant dans l'ancienne Moscovie que dans l'empire réformé de Pierre,
avait été et restait toujours une classe ouverte à tous
ceux qui s'étaient distingués au service de l'Etat. Il
n'est donc pas étonnant que, chez ses collègues eux-
mêmes, Scherbatov ait rencontré de sérieuses critiques.
Un député de la Petite Russie, un certain Motonis, opposa à ses idées, si semblables à celles de Mirabeau
l'Ancien, en France, l'idée bien russe que la noblesse
est purement une espèce de distinction conférée au
mérite par le principal détenteur du pouvoir politique.
Et, toujours en opposition à Scherbatov qui voulait que
les nobles, en Russie du moins, fussent les descendants
directs des fondateurs de l'Etat et de ses héros, Motonis
déclara qu'à l'origine les nobles avaient été de simples
ouvriers ou artisans, de sorte que, aujourd'hui, aussi
bien qu'il y a des siècles, tous les citoyens pouvaient
également obtenir, par leurs services, le droit d'appartenir à l'ordre supérieur.

Les débats de l'assemblée eurent pourtant quelque
chose de plus qu'une pure importance théorique, car
l'origine des distinctions entre la noblesse personnelle
et la noblesse héréditaire, distinction introduite par
Catherine II dans la célèbre charte de 1785 qui régla
la question des droits et obligations de l'ordre supérieur
en Russie, remonte à ces débats. Et ces distinctions
sont encore existantes et méritent par conséquent
d'être traitées plus au long. D'après la charte de 1785,
le simple fait d'avoir occupé une charge publique,
militaire ou civile, au-dessous d'un certain rang ou
tchine, ne donnait pas au détenteur de la charge le
droit de transmettre le titre de noble à ses descendants.

Plus tard, cependant, le rang dans la hiérarchie officielle qui pouvait conférer la patente de noblesse
héréditaire avait été élevé de plus en plus au point
que, de nos jours, pour passer à ses descendants la
patente d'une noblesse qu'on avait soi-même acquise,
il fallait obtenir soit le grade de général dans l'armée
soit le rang de « conseiller d'Etat réel ». La croix
de St-Vladimir confère à son possesseur les mêmes
avantages, mais seulement au cas où le corps de la
noblesse de telle ou telle province veut bien donner
son consentement à l'inscription sur ses rôles du noble
nouvellement créé. Cette condition d'admission
est loin d'être purement théorique, car, à partir du jour
où l'anti-sémitisme a gagné du terrain en Russie, la
noblesse provinciale a plus d'une fois refusé d'admettre dans son sein certains personnages d'origine israë-
lite, de telle sorte que le gouvernement dut intervenir
et insister sur l'admission de son candidat par l'assemblée locale de la province où il résidait.

Mais revenons à l'œuvre accomplie par la commission
juridique de 1767. Ses membres ne manifestèrent
aucun désir d'établir de nouvelles distinctions parmi
les nobles, qu'ils fussent titrés ou non. Et ce principe
d'égalité fut aussi reconnu par la charte que l'impératrice accorda aux nobles, tout au moins en ce sens
que toutes les familles appartenant à l'ordre supérieur
furent et sont encore appelées à la jouissance de droits
égaux et à l'occupation des fonctions tant dans l'administration générale que dans le self-government de
classe de la province. Nous allons maintenant considérer les institutions dans lesquelles les nobles furent
admis à occuper une situation prépondérante et parfois
exclusive.

Au moment même où la commission juridique fut
convoquée, Catherine avait créé l'assemblée de district
des nobles et l'assemblée du«maréchal de la noblesse ».
L'une et l'autre furent invitées à procéder à la nomination de délégués à l'assemblée. La charte de 1785 avait
créé aussi les assemblées de tous les nobles de la
province et placé à la tête de cette réunion un fonctionnaire élu, le maréchal de la noblesse de la province
entière. Et, en agissant ainsi, Catherine fut certainement influencée par les demandes que lui avaient
adressées les députés de la commission juridique de
1767. Certains d'entre eux, en effet, avaient déclaré qu'un
corps de nobles devrait exister à l'état permanent dans
chaque district et que ce corps devrait tenir tous les
deux ans une session régulière pour la discussion de
toutes les questions intéressant leur ordre. La noblesse
de Moscou alla jusqu'à demander la nomination par
les nobles de ce district de commissaires chargés de
juger tous les différends qui s'élèveraient entre nobles.
Des délégués de quelques autres districts insistèrent
même sur la création d'un tribunal électif, principalement composé de nobles, qui déciderait toutes les
affaires, au civil et au criminel, non seulement entre
personnes de l'ordre supérieur, mais aussi de la roture.
La tutelle des nobles devait également être confiée à
un corps électif placé sous la direction du maréchal de
district, selon les demandes des nobles de Moscou, de
Kostroma et de plusieurs autres lieux. Outre les assemblées de district, les délégués de Yaroslav demandèrent
des réunions auxquelles, périodiquement, tous les nobles
de la province seraient convoqués. Ces assemblées
devaient avoir le droit d'entrer en correspondance avec
le Sénat par l'intermédiaire d'un membre désigné qui

devrait présenter à cette haute assemblée une liste
de toutes les infractions à la loi commises dans les
limites de la province. Certains délégués même pensèrent qu'il serait bon de donner aux assemblées provinciales de la noblesse le droit de choisir les plus
hauts fonctionnaires de la province, les *vovodes*. Il
n'est pas besoin de dire que cette dernière demande ne
fut pas entendue ; l'impératrice préféra garder entre ses
mains le droit de nommer aux fonctions des « lieute-
nants de province », qui furent connus plus tard sous
le nom de gouverneurs. Mais, à cette très importante
exception près, on ne voit pas en quoi les requêtes
des nobles différaient des plus récentes prescriptions
de la loi qui octroya aux assemblées de district des
nobles et à leurs assemblées provinciales le droit de
nommer non seulement leurs maréchaux, maréchaux de
district et maréchaux provinciaux, mais aussi les membres des cours locales et les fonctionnaires de la police.

Sans entrer dans les détails, on peut dire que, dans
ses grandes lignes, le self-government de la province
et du district au temps de Catherine II avait acquis le
caractère aristocratique qui le distingue sous Alexandre 1er et Nicolas 1er. Ce n'est que sous le court règne
de Paul 1er qu'on trouve un mouvement de recul
inspiré par la crainte de créer dans les maréchaux provinciaux et dans les assemblées provinciales un pouvoir
dangereux pour l'autocratie impériale. En conséquence
la loi de 1799 défendit que les nobles s'assemblassent
autrement qu'en réunion de district. Les maréchaux
des provinces devaient être pris parmi les maréchaux
de district. Mais dès qu'Alexandre 1er monta sur le
trône, une nouvelle charte fut octroyée aux nobles,
qui contenait une reproduction complète de celle de

1785. Et à partir de cette date, la législation concernant le self-government local aristocratique fut développée par un manifeste ou une proclamation de Nicolas 1er, en l'année 1831.

Suivant ce document, les assemblées des nobles ne devaient se composer que de personnes appartenant à la noblesse héréditaire, et ceux d'entre eux qui étaient agés de vingt et un ans et qui occupaient au moins le rang le plus bas dans la hiérarchie administrative étaient seuls autorisés à voter ; le droit d'élire des fonctionnaires, cependant, appartenait exclusivement à ceux qui, en outre qu'ils remplissaient les conditions ci-dessus mentionnées, possédaient au moins cent serfs mâles ou trois milles *desiatines*, qui équivalent à trois mille deux cent soixante-dix hectares. Seuls, les colonels ou les fonctionnaires civils ayant le titre d'« excellence » furent autorisés à voter, et à prendre part aux élections, même s'ils ne possédaient que cinq serfs mâles et cent *desiatines* de terre. Quant au reste des nobles héréditaires qui n'avaient pas plus de cinq serfs et de cent cinquante *desiatines*, ils ne pouvaient prendre part qu'à la nomination d'un délégué chargé de voter et d'élire en leur nom. Et à cet effet, ils étaient obligés de s'assembler en groupes assez considérables pour satisfaire aux exigences de la loi quant au minimun de serfs et de *desiatines* requis pour la pleine jouissance du droit de suffrage.

Afin de garder un contrôle sur les agissements du self-government aristocratique de la province, les assemblées et les maréchaux furent placés sous la surveillance des gouverneurs. Durant tout le règne de Nicolas 1er, les assemblées des nobles ne purent être convoquées sans la permission du gouverneur de la

province. Elles durent exécuter toutes les demandes
légales de ce dernier, et, en cas de troubles, elles pouvaient être dissoutes à un moment quelconque par ce
même gouverneur, dont l'ordre écrit était également
nécessaire pour clore d'une façon régulière chacune de
leurs sessions, sessions de district ou sessions provinciales. Il faut tenir compte de cette dépendance intime
où se trouvaient les assemblées des nobles vis-à-vis
des fonctionnaires nommés par la couronne, tels que
les gouverneurs de province, si l'on veut comprendre
pourquoi les couches supérieures de l'aristocratie russe
en vinrent généralement à se soustraire à l'accomplissement des innombrables obligations qui incombaient à
un maréchal de la noblesse. L'auteur est assez âgé pour
se rappeler la manière dont les institutions en question
étaient conduites dans la période qui précéda la refonte
du self-government local par Alexandre II. Abstraction faite des deux capitales où le voisinage de la cour
exerçait sa force d'attraction, les familles princières consentaient rarement à s'appliquer entièrement à la gestion des affaires locales. En général, elles voulaient
bien présider tous les trois ans l'assemblée de leur
ordre; dans l'intervalle elles confiaient tout le tracas
de l'administration active à quelque petit noble remplissant les fonctions de maréchal de district au chef-
lieu de la province. La loi tolérait cette pratique et le
résultat était que les principaux personnages de la
société aristocratique, que leur fortune et des attaches
étroites avec les gouverneurs du moment plaçaient au-
dessus des intrigues locales, n'avaient pas le pouvoir
de les empêcher de réussir. Tout était réellement décidé
moins par les maréchaux de district eux-mêmes que
par leurs secrétaires, et ainsi la bureaucratie réappa-

raissait sous le voile d'une magistrature qui s'élisait
elle-même. Les fonctionnaires de la police et les juges,
dont la nomination était confiée aux assemblées locales
de la noblesse, étaient loin de recevoir la rémunération
qui aurait pu tenter un savant avocat et le décider à
se donner à l'exercice de ces fonctions. En général, de
petits propriétaires fonciers qui n'avaient pas la préparation nécessaire et étaient par conséquent incapables d'obtenir un meilleur poste, se remuaient et
intriguaient pour se créer, par leur nomination à ces
emplois, des moyens d'existence. Leurs efforts n'é-
taient couronnés de succès qu'à la condition qu'ils
secondassent de leur vote l'ambition de quelques
nobles plus riches qui se présentaient comme candidats
au poste de maréchal de district. C'est ainsi que se
forma un groupement en clients et en patrons et que
le self-government local devint l'arène d'une lutte
continuelle entre des groupes qui étaient moins des
partis que des coteries de famille.

D'autre part, tous les désavantages du gouvernement
de classe apparurent dans ce fait que les fonctionnaires
électifs, dépendant comme tels des votes des nobles
locaux, étaient en même temps autorisés par la loi à
régler la conduite de ces derniers vis-à-vis des serfs
qui vivaient sur leurs terres. Dans ces conditions, les
plus criants abus du pouvoir manorial restaient impu-
nis et les cas où les paysans, tyrannisés par leurs
maîtres, avaient recours au *terrorisme* devenaient de
plus en plus nombreux. Bien que Catherine II ait exprimé l'opinion que, sous un bon propriétaire de serfs,
nul n'était plus heureux qu'un paysan russe, des
personnes mieux informées, comme Radischev, ont pu
sans crainte d'être contredites, raconter des anecdotes

comme la suivante : Un homme d'origine très humble,
ayant rempli de nombreuses années l'emploi de domes-
tique à la cour, et ayant été élevé dans la suite au rang
d'assesseur collégial, devint en conséquence membre
de l'ordre supérieur; il s'établit sur une terre qu'il ache-
ta et traita ses paysans comme des bêtes. Jusque-là ils
n'avaient dû payer que les redevances coutumières ;
désormais ils reçurent l'ordre de faire des corvées, cela
durant la semaine tout entière, mal nourris et souvent
punis de la fustigation et du knout. Souvent n'ayant pas
suffisamment à manger, ces serfs commirent plusieurs
vols de grand chemin. Sachant que, en cas de condamnation, il était exposé à perdre leurs services gratuits, le maître les cacha, déclarant aux autorités
qu'ils avaient pris la fuite. Comme il ne voulait pas perdre l'assistance de quiconque était bon pour le travail,
il fit des bourreaux des membres de sa propre famille.
Ses filles frappaient les femmes et les filles et les traî-
naient par les cheveux ; ses fils commettaient impuné-
ment des actes de la plus vile débauche, jusqu'au jour
où un jeune mari, vengeant un outrage fait à sa femme,
souleva une révolte qui aboutit à l'extermination de la
noble famille tout entière. Des cas du même genre se
produisirent aussi sous Alexandre Ier et sous Nicolas Ier
et un très petit nombre de ceux qui commirent de
semblables crimes encoururent le châtiment qui atteignit la fameuse Soltitchitcha, qui, avant d'être arrêtée,
avait réussi à tuer plusieurs de ses serves en les tortu-
rant d'une manière qui ne laissait aucun doute quant
à son irresponsabilité morale.

Si l'on ajoute que les institutions aristocratiques
dont nous venons de révéler les mauvais effets furent
étendues par Catherine à des provinces qui, comme

c'était le cas pour la Petite Russie et la Nouvelle Russie,
étaient auparavant exemptes et de nobles et de serfs,
il sera facile de comprendre les motifs intimes de cette
insurrection, jusque-là sans précédent, du menu peuple,
laquelle, partant du Yaïk ou Oural, envahit toutes les
provinces du sud-est de la Russie et mit un moment
en péril l'existence de l'empire. Des historiens récents
ont très bien montré que les Cosaques de l'Oural, qui
furent les premiers à suivre Pougatchev, n'étaient nullement dupes de ses prétentions lorsqu'il disait être le
czar Pierre III, heureusement échappé des mains des
assassins et désireux de se venger d'une épouse sans
foi. Ceux qui se soulevèrent au simple bruit de son
approche étaient, pour la plupart, des serfs. Beaucoup
d'entre eux, avaient été, des années auparavant, des
hommes libres. Tel était, par exemple, le cas de ces
tribus indigènes qui habitaient les deux rives de la
Volga et qui avaient été, comme les Cosaques de la
Russie libre, réduits à l'état d'esclaves sous divers
intrigants de cour richement dotés de terre par l'impératrice. Le mode de procéder des rebelles ressemblait
beaucoup à celui jadis suivi par les *Jacques* en France
et par les paysans d'Angleterre lors du fameux soulèvement de Wat Tyler. En général, ils tuaient les propriétaires nobles, parfois avec leur famille entière et
détruisaient les rares documents écrits établissant leur
condition servile qu'ils pouvaient découvrir dans les
archives locales. A grand'peine Catherine réussit à réprimer cette insurrection, mais non sans avoir appelé
tous les nobles des provinces rebelles à combattre l'ennemi commun et à former à cet effet une espèce de
milice territoriale.

Quoique noyée dans un flot de sang, la rebellion

de Pougatchev eut ce résultat heureux, qu'elle appela
l'attention des futurs empereurs sur la nécessité d'une
intervention juridique en faveur des serfs. Malgré
sa folie, Paul Ier fut le premier à prendre des mesures
en vue de limiter le travail gratuit des serfs à trois
jours de la semaine. Alexandre Ier alla plus loin. Sous
son règne, le servage fut aboli dans les provinces baltiques. Les paysans perdirent les parcelles de terre
qu'ils occupaient auparavant et recouvrèrent leur
indépendance personnelle. La loi de 1819 eut les résultats qui avaient été en partie atteints en France
dès le XIIIe siècle par la pratique des *désaveux*. Le
serf refusant de garder plus longtemps la tenure d'une
terre manoriale, et cette terre retournant aux mains
du propriétaire, le résiliant devenait libre de sa personne et pouvait passer un nouveau contrat avec son
ancien maître, mais cette fois comme fermier libre.
Ce n'est pas seulement dans les provinces baltiques
que nous assistons au début d'un mouvement en faveur de l'émancipation. Alexandre 1er s'efforça aussi
de créer dans les provinces foncièrement russes une
classe de « cultivateurs libres ». Les propriétaires
fonciers furent, à cette fin, autorisés à conclure avec
leurs serfs des contrats ayant pour résultat l'échange de
leur tenure contre leur liberté personnelle. Mais la
noblesse ne montra pas grand empressement à adopter
cette innovation.

La raison de ce peu d'empressement s'explique
facilement. Après la conquête de la Crimée et des
provinces qui constituèrent la Nouvelle Russie — événement qui survint sous Catherine II,— la Russie non
seulement s'enrichit de vastes territoires au sol fertile,
aux habitants très clairsemés, et qui demandaient une

colonisation rapide, mais elle obtint aussi un accès direct à la mer et se trouva, par conséquent, en mesure d'exporter à l'étranger les riches produits de son agriculture. Le dernier résident de la République de Venise à Pétersbourg, Venier, dès 1795, avait appelé l'attention de son gouvernement sur l'avantage de nouer des relations commerciales avec un pays aussi riche en productions naturelles que la Russie. Quelques mois avant le commencement, en 1812, de la grande lutte pour son indépendance politique contre les Français, l'ambassadeur d'Espagne, discutant dans une de ses dépêches les chances des deux adversaires dans la guerre future, insista sur ce fait que la Russie était très bien pourvue de vivres pour de nombreuses années et exprima l'opinion que ses intérêts économiques, seuls, pourraient souffrir de l'interruption du commerce extérieur. Tous les témoignages s'accordent à reconnaître ce fait que la terre en culture couvrait déjà, au commencement du siècle, une grande superficie. Ces conditions n'étaient certes pas faites pour amener les propriétaires à abandonner librement le système du travail gratuit, d'autant plus qu'il n'existait pas de classe de cultivateurs libres, de sorte que les serfs ne pouvaient être remplacés.

Il n'est donc pas étonnant que, durant une période de cinquante deux ans, de 1803 à 1855, pas plus de cent quinze mille sept cent trente-quatre paysans aient obtenu leur liberté et cela de maîtres dont le nombre n'excéda pas trois cent quatre-vingt-quatre. Les sentiments humanitaires de la minorité des nobles russes, influencés plus ou moins par les théories de Robert Owen, dont Nicolas avait visité la colonie de Rochedale pendant son court voyage en Angleterre, trouvèrent une sorte

de satisfaction, non pas dans l'émancipation des serfs,
mais dans une curieuse organisation de leur travail d'a-
près des principes communistes. Ainsi, par exemple,
certains nobles du gouvernement de Kharkov essayèrent
d'établir sur leurs terres une sorte d'organisation com-
muniste, à laquelle le propriétaire foncier fut le premier à gagner. La rébellion des Polonais, en 1830,
appelant l'attention du gouvernement sur la nécessité
de créer une classe d'alliés politiques, par l'amélioration de la condition sociale des paysans dans ces provinces annexées, donna la première impulsion à une réforme qui consistait, non pas dans la libération des serfs,
mais dans l'établissement de loyers et de services déter-
minés. Nicolas Ier n'osa pas affronter l'hydre du servage
dans les provinces foncièrement russes ; il se contenta
de nommer une commission chargée de préparer la voie
pour l'émancipation future. Cette commission travailla
très lentement et, la guerre de Crimée détournant l'attention des gouvernants russes et demandant toutes les
forces du pays, la réforme dut être écartée, tout au
moins pour un temps. Mais le fait même qu'un puissant empire s'affaiblissait, moins à cause des forces
supérieures de ses ennemis qu'en raison de la pourri-
ture intérieure de ses institutions, devint un facteur
dans la question de l'émancipation. L'émancipation,
comme on le verra tout à l'heure, fut heureusement
accomplie sous Alexandre II et devint le point de départ
de la reconstruction de l'édifice social, administratif et
judiciaire de la Russie.

Nous avons essayé de montrer que le règne de Catherine doit être considéré comme le commencement d'une
ère nouvelle dans l'histoire de la vie provinciale russe. Nous avons, dans une certaine mesure, établi ce fait

en passant en revue l'organisation du district et son
étroite correspondance avec celle de la province, grâce
à l'établissement d'assemblées générales des nobles, de
maréchaux et autres élus de la noblesse locale, appelés à l'exercice des fonctions administratives et judiciaires, mais nous n'avons rien dit encore de la refonte
de l'organisation municipale, qui fut aussi accomplie
par Catherine II en 1785. Il est vrai que Catherine avait
été devancée dans sa réforme de la cité par Pierre, qui
avait essayé, quoique sans succès, d'introduire en Russie, à l'exemple des cités baltiques, des conseils électifs.
Le conseil désigné sous le nom de magistrat avait en effet
reçu le pouvoir de s'occuper des intérêts économiques
des provinces. Leurs membres étaient choisis, non parmi tous les habitants de la cité ou du bourg, mais exclusivement parmi ceux qui appartenaient à la classe des
marchands et des artisans et qui, comme tels, étaient
inscrits sur les rôles de l'une des corporations de marchands ou d'artisans. Les écrivains russes qui ont le
plus étudié l'histoire du tiers état, et, parmi eux, le
défunt Professeur Ditiatine, ont pu établir ce fait qu'aucune affiliation directe ne saurait être admise entre les
« magistrats » ou corps municipaux électifs créés par
Pierre et les conseils municipaux ou *doumas* introduits
par Cathertine II. Même sous les règnes des successeurs
immédiats du grand réformateur, les corps municipaux
électifs cessèrent d'exister, du moins dans certaines
villes, tandis que dans d'autres, ils étaient soumis à un
tel point à l'autorité des gouverneurs qu'ils perdirent
toute influence effective. D'après un des documents juridiques du temps, la pluralité des administrateurs était
reconnue comme étant un fardeau pour la population
et l'administration d'un seul comme étant beaucoup

plus satisfaisante. Bien qu'Elisabeth les eût fait revivre, ce n'est que sous Catherine II qu'ils devinrent les représentants de toutes les classes de la population et non pas exclusivement des marchands et des artisans.

La première occasion où la nomination d'un maire, ou *golova*, littéralement « tête », vint à être mentionnée, fut lors de la convocation de la fameuse commission juridique de 1767. De même que les nobles étaient appelés à nommer dans chaque district un maréchal pour présider à l'élection de leurs délégués à la commission, de même les habitants des villes furent invités à choisir un maire dans le même dessein. En 1785, d'après une charte de concessions octroyée par l'impératrice, les gens des différentes couches de la population des villes, sans aucune distinction d'ordre, à la seule condition qu'ils occupassent une maison ou qu'ils fussent propriétaires fonciers, eurent la faculté de nommer les délégués aux deux différentes assemblées, au conseil général ou *douma* et au conseil des six votants, ce dernier étant une espèce de commission exécutive. Celui-ci monopolisa bientôt tout le pouvoir réel et fit regarder d'un mauvais œil l'existence du corps municipal plus nombreux. Le fait que tous les ordres avaient le même titre à jouir du droit de vote permit à la noblesse de prendre pied même dans le self-government municipal. Bien que, à la longue, elle ait reculé devant la nécessité de se charger de ce nouveau fardeau, au début, elle condescendit à exercer, du moins dans les deux capitales, les fonctions de maires et de délégués des villes. Des hommes non moindres que le comte Alexis Orlov et le prince Viasemsky parurent parmi les élus de Pétersbourg et de Moscou. La *douma* des six votants, nom donné au

conseil de la ville parce que chacune des six divisions
de la population municipale n'avait qu'une voix, malgré
le nombre de ses élus, continua à exister de pair avec
le maire ou *golova* jusqu'au règne d'Alexandre II. Ces
deux institutions exerçaient exclusivement des fonctions administratives, l'autorité judiciaire étant jugée
d'après la théorie empruntée à Montesquieu, comme
tout à fait indépendante du pouvoir exécutif.

Si nous cherchons la raison qui a empêché le développement rapide du self-government municipal en
Russie, malgré les avantages qui lui avaient été assu-
rés dans la charte de Catherine II, nous aurons certainement à indiquer son étroite dépendance de l'autorité personnelle du gouverneur provincial. Quand
nous entendons parler de gouverneurs qui, s'ingèrant
dans les affaires de la *douma*, arrêtent les principaux
représentants du corps municipal et les condamnent à
l'exil sans aucune intervention de la part des cours de
justice, nous n'avons pas de peine à comprendre
pourquoi des personnes jouissant d'une position sociale élevée ne se souciaient pas d'occuper le poste de
maire. Quant à ceux qui possédaient effectivement le
pouvoir dans l'administration municipale, ils mon-
traient à l'égard des gouverneurs de province une
servilité qui, selon le dire bien connu du sénateur
Safonov, leur faisait oublier que, outre l'exécution des
ordres qu'ils recevaient du gouverneur, ils avaient
aussi à veiller au bien de la cité, tant en redressant
les torts dont elle souffrait qu'en adressant en son
nom des requêtes à l'autorité supérieure. Quelques-uns
les gouverneurs de province voyaient très bien eux-
mêmes la principale raison de la nullité du self-government municipal et étaient prêts à déclarer que s'il

était anémique, c'était à cause de l'excès de la tutelle
gouvernementale.

Dans cette sphère, ainsi que dans celle de l'administration du district, les réformes d'Alexandre II devaient insuffler une vie nouvelle en étendant le principe de la représentation à toutes les classes de la
population et en établissant certaines limites bien définies en dedans desquelles les corps locaux pussent
se mouvoir librement, sans craindre d'intervention de
la part des fonctionnaires nommés de la couronne.

Des trois subdivisions d'une province, le district, le
bourg et la commune rurale, la dernière n'a eu, en
Russie, jusqu'à la réforme de 1861, aucune espèce
d'indépendance et cela, naturellement, pour cette raison que le noble propriétaire foncier, en sa qualité de
possesseur de serfs, était appelé à remplir les fonctions
judiciaires et celles de police dans les limites de son
manoir, qui étaient aussi celles de la communauté du
village. Cela ne veut pas dire que les paysans occupant une maison dans les limites du manoir n'avaient
pas des intérêts économiques communs et n'éprou-
vaient pas le besoin d'une entente, à laquelle on pouvait arriver par des assemblées générales et une sorte
d'administration patrimoniale. L'œuvre de la redistri-
bution périodique des lots ou parcelles de terre était
généralement faite par des assemblées de paysans
occupant une maison, assemblées qui devinrent les réunions du *mir*. Parmi ses serfs, le propriétaire foncier
choisissait le plus âgé comme *starosta*, quelquefois
connu sous le nom de *burmister*, corruption du mot
allemand *burgermeister*.

Sur les terres de la couronne on connaissait la même
organisation avec cette distinction que les officiers in-

dividuels étaient plus fréquemment élus par les *mirs*
ou assemblées communales. Sur ces terres, ainsi que
parmi la minorité des habitants libres des campagnes
qui occupaient parfois, sous le nom de *odnodvorzi*, des
villages entiers et qui étaient très nombreux dans les
provinces septentrionales, nous trouvons, outre les assemblées du *mir* sous les *anciens* élus par le village,
une union de plusieurs villages et hameaux nommée la
volost, et ayant chacune sa propre administration. C'est
de ces embryons que devait naître le système encore
existant du self-government des paysans, et cela à partir du moment où l'émancipation des serfs mit fin à
la justice et à la police patrimoniales.

Si nous tenons compte de ce fait que, suivant ce qui
a été dit plus haut, la noblesse russe, toute-puissante
dans les limites du manoir et partageant dans le district le fardeau de l'administration avec les fonctionnaires de la couronne, était loin d'être exclue du self-
government municipal, il nous sera peut-être permis de
dire que le trait caractéristique des réformes introduites par Catherine II dans les affaires locales fut la
prévalence de l'aristocratie territoriale. Cette impression
ne sera que renforcée si nous passons rapidement en
revue l'administration provinciale telle qu'elle avait été
créée par cette même impératrice en l'année 1775. Bien
que le partage de la Russie en gouvernements eût été fait
sous le règne de Pierre le Grand, le caractère de ces
provinces était tout différent de celui qu'elles prirent à
partir de Catherine II. Toute la Russie avait été réduite
par Pierre, d'abord en huit parties et puis en onze, chacune contenant plusieurs subdivisions connues sous le
nom de provinces. Ce système n'a pas d'équivalent si
ce n'est celui des grandes provinces françaises telles que

le Languedoc, la Bretagne et la Normandie, composées
chacune d'un certain nombre *d'intendances*. Il avait été
maintenu par les souverains suivants avec quelques
légères modifications intéressant le nombre ou les limites des divisions respectives. Avec Catherine II, nous
entrons dans une période totalement nouvelle de l'histoire des provinces. Leur nombre en 1781 est déjà de
quarante et une, et,à partir de cette date, il n'a cessé
d'augmenter, atteignant de nos jours celui de soixante
dix-sept, outre dix-huit grands territoires, *oblasti*. Ce
nombre même montre que nous avons affaire à des divisions beaucoup plus petites qu'au début du xviii⁰ siècle,
et en effet la loi qui institua le self-government provincial se conforma aux vœux exprimés par les membres
de la commission législative et au projet élaboré par
le comte Volkonsky, gouverneur général de Moscou.
La loi partait de ce point de vue que chaque division
provinciale ne devait pas contenir plus de trois ou quatre cent mille habitants, n'admettant pas d'autre sub-
division que celle du district.

Dans l'organisation intérieure de la province, telle
qu'elle avait été tracée par la grande impératrice et
telle qu'elle resta plus ou moins intacte jusqu'aux
réformes d'Alexandre II, nous devons remarquer tout
d'abord la présence, à côté des fonctionnaires de la
couronne, d'officiers de police et de justice élus, principalement mais non exclusivement pris dans les rangs
de la noblesse ; en second lieu, un certain degré
de division du travail, entre les pouvoirs absolument
exécutif et absolument judiciaire, laquelle, abstraction
faite de l'officier de police subalterne (*stanovoï*) présente
toute l'apparence de cette séparation des pouvoirs si
hautement recommandée par Montesquieu ; troisième-

ment l'existence, en outre des cours de justice ordinaires, de cours d'équité, sous le nom de juridiction de conscience, trait qui malheureusement a disparu dans l'organisation actuelle. Pour entrer dans quelques détails, nous devons dire que, comme dans le système français des *intendances* et plus tard des *préfectures*, le chef de la province, le gouverneur paraît, comme le *préfet* français, être une espèce de *factotum*, avec cette seule différence, qu'en Russie il n'a pas à s'occuper des cours de justice ordinaires. Comme son collègue français, il est secondé dans l'accomplissement de ses fonctions par un vice-gouverneur, le *sub-délégué*, et plus tard le *sous-préfet* de France, et par un certain nombre d'auxiliaires, sans qu'il y en ait moins de deux. Avec l'addition de fonctionnaires spéciaux, en partie nommés et en partie élus, ils constituaient une sorte de *conseil de préfecture*, connu sous le nom de *goubernskoie pravlenie*. Tout comme en France, le gouverneur doit exercer une certaine partie de ses fonctions, à savoir celles qui réclament de la promptitude, à lui seul, sans aucun conseil. Les autres exigent une délibération préalable du conseil provincial dont l'opinion néanmoins est non pas obligatoire, mais facultative. Ce même conseil — et c'est là un nouveau trait de ressemblance avec le modèle français — paraît dans certaines questions comme une cour administrative du premier degré, et dans certaines autres comme une sorte de juge quant à la compétence de ces fonctionnaires pour traiter les affaires pendantes.

Outre le gouverneur, le vice-gouverneur et le conseil, nous trouvons dans la province un bureau du Trésor, s'occupant des revenus de la couronne et des dépenses de l'administration provinciale ; une sorte de bureau

de l'assistance publique, ayant aussi qualité pour traiter les questions d'hygiène publique et d'éducation
populaire ; deux cours, l'une de juridiction civile et
l'autre de juridiction criminelle, chargées de juger en
appel les affaires civiles, le chiffre du litige étant
inférieur à cent roubles, et les délits de peu d'importance déjà jugés en première instance par les cours de
district. Quant aux affaires plus importantes, civiles
ou criminelles, elles sont du ressort des tribunaux
susnommés, mais seulement au cas où les plaideurs
sont nobles ; autrement elles doivent être jugées par
des tribunaux spéciaux, — par ceux appelés bureaux
de magistrats, si les plaideurs sont des citadins et par
une cour agraire supérieure dans le cas où ils sont du
nombre des petits tenanciers de terres ou paysans de
la couronne.

CHAPITRE VI

REFORMES D'ALEXANDRE II — LES INSTITUTIONS CENTRALES.

Le règne de Catherine II ne saurait guère être considéré comme un point de départ dans l'histoire des institutions centrales de la Russie. Elle maintint le Sénat déjà institué, comme on l'a vu, par Pierre le Grand; elle restaura la charge du procureur général et lui accorda une importance peu inférieure à celle qu'elle avait eue sous le grand réformateur ; elle fit tous ses efforts pour extirper la corruption et l'indolence, si communes parmi les membres de ce corps suprême; et elle lui appliqua la théorie de la division des pouvoirs en appelant certaines sections du Sénat à l'exercice des fonctions exclusivement judiciaires et en élevant les autres au rang d'une institution de contrôle à laquelle, en cas de mauvaise administration, tous les fonctionnaires et tous les corps de l'ordre administratif devaient être comptables. Les anciens Parlements français et autres hautes cours, avec leur droit de protester contre les mesures qui étaient contraires à la législation existante, avaient inspiré à l'auteur de l'«Esprit des Lois », cette théorie bien connue que, dans chaque État ayant le souci de la justice et du droit, il doit exister un corps chargé de

sauvegarder la législation existante contre toute attaque
directe ou indirecte de la part soit des ministres, soit de
l'autorité suprême. Ce corps devait devenir selon son
expression une sorte de dépôt général des lois. Entre
autres choses empruntées par Catherine II à Montesquieu,
nous pouvons également citer le projet qu'elle conçut
de faire du Sénat russe un semblable dépôt général des
lois. Elle a exprimé clairement son idée sur ce sujet
dans les instructions écrites qu'elle donna aux membres de la commission législative. Autorisé à publier
des proclamations — dans le sens qu'avait ce mot en
Angleterre du temps des Stuart — le Sénat était en
même temps obligé de les conformer aux lois existantes.
Un officier, subordonné au procureur général, était désigné dans chaque section du Sénat avec la fonction spéciale de contrôler la légalité des actes accomplis par ce
corps. Les particuliers étaient autorisés à se plaindre
des infractions à la loi commises par les administrateurs provinciaux, sans excepter les gouverneurs, et
ces plaintes devaient être entendues par un certain
nombre des sections du Sénat. Le procureur général n'a-
vait à assister qu'à l'assemblée générale de toutes les
sections. Dans le cas où il avait quelques doutes quant
à la décision qui devait être prise en conformité avec
les lois, il était invité à s'en référer directement à l'impératrice.

Il est aisé de voir, d'après les courtes remarques qu'on
vient de faire, que Catherine II n'introduisit dans
l'organisation politique de l'empire, aucun changement organique. Autocrate absolue comme ses prédécesseurs, elle ne créa aucune institution nouvelle qui
vînt la seconder dans l'exercice de son pouvoir illimité,
pas même celle que les souverains contemporains

maintenaient sous le nom de Conseil d'Etat. Des mesures suprêmes étaient prises sur l'avis de conseillers irresponsables et parfois anonymes, généralement quelque favori du moment, comme le célèbre Potemkine ou son rival heureux, le peu scrupuleux et tyrannique Zoubov. Néanmoins, c'est l'ensemble de ces institutions autocratiques et aristocratiques que des hommes comme le poète et haut fonctionnaire Drjavine, ou l'historien Karamsine, avaient en vue en parlant, sous le règne d'Alexandre Ier, de la nécessité de maintenir les vieilles assises de l'empire contre les tentatives révolutionnaires pour le refondre sur le modèle des institutions de la France impériale.

Quiconque a souci de la vérité historique reconnaîtra qu'il y avait très peu de chose qui fût antique et conforme au génie du peuple dans ces superstructures d'institutions mi-suédoises, mi-teutonnes, édifiées sur des coutumes et des usages moscovites. Le trait particulier qu'on relève dans le caractère de ceux qui, à l'époque d'Alexandre Ier, se regardaient comme des conservateurs, a été et est encore le désir de ressusciter moins de vraies institutions russes que des institutions étrangères, à condition que ces dernières ne répondent pas aux nouveaux besoins de la société. Expliquons-nous. Ni le servage, ni le self-government local de corporations aristocratiques, telles que les assemblées de district ou les assemblées provinciales des nobles, ne se trouvent au nombre des piliers de l'Etat moscovite ; l'absence totale de toute institution politique centrale, en outre du Sénat principalement administratif et judiciaire, était tout l'opposé du système politique de l'ancienne Moscovie, où d'abord le prince et puis le duc et czar avaient coutume de déci-

der les questions du moment avec l'avis tant de leur
conseil privé ou *douma* que du peuple réuni en une
assemblée populaire et, dans la suite, en une sorte
d'assemblée représentative incomplète, le *sobor*. Nous
pouvons donc dire en toute justice qu'il ne faut pas
s'attendre à trouver de réels conservateurs dans les
rangs d'une bureaucratie créée sur des modèles étrangers, dont l'existence même est une sorte de protestation contre les vieilles institutions russes. La Russie a toujours eu des partis réactionnaires qui
n'ont cessé de vouloir ramener le pays aux jours de
Catherine II ou de Nicolas Ier — c'est-à-dire aux jours
de l'autocratie basée sur l'administration locale de la
noblesse. La Russie n'a jamais eu de réels conservateurs autres que cette espèce d'école romantique connue sous le nom de vieux *Slavophiles*, qui ont voulu
ressusciter tant les institutions politiques des siècles
écoulés que les mœurs de leurs ancêtres lointains, mœurs
encore conservées par les paysans. Mais cette sorte d'archéologie politique est trop éloignée des préoccupations
d'une société qui progresse rapidement pour mériter
une critique sérieuse. Nous pouvons donc dire que le
conflit qui s'éleva entre ceux qui, sous Alexandre Ier,
à sa suggestion directe, refondirent les couches supérieures de l'organisation politique russe et ceux qui
s'efforcèrent de leur mettre des bâtons dans les roues
n'avait rien de commun avec la lutte éternelle qui se
livre entre les amis du progrès et les partisans de l'ordre établi.

Le fait est que la Russie, à la mort de Catherine, était
si dépourvue d'organisation politique centrale que le fou
qui, sous le nom de Paul Ier, dut présider à ses destinées, put, sans qu'on l'en empêchât et sans que pour

ainsi dire on le conseillât, commettre les actes de despotisme les plus criants, mettant en péril le salut de l'État à l'intérieur et à l'extérieur. Les libertés locales mêmes que Catherine avait octroyées à l'ordre supérieur virent leur existence menacée par sa défiance de la noblesse, qui ne put en conséquence garder ses maréchaux provinciaux ni des assemblées provinciales. Au lieu de baser son autocratie sur le self-government de l'ordre supérieur, Paul Ier pensa à achever l'organisation de la bureaucratie en haut et en bas ; en haut, par la création, d'abord de ministres, puis d'un secrétariat privé divisé en autant de départements qu'il y avait de ministres — sept en tout — et d'une assemblée générale composée des chefs de ces départements ainsi que des ministres — assemblée qu'il appela improprement Conseil d'État. Ainsi commença sous son règne la réforme des institutions supérieures de la Russie, d'après le système créé par la révolution française et mis en vigueur par le premier consul Bonaparte. Le procureur général garda son ancienne influence, apparaissant comme une sorte de ministre de la justice. Un ministère des finances, du commerce et des apanages fut créé. La bureaucratie la plus puissante fut maintenue à l'intérieur de chaque ministère ; les chefs principaux échappèrent à tout contrôle judiciaire ou administratif et gérèrent toutce qui intéressait les départements avec l'assistance des gouverneurs et de leurs subordonnés dans le district.

Une centralisation administrative, semblable à celle de la France, était ainsi déjà réalisée dans une grande mesure quand un complot de palais couronné de succès ouvrit à Alexandre Ier, élève du républicain La Harpe, le chemin du trône et de l'achèvement de la réforme politique de la Russie sur le modèle des institutions impériales de la France.

Afin de comprendre le caractère de l'évolution inachevée de la Russie à l'époque d'Alexandre 1er, nous essaierons de donner une description générale des idéals sociaux et politiques de ce monarque. Parmi les souverains de la première partie du xixe siècle, aucun ne saurait être considéré à un plus haut point comme l'élève des philosophes et des moralistes français que le petit fils de Catherine II. Son éducation avait été confiée par l'impératrice au fameux La Harpe, qui lui-même était imbu des théories des encyclopédistes et plus encore de celles de Jean-Jacques Rousseau. Il n'y a pas lieu de s'étonner que, des années avant son avènement, le jeune prince ait déjà exprimé des opinions très opposées aux institutions existantes de la Russie. Dans ses lettres à La Harpe, récemment reproduites par l'auteur de la biographie la plus complète d'Alexandre, le général Schilder, il dit nettement que son intention est de doter un jour la Russie d'une assemblée représentative. A cette assemblée il entend donner le droit d'élaborer une constitution libérale pour l'empire. Pour sa part, il rêve de mener une vie paisible, loin des affaires publiques, jouissant du spectacle du bonheur général créé par lui en préservant la Russie du despotisme et de la tyrannie et en lui accordant la liberté politique.

Ses « divagations politiques » expression qu'a employée pour qualifier cette sorte de sentiment un éminent ami et conseiller d'Alexandre, le prince Adam Chartorisky, guidèrent l'empereur pendant la meilleure et la plus grande partie de son règne. C'est à elles que le Grand duché de Varsovie dut l'établissement d'une constitution libre, qui prit fin après la première rebellion des Polonais, en l'année 1830. Ces mêmes « divagations » doivent aussi être considérées comme le point de départ de ces nombreuses réformes politiques qui ont lentement préparé un changement complet dans les conditions intérieures de la Russie, et qui furent soudainement et inopportunément interrompues par la nécessité d'employer toutes les forces du pays contre l'invasion étrangère. Des années après, quand la chute de Napoléon donna à la Russie la possibilité de reprendre son développement intérieur, de nouveaux obstacles venant de l'étranger, et plus spécialement l'esprit de réaction qui caractérisa la « Sainte-Alliance », arrêtèrent encore une fois les efforts libéraux du czar, lui aliénant les sentiments de la partie la plus éclairée de la société russe et poussant ceux qui récemment avaient été ses plus sûrs alliés à se révolter et à prendre part à la malheureuse révolution de 1825. Le fait est que, quoique d'origine étrangère, les « divagations politiques » du jeune Alexandre étaient une protestation contre cette omnipotence de la bureaucratie qui avait été la règle en Russie durant tout le xviii⁰ siècle et dont les mauvais résultats avaient déjà été reconnus par Catherine II.

Les points noirs de ce qui est généralement connu sous le nom d'absolutisme devinrent notoires du moment où cet absolutisme mit en péril la liberté et la sûreté tant des particuliers que des membres de la famille impériale. Quelques jours avant l'assassinat de Paul Iᵉʳ, des bruits se répandirent au sujet de l'arrestation imminente de l'héritier présomptif et de son frère aîné Constantin. Et l'une des premières mesures du nouveau règne fut le rappel de l'exil d'un régiment entier

envoyé en Sibérie par Paul à cause de quelque léger
manquement à la discipline militaire.

Par bonheur, le jeune empereur trouva parmi ses
compagnons les plus intimes trois personnes d'une égale honnêteté, bien que de talents différents, qui constituèrent une sorte de conseil qui n'eut rien d'officiel
et préparèrent les diverses réformes administratives qui
bientôt furent introduites dans l'empire, non comme
quelque chose de complet, mais comme un premier pas
vers une refonte générale de l'empire dans un sens libéral. Un de ces trois hommes, le prince Kotchoubeï,
rendit un service encore plus grand à Alexandre en lui
présentant, comme une sorte de secrétaire privé, un
homme dont le génie et la connaissance profonde des
institutions tant étrangères que russes permirent à
l'empereur de donner une forme arrêtée à ses réformes
intérieures et de doter la Russie de certaines institutions
et de certaines coutumes juridiques qui existent encore
et dont l'observation exacte pourrait être un frein sûr
à l'autorité illimitée du bon plaisir de l'empereur ou plutôt du despotisme ministériel. Cet homme vraiment pro-
videntiel était Speranski, élève de ces écoles ecclésiastiques ou séminaires qui nonobstant de nombreux
défauts avaient du moins l'avantage de donner, avec la
connaissance du latin, une certaine discipline philosophique à l'esprit.

C'est avec l'avis d'hommes tels que Kotchoubeï, Chartorisky et Speranski qu'Alexandre procéda à la construction de deux nouveaux rouages dans la machine politique de l'empire, à savoir, celui du Conseil d'Etat et
celui de ministères, dont les principaux directeurs devaient s'unir en comité délibérant sous l'œil de l'empereur. Le précepteur étranger d'Alexandre, La Harpe, fut

invité à venir en Russie et à donner son avis personnel
quant à la refonte de son régime. Nous trouvons, dans
les comptes-rendus des séances de ce conseil dit non
officiel, mention de quelques-uns des préceptes donnés
par La Harpe au jeune empereur. Ils convergeaient vers
l'établissement d'un puissant gouvernement personnel,
entouré de quelques institutions juridiques, telles que
le Conseil d'État, comme corps, totalement différent du
Sénat, et appelé à préparer les lois. Protestant contre la
nomination d'un premier ministre ou chancelier, il
(La Harpe) insistait sur la nécessité de limiter l'autorité du ministre par celle de l'empereur.

Il est facile de voir que les prédilections républicai-
nes de La Harpe avaient déjà fait place au nouvel
idéal d'un puissant gouvernement personnel inspiré
par la justice et la liberté et gouvernant le peuple pour
son bien, mais sans aucune participation de sa part.
Cet idéal d'un bon tyran, renouvelé du temps de l'empire romain, a hanté plus d'une fois l'imagination et
des masses populaires et des penseurs politiques, tant
à l'époque de la Renaissance que dans la seconde
moitié du xviiie siècle. Il fut encore repris par le grand
héritier de la Révolution, le premier consul Napoléon
Bonaparte. Napoléon inspirait de l'admiration et au
précepteur, La Harpe, et à l'élève, Alexandre. Celui-ci
pendant des années encore, continua à le considérer
comme un vrai républicain, n'ayant aucune ambition
personnelle et exerçant une sorte de dictature provisoire exclusivement pour le bien de la république. Le
récent biographe d'Alexandre Ier a très bien noté le
fait du grand désappointement que l'empereur éprouva
quand il apprit l'espèce de nouveau coup d'Etat par
lequel Napoléon s'était assuré le consulat pour le reste

de sa vie et la peine qu'il eut à changer la manière de
s'adresser aux hauts fonctionnaires français qui, de
citoyens ministres, avaient été changés en excellences.
Le mot de « tyran » fut, en parlant de Napoléon,
employé par Alexandre avant le commencement de la
guerre qui aboutit à la paix de Tilsitt et à une entrevue
personnelle des deux empereurs en 1807.

Les années qui suivirent peuvent être considérées
comme la période de la plus grande influence sociale
et politique de la France sur la Russie. C'est l'époque
de la première alliance franco-russe, dirigée principalement contre l'Angleterre et aboutissant à une
exclusion générale de ses marchandises par l'établissement du *blocus continental*. Ces années furent aussi
pour la Russie celles d'une nouvelle extension territoriale, de la complète occupation militaire de la Finlande, qui passa sous la domination des czars comme
principauté indépendante, recevant de son vainqueur
non seulement la reconnaissance et même l'extension
de ses privilèges politiques et de ses institutions libres,
mais aussi une augmentation de sa surface territoriale
par une cession nouvelle de la province de Vyborg,
préalablement annexée par la Russie. La période qui
dura jusqu'en 1812 peut être considérée également
comme la plus riche en projets et en institutions
politiques. C'est durant cette période que, conformément
aux vœux du czar, Speranski dressa le plan complet
d'une nouvelle constitution de l'empire ainsi que d'une
réforme radicale de son administration centrale.

Nous donnerons un rapide exposé de cet intéressant
document, déjà publié en français par Nicolas Tour-
guenieff, dans son célèbre livre : « La Russie et les
Russes ». Ce que l'auteur de ce plan voulait, c'était

trouver, comme il l'a dit lui-même, le moyen de rendre
les lois fondamentales de l'Etat inviolables et sacrées à
tous, sans excepter le monarque. Conformément aux
vues de Jean-Jacques Rousseau, Speranski croyait
qu'un gouvernement ne saurait être légitime s'il n'est
basé sur la volonté universelle du peuple. Cela ne veut
pas dire que Speranski, comme l'auteur du *Contrat
Social*, n'aimât que la démocratie ; tout au contraire.
Comme les hommes éminents de la grande révolution,
il essaya d'accorder des vues aussi contradictoires que
celles de Rousseau et de Montesquieu. Il déclara donc
que le droit de légiférer devait être donné au peuple,
mais que l'aristocratie devait devenir le soutien des
lois une fois établies. « Aucune monarchie, dit-il,
après Montesquieu, ne saurait exister sans noblesse ».
Appliquant ces règles générales à la Russie, Speranski
commença par une critique à fond de l'état de choses
existant. « A juger par les apparences, dit-il, nous
possédons tout, mais en réalité nous n'avons rien, pas
même une monarchie et cela parce qu'un noble même tient sa vie, sa propriété et son honneur, non de
la loi, mais de la volonté du gouvernement ». Au lieu
de se composer d'une noblesse, d'un tiers état et
d'ordres inférieurs, la population de la Russie consiste
surtout en deux classes de gens — les esclaves des propriétaires fonciers et les esclaves de l'autocratie. Speranski voulait créer en Russie une nouvelle organisation
sociale et politique. « L'ordre supérieur, écrit-il, doit
être basé sur la loi de primogéniture. Cet ordre est
appelé à occuper les principales fonctions de l'Etat et
à maintenir les lois existantes. Tous ceux que le monarque n'a pas élevés à l'ordre supérieur, ainsi que
ceux qui n'héritent pas de ses privilèges par loi de

primogéniture, doivent être considérés comme appartenant à la roture ». On verra par là que Speranski
avait un idéal anglais quant à l'intime connexité entre
la pairie et la roture. Conformément à la pratique
anglaise, il voulait que le czar élevât à l'ordre supérieur
les riches familles du tiers état. La noblesse consti-
tuerait une chambre séparée, comme la Chambre des
Lords en Angleterre. Son principal privilège consis-
terait dans le droit exclusif de posséder des serfs. Mais
il ne fallait pas considérer ce droit comme permanent,
le servage étant trop contraire au sens commun. La
loi devait donc fixer d'abord le montant réel des redevances que le propriétaire de serfs a le droit d'exiger.
Plus tard, les paysans devraient de nouveau jouir de
leur ancien privilège de passer librement des mains
d'un propriétaire à celles d'un autre. Telles étaient
les vues sociales de Speranski.

Quant à son plan politique, il était basé surtout
sur la fameuse théorie de la division des pouvoirs.
Dans son projet de code des lois fondamentales de
l'Etat, projet qui date de l'année 1809, nous lisons
en conséquence les phrases suivantes : « Trois pouvoirs mettent l'Etat en mouvement, le législatif, l'exécutif, et le judiciaire. Le principe et la source de ces
pouvoirs se trouvent dans le peuple. Totalement divisés, ces pouvoirs sont des pouvoirs morts ; ils ne
peuvent produire ni lois, ni droits, ni obligations.
Pour les faire agir nous devons les unir et les contreba-
lancer. Leur activité combinée constitue le pouvoir
suprême. Il est difficile d'admettre qu'une seule
personne puisse maintenir un strict équilibre entre
ces trois pouvoirs dans toutes les diverses manifestations du gouvernement ; donc, il est nécessaire d'avoir

un corps spécial, dans lequel soient élaborés des réglements gouvernant l'action combinée des trois pouvoirs en toute circonstance. C'est là la principale raison qui milite en faveur d'un corps spécial, le Conseil d'Etat, où tous les décrets doivent être préparés ». Il est aisé de voir que, dans toute cette théorie quant à la nécessité d'un organe spécial, destiné à mettre les actes administratifs du gouvernement d'accord avec les lois, Speranski subit l'influence directe de modèles français et plus spécialement du projet de constitution élaboré par Sieyès, modifié et mis en pratique par le Premier Consul. Ces idées, qu'on est convenu d'appeler napoléoniennes, ont formé la base de l'ordre administratif et politique encore existant en France et ont déterminé, dans une grande mesure, la philosophie politique de l'Europe moderne.

D'après ces principes Speranski proposa l'établissement de quatre espèces différentes d'institutions centrales : d'un corps législatif, connu sous le nom de *douma* d'Etat ; d'une autorité judiciaire principale, l'ancien Sénat ; de fonctionnaires exécutifs principaux, les ministres, et d'un Conseil d'Etat spécial destiné à préparer des décrets conformes aux lois existantes et qui deviendraient exécutoires s'ils étaient confirmés par l'empereur. La *douma* devait se composer de délégués nommés par les assemblées provinciales. L'initiative devait appartenir au gouvernement seul sauf en trois cas, dans lesquels l'assemblée elle-même exerçait ce droit. Ces cas étaient les suivants. L'assemblée pouvait adresser sans autre demande ses observations : 1° quant aux besoins de l'Etat ; 2° quant aux responsabilités encourues par les ministres et 3°, quant aux mesures prises contrairement aux

lois fondamentales. Dans l'organisation des ministères,
Speranski avait surtout en vue deux fins : mettre de
l'uniformité dans la direction donnée par les divers
ministres à leur département respectif, et rendre les
ministres responsables. La première fut atteinte par
la création d'une institution spéciale, le comité des
ministres, dont l'empereur devait être le chef, et la
seconde par la subordination du ministère au pouvoir
judiciaire de l'assemblée représentative. Contrairement à l'opinion généralement admise, Speranski
croyait le Sénat incapable d'exercer les droits d'un
corps législatif ; aussi ses fonctions devaient-elles être
bornées au département judiciaire et il devait devenir
à la fois une cour de cassation et le grand arbitre entre
les plaideurs privés et les fonctionnaires de l'Etat.
Quant au Conseil d'Etat, il devait se composer de
personnes nommées par l'empereur et être partagé en
sections. L'union de toutes les sections devait constituer l'assemblée générale à laquelle était réservé le
droit de discuter le texte des nouveaux décrets. L'opinion en faveur de laquelle la majorité s'était déclarée
ne liait pas le czar, qui pouvait insister sur la nécessité
d'une nouvelle discussion de toute proposition faite
par les membres de la minorité.

Tel était, dans ses grands traits, le plan de Speranski.
Il contenait, dans une grande mesure, les mêmes idées
que celles qu'entretenaient les membres du conseil
non officiel, le fameux triumvirat, et il était en parfaite harmonie avec les prédilections personnelles
d'Alexandre Ier. Néanmoins il ne devait pas se réaliser. Déjà, en 1812, le parti réactionnaire était assez
puissant pour éveiller dans l'esprit de l'empereur des
soupçons contre le puissant favori. Il fut dénoncé

comme étant en correspondance secrète avec Napoléon
et comme supposé avoir pour but principal la création
d'une sorte d'anarchie intérieure qui mettrait en péril
le salut de l'empire, précisément au moment où la nation
était obligée de diriger toutes ses forces contre l'ennemi étranger. Celui qui, à la distance de près d'un
siècle, lit les divers pamphlets, publiés ou non, écrits
contre les projets de Speranski, reste interdit en cons-
tatant combien peu les faits tels qu'ils sont répondent
aux accusations portées contre lui. Où peut-on trouver
dans les projets de Speranski rien qui autorise à dire
que son intention était de désorganiser l'empire et de
produire une confusion générale ? Cependant, ce sont
là les paroles textuelles qu'un homme qui servait sous
les ordres de Speranski, Rosenkampf, employa pour
formuler ses accusations. Il n'y a donc pas lieu de
s'étonner que les noms de nouveau Cromwell, de traître, vendu à la France et à Napoléon, se rencontrent
souvent dans les notes officielles et semi-officielles à
l'aide desquelles les conservateurs et nationalistes
persécutèrent un homme aux intentions parfaitement
pures, un homme d'une honnêteté indubitable et qui,
après tout, conforma ses actes et ses écrits au vœu
exprès du czar. Il est difficile de comprendre pourquoi même aux yeux de personnes dont le passé du
moins avait été en faveur de la liberté — et tel était le
cas du fameux historien Karamsine — Speranski passa
pour être un ennemi de la noblesse, alors que nul plus
que lui ne désirait contribuer à sa grandeur politique
en permettant à l'ordre supérieur de constituer, à l'aide
de la loi de primogéniture, une sorte de pairie anglaise.
Il ne faut pas oublier que cette accusation fut celle qui
la première appela l'attention de l'empereur Alexan-

dre sur le manque de confiance que son principal conseiller inspirait à l'ordre dirigeant. Le fameux mémoire
« sur l'Ancienne Russie » présenté par Karamsine,
fut le commencement de cette espèce de campagne que
le parti conservateur mena contre le tout-puissant
favori.

Mais ce qu'il y a de plus stupéfiant, c'est la faci-
lité avec laquelle l'empereur ajouta créance à toutes
ces dénonciations et la profonde hypocrisie qui parut
dans sa conduite à l'égard d'un homme qui n'avait
été que l'agent de sa propre volonté. On ne peut
concevoir d'excuse à la basse duplicité qu'Alexandre Ier montra dans sa dernière entrevue avec Speranski. Après avoir pris congé de l'homme qui avait
eu toute sa confiance et versé des larmes en le tenant
embrassé, Alexandre le livra aussitôt aux agents de
la police d'Etat et le fit envoyer en exil. La lettre que
Speranski écrivit à l'empereur immédiatement après
sa retraite à Nijni-Novgorod, et qui resta sans réponse,
contenait la meilleure réfutation des accusations
portées contre lui et une sévère condamnation de la
conduite de l'empereur. Speranski y insiste sur ce
fait que la première ébauche du plan d'organisation
générale de l'empire avait été faite par lui sous les
auspices de sa Majesté et à sa demande formelle.
« Cette œuvre, Sire, continue l'accusé, est l'unique
cause de tous les malheurs qui me sont arrivés. Je
puis aller en exil en Sibérie sans perdre la conviction
que tôt ou tard Votre Majesté reviendra aux mêmes
idées fondamentales ; elles ont pénétré dans son cœur ;
ce n'est pas moi qui les ai suggérées ; elles étaient
déjà formées dans son esprit. Si la manière de les
mettre en pratique peut et doit être modifiée et leur

exécution remise à une période plus calme, le principe
sur lequel elles sont basées ne saurait jamais être
attaqué ».

En présence de telles confessions, il est presque
impossible de dire que la disgrâce de Speranski fut
entièrement due à la loquacité avec laquelle le ministre jadis tout-puissant avait exprimé ses critiques
sur les fréquents changements d'opinion et sur le
manque d'esprit de suite qu'Alexandre Ier avait mon-
trés dans l'accomplissement de réformes longtemps
préméditées. On dit que le récent biographe de ce
grand homme d'État penche à croire que l'empereur
se trouva offensé par les dires de son ministre, mais
si cela fut, sous quel jour pouvons-nous envisager le
caractère d'Alexandre Ier qui tire une vengeance personnelle de l'exécuteur de ses propres vœux en
feignant d'ajouter foi à des accusations qu'il sait être
fausses ? Les paroles mêmes dites par Alexandre à
l'un de ses confidents Novosilzev, au sujet de Speranski ne laissent malheureusement aucun doute sur
l'égoïsme qu'il montra en sacrifiant son ministre.
« Croyez-vous qu'il soit un traître ? demanda Novosilzev. — Pas le moins du monde ; en réalité il n'est
coupable que vis-à-vis de moi — coupable d'avoir
payé ma confiance et mon amitié de la plus abomina-
ble et de la plus noire ingratitude ».

L'empereur accuse Speranski plus spécialement
pour les expressions qu'il avait osé employer et qui,
évidemment visaient les tergiversations de la politique
intérieure d'Alexandre. Il peut être de quelque utilité
de jeter un coup d'œil sur ces tergiversations ; elles
nous expliquent jusqu'à un certain point pourquoi,
des bonnes intentions du czar, il n'est resté que des

demandes réclamant sans succès la liberté et un gouvernement représentatif — demandes qui avaient été
suggérées indirectement par l'empereur lui-même, et
qui donnèrent naissance à une sorte de rebellion militaire faisant de nombreuses victimes et cruellement
réprimée par Nicolas Ier. Déjà en l'année 1803 il devenait évident que, comme ses prédécesseurs, Alexandre Ier n'avait nulle envie d'abandonner même une mo-
dique partie de ses prérogatives impériales. Voici un
fait qui le prouve : de pair avec la création des ministères, une loi avait été promulguée par laquelle le
Sénat obtenait un droit dont jouissaient depuis des siècles les hautes assemblées judiciaires de la France —
le droit de présenter des remontrances contre les lois
qui n'étaient pas en harmonie avec la législation existante. Un cas de ce genre s'offrit en 1803, à l'occasion
d'une nouvelle mesure par laquelle un service de douze
ans était exigé des nobles qui se trouvaient au-
dessous du grade d'officier non-commissionné ou sous-
officier. Cette loi allait à coup sûr à l'encontre de la
charte octroyée à la noblesse par Catherine II, aux termes de laquelle le service obligatoire des nobles avait
été aboli. Il n'y a pas lieu de s'étonner qu'un des
sénateurs, le comte Potoczki, se soit cru autorisé à
inviter ses collègues à protester collectivement et cela
malgré l'attitude intransigeante du président Drjavine.
Le Sénat fut froidement accueilli par l'empereur et une
loi promulguée quelques mois plus tard explique le
décret antérieur dans ce sens : que les protestations
étaient autorisées seulement dans le cas où d'anciennes
lois seraient en contradiction l'une avec l'autre, nullement dans le cas de lois publiées durant le présent
règne. Naturellement cela ne signifiait pas autre chose

que le retrait d'une prérogative qui venait d'être accordée et la diminution des droits de l'autocratie.

Alexandre fut plus libéral quant aux restrictions imposées à son pouvoir impérial quand il eut à s'occuper de la Pologne. A lui seul appartint l'initiative dans la création du Grand Duché de Varsovie, et celle de sa dotation d'institutions représentatives. L'Autriche était très hostile à un tel plan, et Metternich, en y faisant de l'opposition au congrès de Vienne, faillit bien compromettre sa bonne entente personnelle avec le czar. Mais quant à la Russie elle-même, même à une date ultérieure, Alexandre Ier se contenta d'exprimer simplement ses bonnes dispositions quant à la refonte de l'empire sur le plan européen d'une monarchie constitutionnelle. Mais de réelles mesures en vue de réaliser ce changement, il n'en prit point. La Sainte-Alliance et les divers congrès convoqués à l'effet de produire une sorte de contre-révolution ont été généralement donnés comme la raison principale qui empêcha le czar de réaliser ses vœux les plus chers. La fin de tout cela fut que le règne d'Alexandre n'enrichit la Russie que de l'établissement d'un Conseil d'Etat et de ministères.

Nous allons maintenant examiner de plus près ce nouveau mécanisme législatif et administratif. Commençons par le Conseil d'Etat. Ce qui le distingue surtout des autres institutions de la même nature, en Angleterre, en France ou en Allemagne, c'est que, au lieu d'être un corps purement consultatif dans toutes les affaires d'Etat, ou, comme c'est le cas en France, également une cour de juridiction administrative, le conseil devint en Russie un mélange des fonctions les plus diverses —. législatives, financières, administratives, judiciaires. La raison s'en trouve en partie dans ce fait que l'autorité qui, dans le projet de Speranski, avait été reconnue appartenir à l'assemblée générale ou *douma*, passa au Conseil d'Etat, et cela du moment où l'idée d'une assemblée élective fut totalement écartée. Il n'y a donc pas lieu de s'étonner que l'une des principales occupations du Conseil d'Etat depuis l'année 1812 jusqu'à nos jours soit la discussion et la préparation des lois nouvelles, ainsi que la confection du budget — deux fonctions qui, dans les monarchies représentatives, appartiennent aux assemblées du peuple et dont la dernière, du moins, revient plus régulièrement à la Chambre Basse. A un Américain, habitué qu'il est à voir dans la loi l'expression de la volonté du peuple, il doit sembler étrange que la seule distinction qui puisse être faite en Russie entre une loi et un ordre administratif est ce fait que la loi est soumise aux délibérations du Conseil d'Etat. Ainsi le même acte qui, en France, par exemple, serait considéré comme une proclamation dans le sens où ce mot était employé du temps des Tudor et des Stuart, possède en Russie le caractère de loi. La forme elle-même dans laquelle était exprimée la participation du conseil à la composition d'une loi nouvelle, est empruntée directement à celle qui est encore employée chaque fois que le conseil d'Etat en France procède à la promulgation d'un nouveau *règlement d'administration publique*. Elle contenait les mots bien connus : « le conseil d'abord entendu », ce qui signifie que le Conseil d'Etat a d'abord exprimé son avis sur le sujet.

Certaines personnes ont faussement interprété le sens de ces mots en disant que la décision du conseil liait l'empereur. Si Speranski avait indisposé contre

lui les conservateurs russes, cela provenait en partie
de cette fausse supposition que la principale raison
de l'introduction des mots ci-dessus mentionnés dans
le texte des lois russes avait été une sorte de restriction apportée à l'autorité impériale. Karamsine fut du
nombre de ceux qui adressèrent à Alexandre une arden-
te supplique pour qu'il ne donnât pas son assentiment
à cette formule, déclarant dans son mémoire sur « l'Ancienne et la Nouvelle Russie » que l'empereur ne
doit pas écouter les conseils d'un corps politique mais
ceux de la raison, où qu'elle se trouve — dans son
propre esprit, dans les livres, ou dans l'opinion de
ses sujets. En répondant à cette sorte d'accusation,
Speranski n'eut pas de peine à établir, dans une lettre
écrite de son lieu d'exil, Perm, en janvier 1813, que
ses intentions n'étaient nullement de limiter la pléni-
tude du pouvoir suprême par l'établissement du Conseil d'Etat. « En quoi voit-on une telle sorte de restriction ? écrivit-il à Alexandre, n'est-ce pas l'empereur
lui-même qui ordonne que telle et telle question soit
soumise au conseil ? et les décisions de ce dernier ne
reçoivent-elles pas leur solution finale par sa seule
parole ? » Il est donc indubitable que, dès avant la
promulgation, en l'année 1842, d'une nouvelle loi
ayant trait aux fonctions du Conseil d'Etat, dans laquelle
fut omise la formule qui avait produit une telle émo-
tion dans les rangs des conservateurs, l'empereur
avait le droit d'accepter l'opinion de la minorité aussi
bien que celle de la majorité du conseil. Il en est
encore ainsi aujourd'hui, et la seule raison pour
laquelle les ministres modernes préfèrent à la forme
d'une loi discutée par le conseil celle de règlements
dits provisoires, directement présentés par eux à la

signature de l'empereur, gît surtout dans leur manque
de confiance en une assemblée dont les membres n'ont
pas complètement oublié les traditions libérales du
czar Alexandre II.

Quoique la Russie ne connaisse pas de restrictions
constitutionnelles, il existe néanmoins, depuis à peu
près l'époque de la création du Conseil d'Etat, et plus
spécialement depuis 1810, cette règle : que les mesures légales introduites sous forme de lois — c'est-à-
dire les mesures qui ont été votées par le conseil —
ne sauraient être abolies que par la même voie — c'est-
à-dire par la loi. Cette règle a semblé gênante aux
modernes instruments de l'autocratie ; aussi ils
se sont réfugiés dans l'article 53 des lois fondamentales qui reconnait à tout ordre donné au
nom du czar force de loi. Ils ont choisi cette voie
plus expéditive pour introduire, sans crainte d'opposition, des mesures comme, par exemple, l'envoi à l'armée d'étudiants accusés d'avoir pris part à des manifestations collectives. Il est curieux de noter que, à
la fin de l'ancien régime en France, les ministres mon-
traient la même répugnance pour la manière régulière d'opérer des réformes par des lois présentées à
l'enregistrement des hautes-cours de justice et préféraient la forme plus commode d'ordres administratifs.
Cette pratique a été dénoncée par des contemporains
comme une infraction à la vieille constitution non écrite du royaume, comme une manifestation de ce despotisme ministériel que les écrivains politiques du
moment regardaient comme le plus grand fléau du
pays. Il semble bien qu'on puisse en dire autant de la
Russie moderne, où la toute-puissante bureaucratie
préfère avoir affaire à un monarque bon mais mal in-

formé et lui extorquer par la crainte ou la persuasion
une signature qui la décharge de toute responsabilité
dans ses actes les plus illégaux et les plus révoltants.

Par tout ce qu'on vient de lire on peut sans peine
comprendre pourquoi les légistes russes attachent de
l'importance à l'observation scrupuleuse des formes
dans lesquelles les lois nouvelles doivent être préparées par le Conseil d'Etat. Quoique ses décisions ne
lient pas l'empereur, le fait que les ministres, ou tout
au moins leurs auxiliaires, doivent essuyer le feu de
la critique, de la part de leurs propres collègues comme
de celle des hommes d'Etat, leurs aînés, qui sont désignés par le czar pour siéger au conseil ; qu'ils ont à
défendre leur projet, article par article, et non pas
une seule fois, mais à deux reprises, d'abord dans un
comité du conseil et puis en assemblée générale —
ce fait, disons-nous, constitue en somme une forte
présomption en faveur d'un examen sérieux des questions en cause. L'une et l'autre décisions, celle de
la majorité et celle de la minorité, sont présentées
sous forme écrite à l'empereur, qui peut choisir entre
elles, à moins qu'il ne préfère quelque tierce opinion,
exprimée par un membre du conseil qui ne s'est pas
laissé induire à épouser celle de l'un ni de l'autre
parti. En ce cas l'empereur peut demander aux membres du conseil de soumettre cette vue indépendante
à un plus ample examen.

Le nombre des conseillers est assez restreint. D'a-
bord — c'est-à-dire l'année où le corps fut définitivement créé — leur nombre n'excédait pas trente-cinq.
De nos jours il s'élève à peine à soixante-dix ou qua-
tre-vingt. Les ex-fonctionnaires civils sont en majorité, principalement en raison de la présence aux séan-

ces du conseil des quatorze ministres. Les personnes qui appartiennent à la famille impériale deviennent membres de ce conseil, non par droit de naissance, mais par nomination. Le haut clergé en est absolument exclu. Des personnes ayant acquis quelque réputation en dehors du service public peuvent devenir membres du conseil, mais les exemples de ce genre sont très rares. Le président est choisi chaque année par l'empereur parmi les hommes d'Etat les plus éminents, et au cours des trois derniers règnes parmi les membres de la famille impériale. Très souvent la même personne est appelée à occuper le poste de président plusieurs années de suite. Une chancellerie nombreuse prépare les affaires soumises aux délibérations du conseil. A chacune des sections du conseil est attaché un secrétaire d'Etat. Un fonctionnaire supérieur est placé à la tête du secrétariat afin d'assister aux réunions de l'assemblée générale ; il est connu sous le nom de secrétaire *gosoudarstveni*, ce qui revient presque à dire secrétaire d'Etat. Dans les sections de l'assemblée, le *quorum* est limité à trois membres. Il n'est pas question de *quorum* aux réunions du conseil entier.

Le Conseil d'État étant en premier lieu une institution destinée à faire des lois, disons quelques mots de la manière dont ces lois sont proposées et discutées. Le droit d'initiative appartient surtout au gouvernement. Aux termes de la loi de 1857, les ministres ne peuvent présenter au conseil d'État aucune proposition sans permission préalable de l'empereur. Mais certains légistes russes pensent que le Sénat et la haute commission ecclésiastique ou synode possèdent le droit d'initiative, l'un et l'autre étant autorisés, au cas où des lois se contrediraient, à demander une nouvelle loi en s'adressant au conseil d'État. Quoique les sujets russes n'aient aucune influence directe sur le changement de la législation existante, une voie indirecte leur fut pour un temps ouverte : ils pouvaient adresser une pétition au czar. Au nombre des diverses demandes qui, aux termes de la loi de 1810, devaient être examinées par une « commission des pétitions » attachée au Conseil d'État, étaient mentionnées celles qui contenaient le projet d'une loi nouvelle. Celles qui étaient jugées dignes d'attention étaient renvoyées par la commission au ministre compétent. Cette même pratique fut maintenue par la loi de 1835, qui remania la commission, et c'est seulement en 1884 que dans une nouvelle loi sur le même sujet furent omises les pétitions concernant la promulgation de quelque loi nouvelle, et cela sans aucune raison pour un tel changement.

Le projet de loi, avant de prendre sa forme définitive, passe par deux sortes d'examen, d'abord dans quelque du Conseil d'État, comme ensuite dans l'assemblée générale du conseil lui-même. Il ne devient une loi nouvelle qu'après avoir reçu la sanction de l'empereur, laquelle est généralement exprimée par sa signature, précédée de la formule « Ainsi soit-il » (*bit po semon*). Avant que la loi entre en vigueur il y a encore la promulgation. Le code russe distingue les deux choses en déclarant : Sa Majesté a confirmé la décision du conseil et ordonné qu'elle fût exécutée. En plus de cette sanction et de l'ordre d'exécution, la loi exige la publication ; elle prend en Russie la forme de l'insertion de la nouvelle mesure dans le recueil des lois et décrets du gouvernement publié par le Sénat. A partir de cette insertion nul n'est autorisé à plaider « non coupable » en alléguant que la loi ne lui était pas connue.

Outre la confection des lois nouvelles, le Conseil
d'Etat exerce en Russie une autre prérogative des
assemblées représentatives, celle de préparer le budget.
A la différence des lois, le budget doit être voté
sans discussion, et dans le département de l'économie
publique du Conseil d'Etat et dans l'assemblée générale de ce dernier. L'empereur n'a pas en cette occasion
à choisir entre l'opinion de la majorité et celle de la
minorité ; l'unanimité est atteinte par des concessions
mutuelles qui, parfois, altèrent grandement le projet
primitif. Tout le travail de la préparation du budget
s'accomplit de la manière suivante. Chaque ministère
élabore son projet des recettes et des dépenses pour
l'année suivante. Les projets sont examinés par le
ministre des finances, par le contrôleur général et
par le Conseil d'Etat. Un ministère seul — celui de la
Cour — est dispensé de soumettre à l'examen préalable
son projet, qui est directement inséré dans le budget
général. Pas plus tard que le premier novembre, le
ministre des finances doit présenter ce projet général
au Conseil d'Etat. En présence des ministres, le département du conseil qui constitue la section de l'économie
publique se met aussitôt à l'examiner et à présenter
des amendements. Dans le cas où les ministres intéressés ne donnent pas leur acquiescement, la question est
encore une fois discutée en présence du ministre des
finances et du contrôleur d'Etat. La question une fois
tranchée, la section commence à examiner le projet
au point de vue de l'utilité et de l'opportunité des
diverses dépenses proposées et de la possibilité de
les couvrir avec les recettes prévues. Les conclusions
de la section sont ensuite soumises à l'assemblée
générale du conseil et présentées à la sanction de

l'empereur pas plus tard que le quinze décembre,
ceci plutôt en théorie qu'en pratique. Tout le travail
de l'examen du budget est en réalité fait par la section
de l'économie publique ; la discussion en assemblée
du conseil n'est parfois qu'une formalité et n'occupe
pas plus d'une session. Quant à la publication du
budget, elle est dans les attributions du ministre des
finances qui le fait imprimer dans la *Gazette officielle*.
Aucune dépense non insérée au budget ne peut être
faite sans permission préalable de l'empereur. Une
demande de crédit spécial est adressée en ce cas à la
section de l'économie publique par le ministre des
finances. Elle est discutée en présence du contrôleur
d'Etat. Par la section de l'économie publique les projets supplémentaires sont présentés directement à
l'empereur sans passer par l'assemblée générale. Dans
le cas où des crédits spéciaux sont exigés par les
besoins de la politique, de la guerre ou de la Cour,
le ministre des finances est libéré de la nécessité de
demander l'avis du conseil. Il présente son projet
directement à la confirmation de l'empereur.

Nous avons jusqu'ici vu le Conseil d'Etat faire en
Russie la besogne qui, dans les monarchies représentatives, est faite par les assemblées élues. Grâce à une
confusion des fonctions qui, d'après le premier projet
de Speranski, devaient être remplies par l'assemblée
représentative générale, la *douma*, et de celles qui re-
venaient forcément à un conseil d'Etat, ce dernier reçut,
de la loi de 1810, aussi le droit de donner son avis sur
les questions de guerre, de paix et de relations inter-
nationales, de prendre des mesures de politique intérieure dans les occasions extraordinaires et d'examiner
les comptes des ministres — tout cela en plus du droit

d'interpréter les lois et de discuter la nécessité tant
d'aliéner les domaines publics que d'exproprier les
particuliers. La loi de 1811 définit d'une façon plus
précise les rapports du Conseil d'État avec la responsabilité ministérielle. Le conseil devait examiner les
accusations déposées contre les ministres et décréter
les poursuites. La loi de 1842 ayant ôté au Conseil
d'Etat le droit d'examiner les comptes des ministres,
ce corps perdit la plus grande partie de son importance
politique. Bien que le conseil eût acquis de nouvelles
fonctions de contrôle à partir de la création des assemblées provinciales électives et des conseils municipaux
par l'empereur Alexandre II, son autorité en ces matières se manifesta seulement dans les cas où la population avait été surchargée de redevances locales. Dans
de tels cas le conseil a autorité pour annuler ou modifier les décisions des assemblées locales susdites.

Il s'en faut de beaucoup que ce soit là une énumé-
ration de toutes les diverses attributions de ce corps
dirigeant supérieur, mais le peu qui a été dit suffit
à montrer qu'il ne saurait être comparé ni au Conseil
Privé d'Angleterre, ni au Conseil d'Etat de France. Les
fonctions de chambre de représentants ont pris dans le
conseil russe à un tel point le dessus sur celles de corps
exécutif délibérant, qu'il est devenu nécessaire de
créer un organe spécial pour l'accomplissement des
fonctions purement administratives. Cet organe porte
en Russie le nom très impropre de « Comité des Ministres ». Il n'est guère besoin de dire que ce comité
n'a rien de commun avec un cabinet. C'était cependant
le système des cabinets qu'avaient en vue les créateurs
de ce Comité des Ministres. En l'année 1802, en pro-
posant l'établissement de divers ministères, les prin-

cipaux conseillers d'Alexandre, membres du comité
non officiel, comité composé de Kotchouboï, de
Novosilzev, de Chartorisky et de Strogonov, voulurent
que toutes les mesures proposées par un quelconque
des ministres fussent préalablement soumises à un
examen général de l'ensemble des ministres, cela
étant la seule manière de créer une certaine unité dans
la politique intérieure et étrangère. La loi de 1802
adopta cette vue et ordonna qu'aucun ministre ne fît
une proposition à moins qu'elle n'eût été préalablement approuvée à une réunion générale de tous ses
collègues. Mais ce projet se heurta bien vite à l'opposition du parti réactionnaire. Il y vit la disparition de
l'antique principe russe d'après lequel aucune volonté
autre que celle du czar ne devait décider dans toutes
les matières politiques, législatives ou administratives.
Il n'y a donc pas lieu de s'étonner que plus d'une fois,
en 1811 et en 1825 par exemple, la question ait été
agitée d'abolir ce comité purement et simplement. Si,
néanmoins, il continua et continue encore à exister,
c'est seulement à cause d'une modification considérable
apportée à sa composition et à son caractère. Outre
les ministres, les présidents des diverses sections du
Conseil d'Etat sont appelés à assister aux réunions des
assemblées. Depuis le règne de Nicolas Ier, l'héritier
présomptif aussi paraît à ces assemblées et tout
récemment Alexandre III a ordonné que le président
du Conseil d'Etat fût membre du comité.

Bien que, au début, l'idée de créer un Comité des
Ministres eût été suggérée par le besoin d'une entente
préalable entre eux sur la politique effective, le comité,
au lieu de devenir une sorte de cabinet, usurpa plus
ou moins les fonctions du Conseil d'Etat, en ce sens

que le droit de publier des proclamations ou, pour
nous servir du terme français, des règlements d'administration publique, passa principalement à ce comité,
le Conseil d'Etat se bornant à discuter les lois. En outre, certaines affaires ont été confiées au Comité des
Ministres, telles que, par exemple, les demandes formées par le ministre de l'intérieur, quant à l'autorisation à donner à tel ou tel de devenir sujet d'un Etat
étranger. Ce même comité a à se prononcer sur la question d'introduire des moyens plus sérieux et extraordinaires pour le maintien de l'ordre public, sur les
mesures à prendre vis-à-vis des associations non autorisées, sur la prohibition de certaines publications
considérées comme dangereuses et enfin sur les mesures
concernant l'alimentation du peuple en temps de famine. Il est tout à fait étranger au dessein de l'auteur
de donner la liste de tous les divers objets dont s'occupe le Comité des Ministres. Ils sont soumis à ses
délibérations sur l'instance soit d'un ministre spécial
soit par « ordre supérieur », c'est-à-dire par ordre de
l'empereur.

Le peu qui a été dit ici suffit à montrer que les
premières intentions d'Alexandre I*r, en créant cette
institution, ont été abandonnées, et cela à un tel
point que le Comité des Ministres est devenu une sorte
de Conseil d'Etat, tandis que ce dernier se changeait en
une assemblée législative délibérante. Sous Alexandre II, ces deux institutions parurent insuffisantes pour
la besogne qu'exigeait la préparation des règlements
administratifs auxquels plusieurs ministères étaient
également intéressés. Aussi en l'année 1861, un nouveau corps, le Conseil des Ministres, fut créé. Bien que
ses fonctions aient été énumérées tout au long dans le

texte de la loi, le fait qu'aucune question ne doit y
être débattue à moins qu'elle n'ait été introduite par
« ordre supérieur », nous dispense de donner cette liste.
En fait, pendant ces dernières années, les réunions du
Conseil des Ministres ont cessé d'avoir lieu. Une nouvelle institution commence à jouer un rôle considérable dans la politique intérieure, la consultation
(*soveschanie*), plus ou moins dénuée de formalisme,
du czar avec ses ministres. Elle a lieu dans des occasions comme, par exemple, les récents troubles causés
par les étudiants et les ouvriers dans les deux capitales
et dans quelques autres centres universitaires.

Outre tous ces corps suprêmes, il faut appeler
l'attention sur l'existence en Russie d'un Haut Conseil
Militaire et d'un Conseil Suprême de l'Amirauté. Le
premier s'occupe de toutes les questions de législation
militaire, de la situation économique de l'armée et les
plus hautes questions de son administration intérieure.
Ce conseil se compose de membres directement
nommés par l'empereur. Le ministre de la guerre est
considéré comme en étant le président. Le conseil se
divise en sections. L'assemblée générale se réunit
chaque fois qu'elle est convoquée par le secrétaire
en chef de la guerre. Une organisation très semblable
à celle-ci a été donnée aussi au Conseil de l'Amirauté
qui, seulement en 1828, a remplacé ce qu'on appelait
le Corps Collégial de l'Amirauté. L'existence de ces deux
conseils — le Conseil Militaire et celui de l'Amirauté —
a pour principal effet de diminuer le nombre des
affaires soumises à l'autorité législative et administrative du Conseil d'Etat ainsi que du Comité des Ministres.

Un aperçu des institutions politiques centrales de la

Russie serait incomplet si l'on ne considérait pas le Secrétariat Privé de l'empereur. Il a été créé en 1812, c'est-à-dire vers le même temps que parurent le Conseil d'Etat et le Comité des Ministres. La loi de 1826 fut édictée peu de temps après la répression du mou vement politique dit « des hommes de décembre » qui tendit, comme il a été dit, à doter la Russie d'une constitution. Ce fait explique pourquoi cette loi donna à cette institution un esprit entièrement nouveau. Deux nouvelles sections du Secrétariat furent créées, l'une dite deuxième section, fut chargée de préparer le texte des lois nouvelles, tandis que l'autre, la troisième section, centralisait entre ses mains la direction suprême de la police politique. Ce n'est que quelques mois avant l'assassinat d'Alexandre II que cette redoutable inquisition politique fut déclarée abolie. Cela ne voulait pas dire, bien entendu, que l'empereur de Russie renonçât au secours que lui prêtait un instrument si efficace quand il s'agissait de découvrir et de poursuivre toutes les tentatives faites pour renverser son pouvoir autocratique, cela voulait dire simplement que, désormais, la police politique devait constituer un département spécial du ministère de l'intérieur. En cette occasion, comme en beaucoup d'autres du même genre, parut l'absence totale d'informations authentiques de la part des directeurs de grands et importants journaux dans toute l'Europe. Ils furent unanimes à louer la bonté d'âme du czar pour un acte qui, en réalité, n'était autre chose qu'un changement de nom.

Deux ans après, en 1882, une modification du même genre eut lieu qui affecta la section législative du Secrétariat Privé du czar ; elle constitua un département spécial ou Conseil d'Etat, de sorte qu'aujourd'hui le Secrétariat Privé, outre qu'il répond par le caractère de ses attributions au nom qu'il porte, remplit seulement deux buts divers. Une section créée dans son sein en l'année 1838 et connue sous le nom de quatrième section, s'occupe de la direction de toutes les institutions d'instruction pour les filles, où les enfants sont astreintes à résider dans l'établissement même. En l'année 1892 une nouvelle section fut créée ; son but principal est de rendre les services qui, en France, par exemple, sont du ressort de l'administration de la Légion d'honneur. C'est-à-dire que c'est là que sont réglées les questions qui se rapportent à la manière de récompenser les fonctionnaires publics soit en les élevant à un plus haut rang soit en leur accordant le droit de porter certaines décorations.

Maintenant que nous avons passé en revue les principales institutions politiques de la Russie, nous pouvons conclure que c'est sous Alexandre Ier que les grandes lignes du système actuellement existant furent d'abord arrêtées. Les hommes qui conçurent ce système étaient des constitutionalistes au même titre que l'empereur qui leur demandait leur concours. Il n'y a donc pas lieu de s'étonner que dans leur projet nous trouvions la reproduction des axiomes de tout gouvernement libéral tels que représentation populaire, division des fonctions, distinction de l'ordre judiciaire et de l'ordre administratif, solidarité des ministres et leur responsabilité collective ou individuelle devant les Chambres et les tribunaux. L'empereur changeant de vues, ou plutôt, se trouvant empêché de mettre ses vues en pratique par la réaction qui triompha dans ses États comme dans ceux des autres membres de la Sainte-Alliance, le système que nous avons examiné fut élaboré d'une manière qui ne lui laissa pas même une ressemblance lointaine avec un État constitutionnel. La Russie introduisit certaines institutions européennes sans l'esprit qui leur était propre, et, au lieu d'un organisme politique vivant ayant des racines profondes dans la souveraineté du peuple, elle établit un mécanisme bureaucratique énorme et coûteux, exerçant une autorité presque sans contrôle et sans limite sur les corps et sur les esprits, ôtant aux sujets russes le droit de se mouvoir librement ainsi que la faculté d'agir en parfaite harmonie avec leur conscience. L'existence du système des passeports obligatoires, non seulement pour ceux qui quittaient le pays, mais aussi pour les paysans et pour les ouvriers qui passaient d'une province à l'autre, la défense de changer de confession—du moins pour ceux qui appartenaient à la religion orthodoxe — une censure sévère des livres, revues et journaux, l'absence de la liberté d'assister à des meetings en masse et d'adresser des pétitions collectives, confirment entièrement ce verdict.

Nous abordons maintenant un sujet qui n'a rien que de familier pour un auditoire continental européen, mais qui paraîtra vraisemblablement bien étrange dans un pays élevé dans les idées d'autonomie et de self-government locaux. La constitution impériale de France, suivie par Speranski dans l'élaboration de son système de ministères, ressuscita, sans la créer sur nouveaux frais, la centralisation administrative de l'ancien régime en France. Sous Napoléon Ier parurent, masquées sous des noms nouveaux, des institutions anciennes —le Conseil de l'Empire héritant des droits du Conseil du Roi, les ministres héritant de ceux des principaux agents de l'ancien autocrate, et le préfet et le sous-préfet héritant

ceux de l'intendant et du sous-intendant. Le fait que
Napoléon Ier ressuscita ce régime où la vie locale dépen-
dait entièrement de la direction de quelques hauts
fonctionnaires résidant dans la capitale et recevant leurs
instructions directement de l'empereur, ce fait, disons-
nous, a été trop bien établi par Tocqueville pour exiger
une nouvelle démonstration.

C'est ce système que la loi de 1802 et, plus tard,
celle de 1811 introduisirent en Russie, où il est encore
en vigueur, malgré les nombreuses modifications qu'il
subit sous le règne d'Alexandre II. Tous les avantages
et désavantages de la centralisation administrative, si
bien appréciés dans les ouvrages des publicistes français et anglais (Tocqueville, Dupont-White et John
Stuart Mill), réapparaissent en Russie où les ministres,
à l'aide du télégraphe, peuvent rendre exécutoires, au
même moment, les mêmes règlements à la distance de
milliers de milles et où les habitants de telle et telle
localité ont à souffrir du manque d'adaptation à leurs
besoins réels d'ordres donnés à une telle distance. Mais
ce n'est pas cette face de la question dont tinrent
compte ceux qui les premiers attaquèrent le système
des ministères. Ils le jugèrent non conforme à l'esprit
des institutions russes, oubliant que, le système des
bureaux collégiaux qu'il devait remplacer était lui
aussi, en réalité, d'origine étrangère.

Au fond de l'opposition que la réforme de Speranski
provoqua dans les hautes sphères de la Russie, nous
découvrons, en effet, le désir obstiné de maintenir l'autocratie, qui trouvait une certaine restriction dans ce
fait que les ministres, suivant le plan de Speranski,
devaient être responsables collectivement et individuellement. Mais une responsabilité collective est

impossible sans une unité de desseins politiques et sans
le système de gouvernement de parti qui fait du cabinet
le représentant de la tendance prédominante dans la
direction des affaires publiques. Speranski comprenait
très bien l'intime connexité d'un ministère collectivement responsable avec le système représentatif de gouvernement. Son projet, comme on l'a déjà dit, comprenait la création de deux chambres. Il voulait aussi
établir une haute-cour de justice pour juger les ministres. Ni l'un ni l'autre de ces projets ne devint loi. Il
n'y a donc pas lieu de s'étonner que la Russie ait été
dotée du système de centralisation administrative sans
toutes ses limitations constitutionnelles et judiciaires.
Les ministres ne sont responsables que vis-à-vis du
czar ; ils ne sont pas obligés de suivre la même direction
politique ; le czar peut les choisir parmi des hommes
d'opinions les plus contraires. Les ministres n'ayant
pas nécessairement les mêmes opinions politiques,
comment arriver à une unité de direction dans la sphère
de la haute administration ? Dans les empires et les
royaumes autocratiques du continent européen dans la
période qui précéda la grande révolution, cette unité
était créée par ce fait que tous les principaux fonctionnaires dépendaient d'un premier ministre tel que le
cardinal Richelieu ou du Conseil d'Etat. Mais en Russie
il n'y a pas de premier ministre, et, quant au Conseil
d'Etat, c'est, comme on l'a déjà vu, plutôt une assemblée législative qu'une assemblée administrative.
La seule garantie qu'ait un sujet contre ce que les
Français, avant la révolution, appelaient le despotisme
ministériel est le recours à la section administrative
du Sénat. Là, une douzaine d'hommes, pris pour
la plupart parmi les anciens gouverneurs de pro-

vince, soumettent à un examen judiciaire la demande du plaignant et maintiennent ou repoussent la mesure prise contre lui par le ministre.

Faut-il dire qu'une telle application du système de juridiction administrative, système qui fleurit encore en France, est tout à fait insuffisant pour assurer à la Russie le règne de la loi? Est-il probable que ce petit corps d'anciens fonctionnaires trouvera le temps d'examiner sérieusement le grand nombre de demandes qui lui sont adressées annuellement soit par les particuliers et les municipalités, soit par les assemblées provinciales et les assemblées de district? Peut-on attendre une observation scrupuleuse des formes judiciaires de la part d'hommes qui n'ont pas reçu d'éducation juridique et qui ont acquis par leur ancien service administratif une tendance à l'irresponsabilité des officiers exécutifs? Si l'on ajoute que cette haute-cour administrative ne juge pas en appel mais en première instance, on n'aura pas de peine à conclure que dans la juridiction du département administratif du Sénat, les Russes ne possèdent que le germe du futur développement de leur juridiction du contentieux administratif.

Bien que les ministres russes aient été nommés dès le principe simplement comme fonctionnaires exécutifs, ils ont en réalité certaines fonctions législatives et judiciaires. Ainsi le ministre de l'intérieur est chargé d'étendre à telle ou telle province les règlements concernant les quarantaines, et aussi d'imposer non seulement à ses subordonnés mais aux particuliers certaines restrictions et obligations. C'est ainsi que le ministre des voies de communication prend des décrets auxquels les chemins de fer privés doivent se conformer, et que

le ministre de l'instruction publique règle le mécanisme administratif des établissements d'éducation
privés. Pour assurer l'exécution de leurs ordres, les
ministres peuvent infliger des amendes aux particuliers. La loi leur reconnaît le droit de prendre des
décrets et d'interpréter les lois existantes ; fait qui
seul suffit à montrer qu'ils exercent certains pouvoirs
législatifs qui ailleurs, par exemple en France, sont
confiés au Conseil d'Etat. C'est conformément à cette
règle générale que le ministre de l'intérieur en
Russie a le droit de réglementer l'ouverture d'hôpitaux
privés ou la manière dont les eaux artificielles peuvent être préparées.

Encore un mot sur les fonctions judiciaires de nos
ministres. Quoique les lois fondamentales déclarent
qu'aucun ministre n'a le droit de juger les procès,
c'est en fait le ministre des finances qui décide en cas
d'infraction aux règlements des douanes, et le ministre
des domaines en cas d'infraction aux règlements concernant les matières d'économie rurale.

On a vu que l'une des raisons pour lesquelles
l'introduction des ministères rencontra une violente
opposition, tout au moins dans quelques hautes sphères
officielles, fut que, au lieu d'une discussion collective
des questions administratives par les membres du
même conseil suprême, le système des ministères
introduisait le droit du ministre de les trancher à lui
seul. Pour répondre à cette demande de discussion
collective, la loi de 1811 créa dans chaque ministère
un « conseil des ministres ». Il se compose de personnes nommées par le ministre lui-même et probablement pour cette raison, reste en fait une non-entité.
On doit attacher une importance . beaucoup plus

grande aux comités composés de spécialistes comme
le comité des statistiques au ministère des finances et
le comité technique au ministère de l'instruction
publique, ce dernier chargé entre autres choses,
d'examiner et d'approuver les livres de classe et
manuels à l'usage des écoles secondaires ou primaires.
Certains comités, comme celui de l'industrie et du
commerce, contiennent, outre des fonctionnaires, un
certain nombre d'experts privés, nommés par le ministre
des finances parmi les industriels marquants et les
grands commerçants. Quelques conseils, comme celui
des chemins de fer, créé en 1885, ou celui des tarifs,
sont attachés, non pas à un seul ministère, mais à
plusieurs.

Dans chaque ministère, outre le ministre, nous trouvons au moins un adjoint choisi par son chef mais
nommé par l'empereur. L'adjoint remplace le ministre quand celui-ci est absent et s'acquitte des diverses
tâches que lui confie son supérieur.

Comme la somme de travail qui échoit à un seul
ministre est immense, il n'y a pas lieu de s'étonner
qu'il ait été réparti entre plusieurs départements placés
chacun sous un unique directeur et plusieurs vice-direc-
teurs. Quand aucun doute ne surgit quant au sens de la
loi, la décision est généralement prise par le département
compétent et par son directeur. Ce n'est que dans le
cas où quelque difficulté s'élève au sujet de l'application des lois et ordonnances au point en litige qu'on
a recours aux ministres en personne. En outre des
départements se trouve dans chaque ministère un
secrétariat ou une chancellerie, qui s'occupe, en général, des affaires non rattachées à un département spécial ou de nature à ne pas être révélées au public. Le

nombre des ministères qui, au terme de la loi de 1802, était limité à huit, a été augmenté. Certains sont connus sous le nom d' « administration principale » ; plusieurs ont été, sinon créés, du moins remaniés récemment, comme le ministère de l'agriculture et des domaines impériaux qui a remplacé celui des domaines seuls ; quelques-uns sont en voie de formation, comme le département du commerce, placé sous la direction d'un adjoint spécial du ministre des finances. Suit la liste des ministères et des hautes administrations : le ministère des affaires étrangères, les ministères de l'intérieur, de la justice, des finances, des voies de communication, de l'agriculture, et des domaines impériaux, celui de la Cour et des apanages appartenant à la famille impériale, ceux de la guerre, de la marine, de l'instruction publique. Quant à celui qui correspond au ministère des cultes en France, il est partagé entre le procureur du Saint-Synode et le ministre de l'intérieur. Ce dernier s'occupe de toutes les sectes et religions, abstraction faite de l'orthodoxie. Une haute administration spéciale s'occupe des écuries impériales. Le contrôleur général à qui tous les comptes sont soumis constitue avec ses subordonnés un ministère spécial. Il en est de même de la haute administration des internats de filles. L'impératrice Marie, mère d'Alexandre Ier, ayant été mise à la tête de ces écoles, leur direction supérieure porte encore son nom.

Voilà pour les ministères et pour la manière dont la bureaucratie s'est emparée de tout le mécanisme administratif de l'empire. Dans les chapitres suivants on verra dans quelle mesure sa sphère d'action a été restreinte par les réformes d'Alexandre II et l'espèce d'état de guerre ouverte dans lequel, à partir de ce moment, la bureaucratie est entrée avec les institutions représentatives locales créées par cet empereur.

CHAPITRE VII

RÉFORMES D'ALEXANDRE II. — ÉMANCIPATION DES SERFS. —
SELF-GOVERNMENT VILLAGEOIS.

Le règne d'Alexandre II occupe, dans l'histoire des
institutions locales de la Russie, la même place que
tient celui d'Alexandre Ier en ce qui concerne l'organisation politique centrale. Entre ces deux règnes on
trouve celui de Nicolas Ier, homme qui avait l'extérieur
et le caractère d'un colonel prussien. Nicolas s'est
acquis cependant la réputation d'un monarque foncièrement russe. Son règne commença par une réaction
violente contre les principes libéraux qui étaient à la
base des réformes d'Alexandre Ier. Le but principal de
Nicolas devint donc de prévenir le retour de mouvements révolutionnaires comme ceux du quatorze
décembre 1825. Par un maintien scrupuleux du plan conservateur élaboré aux divers congrès provoqués par la
Sainte-Alliance, Nicolas Ier devint le champion d'une
politique dont le principal instigateur n'avait pas été
un moindre personnage que Metternich. Les trois
piliers de cette politique ont toujours été, en Russie —
l'autocratie, l'orthodoxie et cette unité nationale qu'implique la domination dans l'empire de la race prépondérante des Grands Russiens.

Nicolas comprit le premier de ces principes, l'autocratie, d'une façon toute militaire. Son autorité était
appuyée par une armée nombreuse, excessivement dis-
ciplinée. Avec l'aide des gouverneurs généraux des
provinces, investis d'une autorité qui n'était guère
inférieure à la sienne, il régna sur des millions de
sujets asservis. Ces esclaves étaient répartis entre des
propriétaires privés qui, en corps, constituaient la
noblesse ou premier ordre de l'empire. Chacun d'eux
dans les limites de sa terre ou de son manoir exerçait
les droits d'un officier supérieur de police, de justice et
de finance, cette dernière attribution dans cè sens qu'il
était responsable vis-à-vis de la couronne des taxes
exigées de ses serfs, bien qu'il n'eût pas d'impôts personnels à payer en raison de ses privilèges. La noblesse de chaque province constituait une unité autonome, contribuant à l'administration générale en élisant
certains officiers de police et de justice. Toute-puissante vis-à-vis de ses inférieurs, la noblesse était privée de tous droits politiques et même de cette somme
limitée d'indépendance sans laquelle la liberté personnelle et la liberté de conscience et d'opinion ne sauraient exister. Une Anglaise qui visita la Russie dans
le premier quart du xix° siècle, miss Catherine Wil-
mot, a noté le fait de l'annihilation complète de tout
noble devant le pouvoir suprême et ses agents reconnus, en disant qu'à Moscou il ne se trouvait pas un
gentleman ; chacun se croyait grand ou petit suivant la faveur impériale. Elle a découvert très finement
le rapport intime qui existait entre cette servitude
volontaire et le système du servage. Chacun des plan-
teurs russes lui semblait un anneau de la vaste chaîne

qui liait l'Etat. Maîtres de leurs propres serfs, ils étaient
à ses yeux, eux-mêmes, les serfs d'un despote.

Une institution appelée à mettre à la raison tout
libre-penseur, tout disciple des théories prétendûment dissolvantes de l'Occident, voilà ce qu'était la
troisième section du secrétariat impérial avec ses nombreux agents dans les diverses provinces de l'empire.
Après une nuit de perquisition parmi les papiers
privés du conspirateur présumé, celui-ci disparaissait
dans quelque cellule de la prison d'Etat des Saints-
Pierre-et-Paul. Après un semblant de procès devant
ses persécuteurs, il était condamné à vivre pendant
de nombreuses années dans quelque coin écarté de
l'empire sous l'œil scrutateur de la police ou, en cas
de récidive, à être privé de tous ses droits et condamné
à mort ou à la déportation en Sibérie. L'exil avait
été, pour un temps, le sort du plus grand poète de la
Russie, Pouchkine, dont le crime était d'avoir écrit
des vers libéraux. Quant à la peine capitale, elle fut
prononcée contre un romancier russe bien connu,
l'auteur de « *Crime et Châtiment* » Dostoïevski. Il avait
été accusé d'avoir rendu visite plus d'une fois à un
officier de l'armée nommé Pétrachevski, qui, partisan
du système de Fourier, rêvait de le mettre en pratique. L'auteur lui-même a entendu le récit personnel
d'un poète russe, Alexis Plescheiev, qui fut compromis
dans ce même complot imaginaire. Il raconta comment les accusés furent revêtus de linceuls et ensuite
alignés devant une file de soldats. On les avait déjà
couchés en joue, n'attendant que l'ordre de faire feu,
quand un envoyé spécial du czar arrêta l'exécution.
Le choc reçu en cette occasion par le grand Dostoïevski fut si rude qu'il tomba sur place d'une

violente attaque d'épilepsie. Ce mal le tortura le reste
de sa vie, tant en Sibérie, où il passa de nombreuses
années d'exil, qu'à Pétersbourg, où il revint après
l'avènement d'Alexandre II, pour devenir le directeur
d'une importante revue et l'auteur de romans univer-
sellement renommés. Cependant ces méthodes extraordinaires employées pour maintenir l'ordre, au lieu de
s'adoucir, devinrent de plus en plus sévères, surtout
à partir de l'année 1848 où des soulèvements nationaux, des révolutions sociales et politiques semblèrent
avoir le dessus sur tous les gouvernements de l'Europe.
On augmenta en Russie les impôts de ceux qui voulaient partir pour l'étranger, et on empêcha mainte
personne d'obtenir son passeport. La censure la plus
stupide fut exercée non seulement sur les écrivains
politiques mais sur les romanciers et les poètes. On
créa en même temps les plus grandes difficultés à l'expression d'idées indépendantes dans les chaires universitaires. Malgré tout cela, le « commandement supérieur, pour employer une expression de Nicolas parlant
à son fils et héritier sur son lit de mort, fut loin de
réussir comme il le devait ». Les forces russes à Sébas-
topol durent céder, non pas devant le nombre, mais
parce que les Français et les Anglais étaient mieux
armés et mieux commandés. La corruption était à cette
époque générale en Russie dans le service militaire comme dans les fonctions civiles. La faculté de faire fortune
par l'extorsion de pots-de-vin apparaissait comme une
sorte de compensation à la basse servilité à la volonté
du czar. Les serfs, ne pouvant supporter plus longtemps les exactions et les mauvais traitements de
quelques-uns des seigneurs, ou bien se révoltaient ou
étaient en passe de le faire ; et cela à un tel point que

l'empereur mourant qui, des années auparavant, avait nommé une commission pour étudier les moyens d'améliorer leur condition, jugea nécessaire de recommander à son héritier l'émancipation complète des esclaves.

Alexandre II n'oublia pas ces paroles et, dès que la paix de Paris mit fin à la guerre de Crimée, il se donna tout entier à la tâche difficile de rompre les liens du servage. Déjà, en l'année 1856, en recevant les représentants de la noblesse moscovite, pendant un court séjour qu'il fit dans l'ancienne capitale, il avait prononcé ces paroles pleines de promesses : « Le mode existant de posséder des âmes (des hommes) ne saurait demeurer inchangé ; il vaut mieux abolir d'en haut le servage que d'attendre le moment où il sera troublé d'en bas. Je vous demande de réfléchir aux voies par lesquelles ceci peut être réalisé. »

Pénétré de cette idée, l'empereur s'avisa de profiter des fêtes données lors de son couronnement pour suggérer aux classes supérieures de la noblesse assemblée l'idée de prendre l'initiative de la réforme qu'il avait en vue ; mais personne ne bougea, feignant d'ignorer les principes sur lesquels la réforme pouvait se faire. Afin qu'ils fussent élaborés, un comité privé fut donc nommé, composé du président du Conseil d'État, le prince Orloff, du ministre de l'intérieur Lanskoï et de quelques autres ministres et hauts fonctionnaires. Parmi eux il faut mentionner plus spécialement l'adjudant-général Rostovzev, qui aura à jouer un rôle considérable dans l'exécution de ce grand acte. L'empereur lui-même présida la première réunion de cette commission, le 3 janvier 1857 et définit l'objet de sa création en disant qu'elle devait examiner la question de l'émancipation à tous les points de vue et faire des propositions sur la manière de la régler. La principale difficulté que comportait cette question fut, dès le principe, bien exprimée dans le rapport du secrétaire Levschinc. C'était de déterminer ce qu'allait devenir la terre occupée par le serf. Devait-elle faire retour au seigneur manorial ou rester aux mains du paysan ? Et à quelles conditions, en franc alleu ou à bail ? Dans le premier cas, comment et par qui le propriétaire devait-il être indemnisé de la perte de ce qu'il considérait comme son bien ?

Avant d'entrer dans aucun détail sur les travaux qui aboutirent à l'élaboration de l'acte célèbre du dix-neuf février 1861, examinons les diverses solutions que la question ci-dessus aurait pu recevoir et a, en fait, reçues dans les différents pays du monde. La manière la plus facile et la plus simple de mettre un terme aux liens qui tenaient le paysan dans une dépendance héréditaire du sol qu'il cultivait, était de le déclarer libre d'aller où il voulait, de « lui montrer les trois routes », suivant une expression symbolique usitée dans la première partie du moyen-âge. Tous les affranchissements octroyés par une telle formule — et ils avaient été très nombreux en France, en Angleterre et en Allemagne jusqu'aux xiᵉ, xiiᵉ et xiiiᵉ siècles — étaient nécessairement suivis du retour au propriétaire du terrain jusque-là possédé par le serf. C'est ainsi que les *désaveux*, ou renoncements volontaires de la part des intéressés, étaient, pour les serfs, la condition première et nécessaire pour qu'ils devinssent des hommes libres.

Naturellement tout ce qui augmentait la valeur du

sol et, par-dessus tout, l'accroissement de la population, favorisait la politique de l'affranchissement, puisque les propriétaires terriens gagnaient ainsi en donnant en échange la liberté contre de la terre. Il n'y a donc pas lieu de s'étonner que, au cours du xiii° siècle alors que l'Europe, d'après des investigations récentes, atteignit une densité de population qui ne fut pas surpassée pendant les trois siècles suivants, l'octroi de la liberté personnelle en échange du sol et avec un remboursement équivalent à la perte subie par le propriétaire de serfs soit devenu très fréquent. L'esclave libéré n'avait d'autre choix que de devenir une sorte de tenancier coutumier ou de *copy-holder* ; il recevait soit la même parcelle de terre, soit quelqu'autre parcelle, du maître qui l'avait affranchi, et cela moyennant un loyer annuel en nature ou en espèces, payable durant toute sa vie et même durant celle de ses héritiers. Une telle pratique, très commune dans la seconde partie du moyen-âge, indiquait une autre manière de résoudre la question de l'émancipation en Russie. Au lieu de faire des indigents des serfs libérés, l'Etat pouvait imposer aux propriétaires l'obligation de les conserver sur leurs terres, non comme libres propriétaires, mais comme tenanciers héréditaires. La prévalence générale du système des *censives*, parcelles de terre détenues à condition de payer un loyer déterminé de génération en génération tant en France qu'en Pologne, où elles sont encore connues sous le nom altéré de *chinsh*, était pour le gouvernement russe un encouragement à essayer le même système.

Mais dès avant la Révolution française, un petit pays d'Europe, le duché de Savoie, séduit par la propa-

gande des économistes français du xviiie siècle en
faveur du système qui consistait à faire du paysan un
propriétaire, intervint avec succès dans l'établissement
des serfs libérés sur les parcelles de terre qu'ils
avaient jusque-là occupées. Le gouvernement savoyard
régla le prix de ces parcelles qui, payées intégralement
au bout d'un certain nombre d'années par les serfs
libérés, étaient alors possédées complètement par eux.
Et, afin de se procurer les moyens nécessaires pour ce
rachat de la terre, les paysans furent autorisés à
emprunter de l'argent ou à vendre une partie de leurs
communaux ou terres indivises. L'intervention du
gouvernement n'alla pas plus loin. C'était à des
arrangements personnels qu'il appartenait de fixer
le montant de la somme à verser au propriétaire du
sol ainsi que le taux du pourcentage qu'il devait
exiger. La réforme savoyarde fut introduite en 1771
et eut des résultats si heureux que les écrivains français du dernier quart du dix-huitième siècle recom-
mandèrent l'application à la France d'un système
similaire. Il est, cela va sans dire, bien connu que la
Révolution française accepta dans une certaine mesure
les mêmes principes, tout en déclarant que seuls les
droits dits réels, par opposition aux droits personnels
ou droits sur la personne du serf, devaient être
rachetés par les intéressés — les paysans émancipés.
Mais, si telle était la théorie, la pratique fut totalement
différente. La confiscation des biens des nobles qui
suivirent le parti de la royauté et du clergé non asser-
menté, et l'émigration en masse des propriétaires
et possesseurs de serfs, permit en France l'interruption
de tout paiement de la part des paysans libérés et cela
dans une mesure qui permit la transformation directe

de la tenure héréditaire du serf en la propriété privée
du petit propriétaire.

Il ne sera pas besoin de pousser plus avant cet examen général des diverses solutions de la question du
servage, parce que Donial a parfaitement établi ce
fait que sur tout le continent européen le modèle
français a été plus ou moins servilement copié dans
tous les actes d'émancipation. Ce qui frappe le socio-
logue qui jette un coup d'œil d'ensemble sur l'évolution
lente de cette question, c'est l'absence totale de tout
plan d'ensemble de la part de l'Etat pour racheter les
terres des vilains. On pourrait, bien entendu, noter
certaines exceptions à cette règle, telle, par exemple,
que celle de Bologne ou de Florence qui rachetèrent au
xiiie siècle, de leurs propres deniers, les *fumanti* et
fideles, esclaves, serfs et tenanciers héréditaires établis
sur les terres des seigneurs manoriaux. Mais l'étendue
de territoire et le nombre de personnes rachetées
furent dans les deux cas si limités que ces villes ne
pouvaient servir de modèle pour le plan extraordinaire-
ment vaste qui devait être exécuté en Russie. On a
donc le droit de dire que l'expérience du passé n'était
pas généralement en faveur de l'avance par l'Etat de
la somme nécessaire à racheter et les droits du propriétaire et la terre occupée par son serf.

Cependant, des années avant la réforme de 1861,
quelques hommes avaient déjà préparé l'opinion
publique à l'idée que, en Russie, aucun plan d'émancipation ne réussirait à moins que le paysan ne gardât
la terre qu'il occupait. Ils avaient agi si efficacement
que l'empereur Nicolas lui-même considérait — et
cette fois très justement — que, à moins que les
paysans ne continuassent à garder la terre, la réforme

ne promettait pas de réussir. Et, en effet, comment cela se pouvait-il quand, pendant de longs siècles, ces gens avaient vécu naïvement sur cette idée exprimée dans le fameux dicton : « nous sommes à vous » c'est-à-dire nous appartenons aux nobles, « mais la terre est à nous » ? Les mauvais résultats obtenus par l'émancipation dans les provinces baltiques, où, grâce à l'absence totale de tout plan de rachat des parcelles possédées par les anciens serfs, un prolétariat agricole avait été créé, ne devaient vraisemblablement pas encourager les vues de ceux qui se déclaraient favorables à un affranchissement personnel pur et simple. Dans ces conditions, il n'y a pas lieu de s'étonner que la tâche ait paru excessivement difficile et qu'elle ait rencontré de l'opposition de toute part.

Le dilemme qui s'offrait à ceux qui souhaitaient sincèrement une prompte solution de la question était celui-ci : ou bien on créait artificiellement une classe d'hommes ne possédant pas de terre en propre, comme le laboureur anglais, ou bien on surchargeait l'État d'une dette énorme représentée par la somme d'argent avancée pour le rachat de la terre des serfs. La première perspective était d'autant plus alarmante que, comme nous le verrons tout à l'heure, les paysans, au temps de la servitude, possédaient déjà leurs terres en indivis. C'était donc à l'opposition de villages entiers que le gouvernement devait s'attendre au cas où le sol ferait retour au noble. Le second plan paraissait assez chimérique, considérant le mauvais état des finances russes occasionné par la guerre de Crimée, et le manque de toute certitude quant au prompt retour à la couronne de l'argent avancé pour le rachat des parcelles des paysans. Il n'y a donc pas lieu de s'étonner qu'entre ces deux extrêmes le gouvernement ait d'abord songé à choisir ce moyen terme : ne racheter que l'habitation du serf avec le verger attenant et laisser à des arrangements privés le soin de régler la question de la terre. C'est ainsi que le comité privé reçut du ministre de l'intérieur Lanskoï, le 25 juillet 1857, l'offre d'accorder la liberté personnelle aux serfs sans aucune équivalence en argent, et de ne racheter que leurs habitations. Cette opération devait avoir lieu sans aucune intervention de la part de la couronne ; elle devait se faire par le moyen de paiements annuels pendant une période de dix ou quinze ans, le serf ne devenant libre qu'au bout de ce temps.

La noblesse provinciale n'offrit pas d'aller même aussi loin que Lanskoï dans la voie des concessions volontaires. Les diverses adresses reçues en 1857 et en 1858 par l'empereur Alexandre exprimaient surtout le désir de procéder à un affranchissement personnel des serfs. La première de ces adresses fut celle qu'envoya la noblesse de quelques provinces occidentales d'origine polonaise, celles de Vilna, de Kovna et de Grodno. Cette adresse demandait le maintien de tous les droits que les propriétaires possédaient sur le sol. C'est en vain que le gouvernement fit tous ses efforts pour obtenir des concessions plus grandes dans les adresses subséquentes venant de Nijni Novgorod, ainsi que de Pétersbourg et de Moscou. Les propriétaires persistèrent à parler des droits inaliénables de la noblesse à l'égard des biens mémoriaux. On insiste sur ces faits pour montrer que la direction nouvelle que reçut la question de l'émancipation aux cours des années suivantes ne venait ni du du gouvernement, ni des assemblées des nobles. On en trouve l'origine dans les écrits de certains penseurs dont les mémoires privés circulèrent longtemps en manuscrit avant qu'on les laissât paraître imprimés. Parmi ces penseurs, un professeur d'histoire du droit à l'Université de Moscou, Kaveline, fut le premier à conseiller qu'on accordât au paysan les parcelles déjà en sa possession. Appelé par la grande duchesse Hélène à élaborer le plan d'émancipation de ses serfs, il introduisit dans son projet le principe d'un double affranchissement, celui de la personne et celui de la terre. Ses vues furent partagées par un groupe de jeunes hommes qui bientôt se firent connaître par leurs sentiments slavophiles. Iouri, Samarine et le prince Tcherkaski étaient les plus ardents. Ils trouvèrent, dans le comité central, un homme qui partageait complètement leurs opinions et qui possédait en même temps la force de volonté, la profondeur de pensée et le talent de persuasion nécessaires pour convaincre ses collègues et ses supérieurs. Cet homme était Nicolas Miloutine, frère du futur ministre de la guerre, un des rares fonctionnaires russes qui méritent réellement le nom d'homme d'Etat. Miloutine essaya d'abord de persuader le ministre Lanskoï de la nécessité de laisser la terre en la possession des serfs. C'est à son influence surtout que la Russie doit attribuer l'attitude énergique que le ministre de l'intérieur prit dans cette question et qui, en plusieurs occasions, lui attira des remarques désagréables du czar. La seconde personne qu'il fallait persuader était le président du comité principal nommé le 8 janvier 1858 pour examiner les divers projets concernant l'émancipation. Son nom était Rostovzev, et son passé n'était pas fait pour laisser supposer

qu'il pouvait devenir un réformateur ; c'est d'ailleurs
à sa dénonciation que le parti révolutionnaire connu
sous l'appellation d'« hommes de décembre » attribua
l'échec de son entreprise. Les historiens modernes
prétendent que, par sa conduite comme président de la
commission nouvellement nommée, il voulut excuser
l'attitude qu'il avait prise en dévoilant le complot
libéral. Mais, quoi qu'il en soit, il est indubitablement
vrai que Rostovzev fit tous ses efforts pour élargir le
champ de la discussion, pour la rendre aussi libre que
possible et pour profiter autant qu'il le put des critiques
sages ou non que la presse russe, à l'intérieur de
l'empire et au dehors, adressa à ceux qui s'occupaient
de préparer la réforme. Dans une sorte de journal
quotidien qu'un des membres du comité tint de ses
débats, il est plusieurs fois fait mention de ce fait que
le président, au lieu de protester, fut heureux d'accepter
les idées exprimées par l'éditeur d'un fameux
journal révolutionnaire. *La Cloche*, qui paraissait en
même temps à Londres et qui avait pour principal
directeur le célèbre Herzen. C'est certainement à cause
de l'attitude bienveillante que les membres du comité
principal montrèrent à l'égard de la presse que les
journaux et les revues, qu'on avait d'abord empêchés
de publier aucun article au sujet de l'émancipation,
commencèrent à traiter longuement cette question.
Dans la décision du comité de censure du 22 avril 1858,
il avait été déclaré qu'aucun article ne devait être
inséré par les périodiques, qui demanderait la disparition
de la dépendance personnelle où se trouvait le
serf vis-à-vis de son seigneur, en tant que cette dépendance
se manifestait par la reconnaissance de
l'autorité administrative dudit seigneur. La même

règle devait être appliquée aussi aux journaux qui
demanderaient que le sol fût laissé au paysan à condition de rachat.

Malgré toutes ces prescriptions, la majorité de la
presse libérale continua d'insister sur la nécessité d'introduire dans la réforme proposée les deux principes si
énergiquement condamnés. On ne saurait expliquer, si
ce n'est par l'acquiescement tacite du comité principal,
la liberté avec laquelle de telles opinions furent constamment exprimées par des écrivains tels que Tcher-
nichevski, dans la Revue populaire, *Le Contemporain*.
La presse devint ainsi le guide et le soutien des membres les plus avancés du comité et leur permit de lutter
avec succès contre les représentants du parti réactionnaire qui ne voulaient accorder au paysan rien de plus
que la liberté personnelle. Ce fut une calamité inatten-
due que, au moment où l'œuvre du comité était presque terminée, la mort emporta le principal homme capable d'en défendre les principes aux yeux du czar ainsi
qu'à ceux d'une nouvelle assemblée de délégués locaux
envoyés par les nobles des provinces et chargés surtout
de la besogne qui consistait à déterminer la quotité
de terre à accorder aux paysans dans les diverses parties
de l'empire. Lorsque Rostovzev mourut et qu'il eut pour
successeur le comte Panine, homme notoirement mal
disposé à l'égard de la réforme en préparation, Miloutine dut entrer en conflit presque journellement avec le
président, afin de sauvegarder la base du projet élaboré.
La grande question était de savoir quel étalon serait
choisi pour déterminer l'étendue de terre laissée en la
possession du serf.

Le comité, sous la présidence de Rostovzev, avait
cependant pris le parti d'accorder, en règle générale, les

mêmes parcelles qui avaient déjà été cultivées pour son propre compte par le paysan. Mais, prenant en considération ce fait que certains seigneurs manoriaux abandonnaient à leurs serfs, moyennant un loyer déterminé, toute la terre de leur domaine, il fut jugé expédient d'établir deux étalons, un grand et un petit.

A partir du moment où Panine prit la présidence, les réclamations présentées par les députés provinciaux contre une telle décision furent écoutées favorablement. Le parti réactionnaire réussit à faire voter une proposition aux termes de laquelle un noble disposé à renoncer à toute indemnité pour son terrain pouvait exiger que le serf n'acceptât que le quart de la terre qu'il avait occupée. De nouvelles concessions devaient être faites au parti réactionnaire sur la question des terres hermes et des forêts dont nulle partie n'était donnée au paysan, malgré que, du temps de la servitude, ces terres eussent fait partie de ses communaux. Une autre faute grave fut d'élever le montant des paiements exigés du serf par la couronne pour le rachat du terrain. Dans une récente lettre ouverte au czar, le comte Léon Tolstoï insiste à bon droit sur ce fait que l'argent équivalent avancé a déjà été entièrement versé par le paysan, de sorte que la simple équité exige qu'il soit mis fin à toute nouvelle exigence de ce genre.

Mais, tout en reconnaissant ces défauts du projet élaboré par le comité et accepté, presque sans opposition, par le Conseil d'Etat, sous la présidence du Grand-Duc Constantin, il faut faire ressortir aussi les traits heureux de la réforme. Parmi ces traits, le premier en importance est qu'on ait maintenu, en parfaite conformité avec le passé, le système de la possession en commun de la terre, autrefois connu de l'Angleterre sous le nom de « système de communauté villageoise ». L'auteur applaudit à cette mesure réellement conservatrice d'autant plus volontiers qu'il est, par principe, opposé à tout changement soudain et uniforme dans les modes de tenure de la terre. Une expérience récente a prouvé que, en Russie, un développement bien conforme au génie du peuple se produit dans cette sphère tandis que, dans certaines provinces, le système des redistributions périodiques tombe journellement de plus en plus en désuétude ; de nouveaux territoires commencent à l'accepter, et mettent ainsi fin à l'ancienne méthode d'occuper un sol vierge par une appropriation directe et illimitée, qui ne doit pas être maintenue de pair avec un nombre d'habitants croissant rapidement. La loi du 19 février 1861 a aussi adopté une mesure qui permet la dissolution naturelle de la communauté villageoise par le rachat immédiat de leur part opéré par les paysans au moyen de paiements anticipés. De cette manière ils acquièrent un droit de propriété illimité sur ces terres. Une autre solution du même genre n'a pas été non plus perdue de vue. Elle consiste en ce que l'assemblée du village décide à la majorité des deux tiers le passage défini de la possession collective à la possession privée. Ce n'est que récemment, sous le règne d'Alexandre III, qu'ont été prises des mesures destinées à enrayer cette tendance croissante à l'individualisme afin de maintenir le principe par lequel l'Etat demeure le principal possesseur du sol. Aux termes des nouvelles lois votées sous l'influence directe de M. Pobedonoszev, et résultat indirect des théories de Leplay, partagées par lui, un sol racheté même ne saurait être l'objet d'une tenure héréditaire si ce n'est de la part du paysan.

Il n'est point certain qu'au nombre des dispositions heureuses de la loi du 19 février on puisse ranger la manière dont le self-government de la commune a été établi. Le fait que le seigneur manorial a été exclu des assemblées de village peut être facilement expliqué, si l'on considère la difficulté ou plutôt l'impossibilité d'unir dans la même institution deux éléments qui sont forcément hostiles, pendant tout au moins la génération qui suit, et qui certainement n'ont jamais pu se rencontrer en aucun temps sur un pied d'égalité. Mais le fait en lui-même eut, néanmoins, ce mauvais résultat qu'il changea la commune en une sorte d'institution de classe. Elle ne peut donc se comparer ni avec la commune française, ni avec la paroisse anglo-américaine, d'autant plus que le prêtre de paroisse lui-même n'est pas considéré en Russie comme membre de l'assemblée de village. La masse des personnes qui prennent part au self-government local est composée de participants aux terres communes. Pour employer une expression allemande, la communauté de village en Russie correspond au *bürger-gemeinde*, et non au *politische gemeinde*, celui où ceux qui participent ou ceux qui ne participent pas aux redistributions périodiques possèdent un égal droit de suffrage. La communauté villageoise, comme telle, se compose de tous les membres adultes des familles qui non seulement résident sur la commune, mais qui possèdent des parcelles de la terre commune. Les personnes nouvellement établies et celles qui correspondent à la classe de gens connus en Suisse sous le nom de *beisaszen* ou domiciliés et manants, sont ainsi exclues du droit de suffrage. Evidemment, tant qu'elles restent en minorité, la commune villageoise peut garder son caractère démocratique, mais on peut déjà prévoir le temps où, précisément comme il est arrivé en Allemagne et en Suisse, les familles établies de longue date deviendront une espèce d'oligarchie, si la législature ne prend des mesures pour diviser les fonctions du self-government communal en créant, à côté de la commune des participants, une autre commune ouverte à tous les habitants du village, depuis les propriétaires et locataires privés jusqu'aux simples ouvriers ou prolétaires agricoles.

Il faut dire cependant que la nécessité d'une telle réforme a déjà été reconnue par les membres des assemblées provinciales collectives dont on va entendre parler dans la suite. Plus d'une de ces assemblées a exprimé le désir d'avoir, en plus de la commune existante, qui est une sorte d'unité économique, un corps plus vaste avec le caractère d'une unité administrative. Tel était le cas des assemblées exécutives nommées par les conseils provinciaux des gouvernements de Moscou, de Vologda et de Smolensk au début du règne d'Alexandre III. Et c'est plus ou moins dans le même sens que le conseil provincial de Novgorod exprime le désir de voir le dernier degré du self-government local basé sur le principe d'une représentation générale de toutes les classes de la société et non des participants aux terres communes seuls.

Dans le système existant, la commune étant une institution de classe, l'*ancien* du village, officier exécutif des assemblées des participants, ou *mir*, doit être choisi uniquement parmi eux. Son autorité cependant, en ce qui concerne la perception des redevances et l'exécution des règlements de police, doit être reconnue par tous les habitants, les seigneurs territoriaux seuls exceptés. Il serait, cela va sans dire, plus conforme à l'équité et à la justice politique de voir nommer cet officier par tous ceux qui sont intéressés à la gestion des affaires locales.

L'assemblée de village avec les *anciens* élus, ne constitue que le dernier degré du self-government paysan. Au-dessus du *mir* nous trouvons une unité administrative supérieure, la *volost*. Elle se compose généralement d'une union de plusieurs villages, à moins qu'un seul village ne soit assez grand pour constituer une telle union à lui seul. En ce cas les diverses paroisses apparaissent comme ses subdivisions égales en droits et en devoirs. La *volost*, comme le *mir*, est une institution de classe ; ni les nobles, ni les ecclésiastiques, ni les artisans, ni les marchands ne peuvent attendre d'elle une mesure quelconque touchant leurs intérêts locaux. Car, contrairement à la communauté de village ou *mir*, qui avait son existence distincte même dans les siècles de servage, la *volost*, en ce qui concerne la chose elle-même, et non le nom seul, est d'origine récente. Nous la voyons exister sur les terres occupées par les serfs de la Couronne au temps de Nicolas ; et c'est à l'imitation de ce qui se faisait sur les domaines impériaux que le système actuel a été établi. La *volost*, quoiqu'une institution de classe, est cependant appelée à jouer un rôle important dans l'exercice des fonctions administratives et judiciaires — raison qui explique le désir exprimé par plus d'une assemblée provinciale de la voir réformer afin de faire d'elle le représentant des classes les plus diverses de la société russe. La grande difficulté qui fait obstacle à cette réforme semble être celle-ci : la *volost*, en la personne de juges élus, forme une sorte de tribunal de classe pour les affaires civiles intéressant exclusivement les paysans. Leurs procès doivent être jugés, non pas conformément à la loi, mais suivant la coutume locale dont les juges élus sont les interprètes.

Il est probable que de tous les Etats européens la Russie est le seul qui conserve encore le système dualiste de juger les procès civils d'après la loi ou d'après la coutume, selon le cas où les plaideurs appartiennent aux classes moyenne et supérieure de la société ou à la population des campagnes. Ce dualisme devient d'autant plus étrange que ces deux systèmes juridiques ont en réalité la même origine. Contrairement aux autres nations d'Europe, la Russie ne s'est ressentie que très peu de l'influence du droit romain ou d'un droit étranger quelconque. Dans de telles conditions, sa législation écrite, aussi bien que sa législation non écrite, est née de son ancienne coutume, qui, à diverses périodes, a trouvé une expression incomplète dans les codes de lois qui, commençant avec la *pravda* de Yaroslav, sorte de *lex barbarorum*, publiée dès le xiᵉ siècle et avec les statuts de Lithuanie, du xivᵉ et du xvᵉ siècles, ont préparé les matériaux de la codification moderne. Plusieurs préceptes de ces codes anciens et d'origine plus ou moins purement russe sont encore retenus par la coutume, en partie dans la Grande Russie, et, dans une plus grande mesure, dans la Petite Russie et dans l'Ukraine, qui, presque jusqu'à la seconde moitié du xviiiᵉ siècle, ont été régies par la coutume. Or, il est difficile de déterminer jusqu'à quel point les jugements des arbitres villageois sont dictés par le souvenir de ces vieux préceptes juridiques ou par leur sentiment de la justice et par leur connaissance imparfaite des lois existantes ou enfin par les influences immorales, plutôt que morales, de l'amitié, de l'affinité, de la crainte des supérieurs, de la corruption directe, etc. Des personnes bien au courant de la vie journalière des paysans russes inclinent à penser que la plus grande partie des procès ont été jugés selon le désir du greffier de la cour, qui est souvent la seule personne capable de leur donner une forme écrite.

La chose la plus naturelle, pour trouver le moyen de sortir de ce chaos de décisions contradictoires, semblerait être la préparation. sinon pour chaque province, du moins pour chaque région, telle que la Grande Russie, la Petite Russie ou la Blanche Russie, d'une sorte de compilation juridique, semblable à ces codes ruraux dont on a tant parlé en France sous le second Empire ; mais on ne voit exister rien de ce genre, et ceux qui sont le plus intéressés à l'étude des coutumes juridiques semblent croire que des jugements contradictoires et très souvent tout à fait arbitraires des tribunaux de *volost*, on peut déduire les principes juridiques de la loi paysanne. L'auteur cependant est loin de partager un tel optimisme. Mais il croit, par exemple, qu'aucun ordre ne saurait être introduit dans le jugement des procès villageois si ce n'est au moyen d'une codification générale des lois, ainsi que des coutumes, en tant que ces dernières trouvent leur expression dans les anciens documents juridiques et dans les anciennes décisions judiciaires qui ont été conservés dans nos archives et qui n'ont pas encore été suffisamment étudiés. Il y a de nombreuses années, une commission, où se trouvaient plus de hauts fonctionnaires que d'érudits, fut nommée afin de préparer le texte d'un nouveau code civil applicable dans tous les tribunaux, abstraction faite des tribunaux paysans. Tous les codes existants avaient été traduits pour aider les membres de cette commission à rédiger le nouveau code. Personne n'eut l'idée d'appeler leur attention sur la nécessité de s'inspirer de l'étude du droit coutumier. Personne ne prit la peine de composer une sorte de compilation privée des coutumes encore en usage, province par province et région par région, comme il avait déjà été fait pour certaines parties de la France. Ce n'est qu'après de longues années d'un tel travail préparatoire qu'un code général à l'usage de tous les tribunaux de l'empire a des chances d'être élaboré. L'auteur souhaiterait qu'un tel code fût précédé de la publication de codes spéciaux destinés à telle et telle région. Car, dans les matières de propriété réelle et de succession, la différence entre les provinces où prévaut encore la possession en commun de la terre et celles où elle devient de plus en plus anormale est trop grande pour permettre une législation générale, quoique cette législation générale soit plus facile à réaliser en matière de contrat. Dans toutes les matières cependant le principe suivant lequel, en cas de conflit, la préférence doit être donnée à une coutume générale sur une loi générale et à une coutume locale sur une coutume générale, doit être un principe qui permette de conserver les traits originels du système juridique propre à tel et tel village ou à telle et telle union de villages.

La Russie cependant, à l'égard du régime actuel de
ses tribunaux de village, est encore bien éloignée
d'un système qui assure l'ordre. Et l'auteur ne craint
pas d'exagérer quand il dit que l'un des deux grands
défauts de la réforme du 19 février 1861 est le pouvoir arbitraire accordé aux juges paysans électifs. Ce
pouvoir a permis l'invention et l'application de règles
juridiques par des juges souvent illettrés, parfois peu
scrupuleux et prêts, suivant une accusation courante, à
vendre la justice pour une bouteille d'eau-de-vie. L'autre défaut du self-government de village est le système
de la responsabilité mutuelle en matière d'impôt. Il est
certain qu'une telle responsabilité doit être d'un grand
secours au gouvernement en ce qui concerne la rentrée
des impôts, mais elle introduit en même temps une
manière tout à fait arbitraire de percevoir les redevances. Les principales victimes semblent n'être ni
la classe des paysans riches ni les pauvres. Les premiers peuvent très fréquemment diminuer leur
responsabilité par des pots-de-vin donnés aux collec-
teurs ; les seconds n'ont rien à donner, mais, comme
ils ont le droit de suffrage, ils méritent quelques égards
de la part de fonctionnaires élus, tels que les collec-
teurs. Il n'y a donc pas lieu de s'étonner que, d'après
une enquête faite récemment par le gouvernement,
les fortunes moyennes soient les premières à répondre
pour les non-payants. On peut juger par soi-même
jusqu'à quel point un tel système est préjudiciable au
développement du bien-être des paysans. Plus d'une
fois les économistes et généralement tous ceux qui sont
bien au courant des conditions matérielles de notre
peuple ont indiqué la nécessité d'abolir ce système
d'un autre âge. Tout récemment, le comte Tolstoï, dans

sa pétition au czar, en a parlé comme d'un système entraînant les abus les plus criants et qu'on devrait supprimer le plus vite possible. Mais, tant que la rentrée ponctuelle des impôts sera la grande préoccupation de ceux qui administrent les finances russes, il paraît inutile de penser que le gouvernement prendra les mesures nécessaires pour faire droit à cette demande.

La conclusion générale à laquelle nous arrivons par l'analyse du système de self-government paysan créé par la loi du 19 février est d'un caractère composite ; le bien et le mal sont si intimement entremêlés dans le self-government de la commune qu'il mérite autant d'éloges que de critiques. Il ne semblera pas injuste de dire que les intentions de ceux qui l'ont créé furent meilleures que les résultats obtenus ; mais le mal n'est pas de telle nature que de nouvelles réformes n'en puissent avoir raison. Attendons donc ces réformes avec l'espoir qu'elles serviront mieux les idéals de justice sociale et de liberté personnelle.

CHAPITRE VIII

RÉFORMES D'ALEXANDRE II. — SELF-GOVERNMENT LOCAL DE LA PROVINCE, DU DISTRICT ET DE LA COMMUNE.

L'émancipation des serfs introduisit dans l'édifice social de la Russie un changement si profond qu'il devint impossible de conserver le système existant d'administration provinciale, suivant lequel un ordre unique, la noblesse, devait coopérer avec le gouvernement à la gestion des affaires locales et au règlement des procès civils et criminels. Du moment où toutes les classes furent admises également à l'acquisition du sol, toute différence entre les domaines dits habités et inhabités — ceux-là occupés par des serfs et les autres n'en contenant pas — disparut, et une nouvelle division sociale se forma, les propriétaires terriens. Composée des éléments les plus hétérogènes, anciens seigneurs de manoirs, serfs libérés, détenant le sol soit en particulier soit en commun, le capitaliste, le marchand ou l'artisan qui avait acheté tout ou partie de quelque bien manorial — cette classe de gens, selon les idées qui devinrent familières en Europe dès l'époque des physiocrates, fut considérée, par induction, comme étant intéressée à la bonne gestion des affaires provinciales et, partant, appelée à prendre une part à peu près exclusive dans les questions de self-government économique. Il n'est pas nécessaire de critiquer ici la théorie récemment courante que les classes privées de la possession du sol étaient indifférentes au bien de la province. Cette théorie a été heureusement plus ou moins abandonnée dans le dernier quart du xixe siècle, quoiqu'elle se maintienne, en ce qui concerne la composition des assemblées provinciales, dans les diverses contrées d'Europe. Il n'y a pas lieu de s'étonner que cette théorie ait été tenue en Russie comme un truisme dans les années qui suivirent l'émancipation, et que les opinions n'aient été partagées que sur la question de savoir comment il convenait de l'appliquer afin de donner aux paysans ainsi qu'aux nobles, une part distincte et inégale dans le self-government local.

Ce projet était forcément en contradiction avec l'idée d'une représentation provinciale basée sur le principe de la propriété territoriale. Rien d'étonnant à ce que certaines personnes, se considérant comme des libéraux, furent opposées à l'idée d'accorder des délégués spéciaux à chacun des ordres historiquement constitués. Mais des considérations pratiques firent douter si, dans une assemblée générale de propriétaires terriens, l'une des deux classes, les anciens maîtres et les anciens serfs, n'allait pas être sacrifiée au sentiment d'une dépendance matérielle ou à la rancune provenant d'injures inoubliées. Il n'est pas du tout certain que les créateurs de la loi de 1864, à laquelle la Russie doit et les assemblées de district et les assemblées provinciales, aient été mal inspirés en créant, de pair avec des corps électifs composés de possesseurs privés du sol, les corps composés des membres des communautés de village et ceux composés des propriétaires de maisons ou de terres dans les districts urbains. La majorité du Conseil d'État se déclara en faveur d'une telle division. Son utilité pouvait être admise tant que l'œuvre de l'émancipation n'eut pas été heureusement achevée. Le fait seul que certains des paysans, profitant de la loi du 19 février, continuèrent à cultiver les terres de leur anciens seigneurs, obtenant par cette pratique, si elle se prolongeait durant un certain nombre d'années, le droit de propriété sur leur parcelle, suffit à montrer la difficulté de réunir les deux partis dans la même assemblée élective. Mais aujourd'hui que la période de transition à la liberté est déjà passée, et que le noble a été, du moins en partie, remplacé par quelqu'intrus venu de l'étranger qui a acheté les terres de son domaine, et que dans les rangs des paysans communistes le *processus* de différenciation sociale a produit l'établissement côte à côte de propriétaires privés et de prolétaires, ne sommes-nous pas autorisés à penser que l'heure est venue de refondre le système de représentation locale sur la base de l'égalité sociale ?

Evidemment une telle réforme ne saurait être réalisée avant la création de la commune politique ou *volost*, à laquelle tous les habitants participeraient sans distinction de classe. Cette commune seule peut constituer l'unité territoriale pour l'élection des assemblées de district et des assemblées provinciales. Tant que, au dernier degré de l'échelle, nous aurons un self-government de classe seulement, celui des paysans, nos grands propriétaires terriens seront toujours réduits à la nécessité de s'assembler séparément, à l'effet de nommer leurs représentants au conseil de district et au conseil provincial.

Quoique l'opinion publique, en tant qu'exprimée
par la presse et par les pétitions rédigées par nos
corps représentatifs provinciaux, se prononce de plus
en plus en faveur de cette double réforme, le gouvernement, depuis le règne d'Alexandre, tend à revenir
aux anciennes divisions de classe. Ainsi, d'après la
loi de 1890, les nobles, héréditaires ou personnels,
forment une assemblée distincte, et nomment leurs
propres délégués. Il faut en dire autant des électeurs
des villes. Quant aux paysans, ils choisissent leurs
députés aux assemblées de la *volost*. Aux termes de
la nouvelle loi, qui, sur plus d'un point, a contredit
les mesures édictées par celle de 1864, le cens électoral a été accordé aux nobles possédant une certaine
quantité de terre qui peut différer en étendue selon
les régions et à proportion de la densité de leur population, mais qui doit être évaluée à quinze mille roubles au minimum. La propriété réelle peut consister en
terre ou en établissements industriels estimés valoir
quinze mille roubles au minimum. Les propriétaires
terriens qui n'ont que le dixième de la propriété
réelle exigée par la loi, possèdent seulement le droit
de nommer un nombre d'électeurs dix fois inférieur
à leur propre nombre. La liste des candidats nommés
par les paysans en nombre double de celui des délégués est présentée au gouverneur, qui, sur deux candidats choisis par la même *volost*, en nomme un.

Quant aux citadins, ceux qui possèdent de la terre ou
des établissements industriels dans le pays dans les
conditions d'étendue et de valeur requises par la loi constituent un collège électoral distinct, différent de celui des
nobles et aussi de celui des paysans. Contrairement à
la loi de 1864, néanmoins, chaque collège ne peut nom-

mer de délégués que parmi les membres de son ordre.
Il faut faire mention de deux autres faits qui pourraient attirer l'attention pour des raisons absolument
différentes. Le premier, c'est que le clergé, dans la
supposition gratuite qu'il n'a pas d'intérêt économique, n'a pas de représentant dans les assemblées de
district. Le second, c'est que les femmes qui possèdent de la terre ou des établissements industriels
pour la valeur requise par la loi sont admises à exercer le droit de suffrage par l'intermédiaire d'un parent
mâle. Et cette même intervention d'un tiers est requise
dans le cas où une personne jouissant du droit de
suffrage n'a pas atteint sa vingt-cinquième année. Les
assemblées électorales ne peuvent durer plus de deux
jours. Les noms de tous les électeurs présents doivent
être mis aux voix. Les nominations toutefois sont faites pour une période de trois ans.

Passons maintenant à la constitution des assemblées
de district et des assemblées provinciales. En plus
des délégués déjà nommés, l'assemblée de district
comprend les représentants de deux ministères, celui
des domaines et celui des apanages, tout au moins
dans le cas où ces deux espèces de biens se trouvent
exister dans le district. Le siège épiscopal peut, s'il
le juge bon, avoir son représentant à lui dans les
rangs de l'assemblée. Le maire de la principale ville
du district peut se considérer comme membre et jouir
d'une voix dans les délibérations. On peut en dire
autant des membres de la commission exécutive, nommée, comme nous le verrons tout à l'heure, par l'assemblée de district et ayant son propre président.

Quant au conseil provincial, il se compose de personnes choisies par les assemblées de district parmi

les délégués qui prennent part à leurs réunions. Puis,
également, tous les maréchaux de district de la
noblesse, les directeurs des bureaux des domaines et
des apanages, un élu du siège épiscopal, et les membres de la commission exécutive prennent part à cette
réunion. A l'époque où le système entier de self-
government local fut créé, la question de savoir qui
présiderait les assemblées de district et les assemblées
provinciales fut chaudement débattue au Conseil
d'Etat. L'opinion la plus avancée fut qu'il fallait
donner aux assemblées elles-mêmes le droit d'élire leur
président. Cette opinion toutefois ne fut pas accueillie
favorablement par les membres de la majorité. Les
grands ducs et les hauts fonctionnaires la jugèrent
dangereuse pour le principe de l'autocratie et se
déclarèrent en faveur d'une nomination directe. Le
plan qui prévalut fut de confier ces postes difficiles et
responsables aux maréchaux de la noblesse, maréchaux
de district et maréchaux de province. De cette manière
la noblesse, qui avait déjà le droit de nommer le tiers
des délégués vit sa position renforcée, grâce à la voix
prépondérante du président. Les membres des deux
assemblées, assemblée de district et assemblée provinciale, ne reçoivent aucune rémunération et sont néanmoins obligés d'assister aux séances sous peine d'une
amende de cent-quatre-vingt-dix francs—amende impo-
sable chaque fois par la décision des deux tiers des
membres présents. On peut voir par ce qui a été dit
que la loi favorise la classe riche et plus spécialement
la noblesse à l'égard de la composition de l'assemblée.
Il ne faut donc pas s'étonner que les statistiques
accusent la présence parmi les élus de quatre cinquiè-
mes appartenant à l'ordre supérieur. Les chiffres cités

concernent les années 1885 et 1886 et il n'en existe
pas de plus récents. Les assemblées de district et les
assemblées provinciales se réunissent régulièrement
une fois par an, mais outre cela, des sessions extraordinaires peuvent être convoquées par le ministre de
l'intérieur pour discuter certaines questions déterminées. Les sessions durent vingt jours pour les assemblées provinciales, et seulement la moitié de ce temps
pour les assemblées de district. Le gouverneur de la
province ouvre et clôt les sessions provinciales, mais
aux sessions de district, la place du gouverneur est
prise par le maréchal local de la noblesse. Le *quorum*
est régulièrement atteint quand la moitié des membres
sont présents. Les décisions sont prises à la majorité
des voix pure et simple, et le président a voix prépondérante.

La loi de 1854 a créé une sorte de commission
exécutive tant dans le district que dans la province.
Cette commission ressemble beaucoup au directoire
exécutif des départements, institué par les lois révolutionnaires de France, à commencer par la loi de 1791. La
troisième République, après une interruption de trois
quarts de siècle, a ressuscité cette institution sous un
nouveau nom, et il a été dit que, entre autres modèles,
le législateur français moderne a eu aussi en vue les
bureaux provinciaux et de district de la Russie. Ces
bureaux, connus chacun sous le nom de *zemskaia
ouprava*, sont choisis aux assemblées de district et
provinciales, et, à la différence des délégués envoyés à
ces assemblées, ils reçoivent une paye régulière. Pour
être éligible, il faut être électeur. Le gouverneur de la
province confirme ou annule la nomination tant du
président que des autres membres de l'*ouprava*.

Maintenant que nous avons vu l'organisation du self-government de district et provincial, demandons-nous à quelle fin il répond. Il faut se rappeler que les idées anglo-américaines quant à la nature réelle des fonctionnaires et des corps électifs dans la gestion des affaires d'Etat ont pénétré l'opinion publique du continent européen lentement et imparfaitement. L'idée de confier aux élus du peuple l'accomplissement de fonctions officielles telles que les fonctions de police et les fonctions judiciaires — idée qui apparaît nettement dans l'élection des *coroners*, des *constables*, des *justices of peace* et des magistrats de police en Amérique et en Angleterre — est restée plus ou moins étrangère aux esprits juridiques de ceux qui, en France, comme en Allemagne, ont essayé d'opposer au système de la centralisation administrative celui du self-government local. Leur théorie était que seul le soin des intérêts économiques particuliers à la commune, au district et à la province, devait être confié à des conseils électifs et à des élus du peuple.

De cette manière une sorte de dualisme s'est introduit dans le mécanisme de l'administration locale. Pour donner un exemple de ce que l'on veut dire, il suffira de rappeler ce fait qu'en France, sous les différents régimes du xixe siècle, la province et le district étaient gouvernés en même temps par deux espèces différentes de fonctionnaires et de corps : les uns publics, le préfet et le conseil de préfecture, et les autres électifs, le conseil général du département et sa commission exécutive. Les premiers avaient à remplir les diverses fonctions de l'autorité publique, les seconds à s'occuper des intérêts économiques du département. Et dans le district nous trouvons les mêmes éléments dans la personne du fonctionnaire nommé par le ministère — le sous-préfet — et dans le conseil d'arrondissement, corps électif. Bien que le mot russe employé pour exprimer l'idée de self-government soit la traduction exacte du terme anglais, les personnes qui l'ont introduit dans l'empire identifiaient apparemment ses fins avec celles qu'on lui attribuait sur le continent et plus spécialement en France ; aussi ont-elles limité les fonctions des assemblées de district et des assemblées provinciales et de leurs commissions au soin des intérêts économiques. C'est seulement à une date récente que la vraie nature du self-government anglo-américain a été révélée aux yeux des publicistes continentaux par l'ouvrage classique de Gneist. Ses idées pénétrant en Russie ont servi à faire la critique du système existant de ces institutions provinciales. Jusqu'ici, toutefois, cette nouvelle tendance n'a pu faire changer d'avis le législateur. Car, au lieu d'élargir la sphère des fonctions confiées à nos assemblées locales, au lieu de les appeler à remplir des fonctions publiques, elle n'a fait que diminuer leur autonomie et renforcer le contrôle officiel auquel ces assemblées sont soumises. Cela n'est pas pour étonner quiconque, comme l'auteur, a de la peine à concilier l'autocratie avec le self-government. C'est l'opinion de l'auteur, pourtant, que l'expérience, faite durant trente années, des institutions représentatives locales peut servir à confirmer cette vérité que le self-government provincial ne promet pas de faire beaucoup de progrès s'il n'est couronné par la création d'un corps central autonome, et que la bureaucratie autocratique subira longtemps l'influence paralysante de la représentation locale, voulant conserver son indépendance et poursuivre d'autres fins que celles du gouvernement central.

Pour éclairer ce que nous venons 'de dire, considé-
rons la question fort discutée des limites à imposer au
droit de taxation locale exercé par les assemblées
provinciales et par les assemblées de district. Comme
la plus grande partie des redevances imposées par elles
sont dépensées à loger l'armée ou à couvrir certains
autres frais nécessités par le service de l'Etat, il reste
très peu de chose pour faire de nouvelles routes ou
pour entretenir celles déjà existantes, pour ouvrir de
nouvelles écoles ou de nouveaux hôpitaux, etc. Afin
d'obtenir les moyens nécessaires pour le développement de toutes ces institutions, les conseils provinciaux et les conseils de district ont toujours insisté
et insistent encore sur leur droit d'augmenter
les taxes locales, de les percevoir, non seulement
sur les revenus tirés de la propriété foncière, mais
aussi sur le capital, l'industrie et le commerce. Le
gouvernement, ayant le droit d'empêcher l'exécution
des décisions prises par les assemblées électives,
soit par l'intermédiaire du gouverneur de la province, soit par celui du ministre de l'intérieur, en
a toujours profité pour s'opposer à tout projet d'augmentation des dépenses conçu par les corps autonomes. Aujourd'hui cependant le gouvernement songe
à faire un nouveau pas dans la même direction
en limitant le droit de s'imposer soi-même à un tant
pour cent de la somme des taxes générales payées par
la province. Le ministre des finances a déjà rencontré
des difficultés dans la perception des impôts ; aussi
fait-il tous ses efforts pour atteindre ce but. Pour rendre la chose possible, il voudrait décharger les assemblées des dépenses qui leur incombent lorsque l'on
ouvre des écoles publiques. Mais cela ne saurait se

faire si la tâche difficile d'éclairer les populations vil-
lageoises n'est abandonnée au clergé. Il n'est pas étonnant que M. Witte soit le premier à seconder M. Pobedonoszev, le procureur du Saint-Synode, qui désire
doter la Russie d'écoles ecclésiastiques, dont les Russes
ont fait la déplorable expérience au temps du servage.
Ces écoles seraient d'autant plus nuisibles en Russie
que les prêtres de paroisse, trop occupés pour devenir eux-mêmes des maîtres d'école, confieraient probablement toute la besogne de l'éducation au zèle inex-
périmenté de quelque acolyte subalterne.

Mais revenons aux fonctions des assemblées locales.
Ces assemblées possèdent le droit de faire des règlements — droit qui, le lecteur le sait, a toujours appartenu aux corps autonomes tant en Angleterre qu'en
Amérique. En 1864, année où fut posée, pour la première fois, la base du système actuellement existant,
le droit de prendre des arrêtés administratifs, quoique
réclamé par certains membres du comité qui élabora
la loi, fut repoussé par le ministre de l'intérieur, sous
le prétexte que ni la théorie ni la pratique ne donnent
de règles distinctes à l'égard de ce pouvoir de réglementer. Ce n'est donc que plus tard que le droit de
faire des règlements a été accordé aux corps autonomes russes et tout d'abord aux assemblées municipales.
En l'année 1873, les assemblées provinciales se virent
octroyer le droit de prendre des mesures pour prévenir
les incendies. A partir de ce moment leur droit de faire
des règlements a été étendu ; elles peuvent aujour-
d'hui faire des règlements concernant l'hygiène publique, l'alimentation de la population, le maintien de
l'ordre aux marchés et foires, l'entretien des routes, des
ports, etc. Tous ces règlements peuvent être adoptés,

soit par la commission exécutive, soit par l'assemblée
générale ; mais ils ne sauraient avoir force de loi s'ils
ne sont confirmés par le gouverneur de la province.
Le gouverneur donne son approbation après avoir
pris l'avis d'un nouveau bureau créé par la loi de 1890
et composé principalement de fonctionnaires du gouvernement. Nous considèrerons plus tard la façon dont
ce bureau est composé. L'approbation du gouverneur est aussi requise, quoique sous une autre forme,
quand il s'agit de quelque mesure économique adoptée par les assemblées provinciales ou par les assemblées de district. Les mesures moins importantes ne
pouvaient être considérées comme ayant force de loi
avant l'expiration de quinze jours à partir du moment
de leur publication. Pendant cette période le gouverneur avait la faculté de les rapporter.

La période qui s'ouvrit avec les premiers attentats
contre la vie du czar Alexandre II, ne saurait être considérée comme favorable au développement continu
des libertés locales de la Russie. Le gouvernement
commença à regarder d'un œil de plus en plus soup-
çonneux toute tentative faite par les corps électifs pour
accroître leur activité ou combiner leurs efforts. Il
suffira de mentionner le nombre de pétitions rejetées
émanant des assemblées provinciales électives pour
donner au lecteur l'idée de la défiance avec laquelle
ces assemblées étaient regardées en haut lieu. De 1865
à 1884, 2623 documents de cette espèce furent présentés au gouvernement. De ces pétitions, 1354, c'est-à-
dire 52 %, furent rejetées ou laissées sans réponse,
et, à mesure que le temps s'écoula, le nombre des
réponses négatives, au lieu de diminuer, ne fit qu'augmenter, tout ou moins jusqu'en 1880. Le gouverne-

ment s'opposa systématiquement à la diminution de
la somme d'impositions requises pour la jouissance
du droit de suffrage, à la permission à accorder aux
représentants de plusieurs assemblées provinciales
d'élaborer au cours d'une session des mesures
générales contre les épidémies, ou en vue de combiner leurs efforts dans des questions d'économie
politique. Les demandes qu'adressèrent les assemblées
pour qu'on leur laissât une plus grande liberté dans
la publication de leurs débats eurent le même résultat négatif. Ces corps ne furent pas non plus autorisés à introduire le principe de l'instruction générale
obligatoire, principe sur lequel plus d'une assemblée
provinciale avait insisté de 1866 à 1872. A partir de
1873, le gouvernement préféra ne faire aucune réponse
à toute pétition de ce genre, ce qui n'empêcha pas
l'augmentation du nombre des pétitions au cours des
années qui précédèrent la mort de l'empereur Alexandre II. La demande aussi de permettre aux instituteurs des diverses provinces de s'unir en un congrès
pour élaborer des plans généraux d'éducation se heurta au même refus, cette fois sous le prétexte que,
étant donné le niveau peu élevé de l'instruction parmi
ces instituteurs, leur assemblée ne pouvait avoir que
de mauvais résultats, tant pédagogiques que politiques. Cependant les nombreuses demandes réclamant
l'abolition des impôts sur le sel eurent plus de succès.
En prenant une mesure en ce sens, le gouvernement,
dans les dernières années d'Alexandre II, fut sans doute
influencé par l'expression de ces vœux.

Tout observateur impartial de l'activité des assemblées locales reconnaîtra certainement que rien dans
leur conduite ne saurait autoriser le soupçon qu'elles

désiraient désobéir à l'interdiction d'adresser au gouvernement des demandes politiques. Il serait ridicule de parler de leur attitude non conciliante et même révolutionnaire. Néanmoins, le gouvernement d'Alexandre III les traita comme si elles étaient plus ou moins directement impliquées dans une conspiration présumée contre l'ordre politique existant. Aux termes de la loi de 1864, le gouverneur de la province et le ministre de l'intérieur avaient, comme on l'a vu, autorité pour s'opposer à l'exécution de toute mesure votée par l'assemblée durant une certaine période, n'excédant pas sept jours pour le gouverneur et durant un intervalle de deux sessions pour le ministre. En opposant leur veto, ces deux fonctionnaires étaient astreints à donner leurs raisons. L'assemblée cependant pouvait en appeler à la section administrative du Sénat, qui était considérée comme le juge compétent dans de semblables différends. Ces mesures de contrôle parurent insuffisantes au parti réactionnaire, qui obtint le dessus sous le règne d'Alexandre III. Il s'avisa d'une mesure qui ne consistait en rien moins qu'en la soumission à un corps nouvellement créé de fonctionnaires du gouvernement, et, en dernière instance, au ministre de l'intérieur, du règlement de tous les différends s'élevant entre le gouverneur d'une province et l'assemblée élective de cette province. Cette mesure n'équivalait à rien moins qu'à la suppression de toutes les garanties judiciaires et à la réduction des corps autonomes au rang d'agents subordonnés.

Par bonheur, toutefois, le Conseil d'État, où se trouvaient encore quelques homme d'État, du temps d'Alexandre II, ne voulut pas aller si loin. Le contrôle judiciaire du Sénat fut maintenu dans tous les cas où la décision du gouverneur était tenue pour illégale par l'assemblée. Quant au reste, le règlement définitif de la question en litige fut confié, non à un ministre unique — le ministre de l'intérieur — mais au Comité des ministres. En même temps, toutefois, une commission spéciale fut créée, composée du vice-gouverneur et de deux autres fonctionnaires du gouvernement, qui devaient siéger de pair avec le maréchal provincial de la noblesse et deux membres appartenant aux corps provinciaux électifs. Cette nouvelle institution était appelée à conseiller le gouverneur toutes les fois qu'il ne voulait pas exercer, sous sa propre responsabilité, son pouvoir de veto. Au cas où le gouverneur n'accepterait pas la décision de la majorité des personnes ci-dessus mentionnées, il pouvait s'adresser au ministre de l'intérieur, qui, après avoir consulté les autres ministres, trancherait définitivement la question. Dans le cas seul où l'opposition du gouverneur est basée sur l'illégalité présumée de la mesure prise par l'assemblée le Sénat est autorisé à dire le dernier mot.

On peut aisément voir par ce qui a été dit que l'activité des corps locaux autonomes de la Russie a été réduite dans une grande mesure. Et l'on ne saurait guère s'étonner beaucoup si, de nos jours, nous entendons parler du peu d'enthousiasme de la partie la plus éclairée de l'aristocratie locale à accepter un service modeste et non rétribué dans les rangs des délégués du district ou de la province. Les plaintes fréquentes au sujet de l'absentéisme de la classe la plus riche des grands propriétaires fonciers de la Russie sont certainement bien fondées, mais nous ne pouvons nous en étonner quand nous réfléchissons que, ni dans les affaires communales, ni dans celles du district, ni dans

celles de la province, on ne permet à cette classe de
personnes d'exercer la moindre influence réelle. Nous
avons déjà vu que le self-government du village et de
la *volost* est limité à une seule classe de gens, les
paysans. Et nous venons de montrer que dans l'administration du district et de la province la part des
corps électifs devient de plus en plus secondaire. Sous
le règne d'Alexandre II, les grands propriétaires fonciers voulaient bien exercer les fonctions de juge de
paix, mais cette institution, à partir du successeur
immédiat d'Alexandre n'a été maintenue que dans les
villes. Il est vrai que, à la place de ces juges, on a créé
un magistrat d'un nouveau genre — le *zemski nachal-
nik* — qui combine les fonctions exécutives et judiciaires ; ce personnage, généralement un membre de
la noblesse, jouit d'un pouvoir discrétionnaire dans
les limites d'une *volost*. Il est autorisé non seulement
à assister aux séances mais aussi à confirmer les décisions des assemblées générales de la *volost* ou à leur
opposer son veto et aussi à infliger des peines corporelles aux paysans qui ne paient pas régulièrement les
redevances exigibles par l'Etat. Il n'est donc pas surprenant que le plus grand nombre des grands propriétaires locaux ne témoignent nulle envie de remplir de
telles fonctions bien qu'elles soient bien payées et
considérées comme ouvrant à ceux qui les ont acceptées
une brillante carrière dans les fonctions civiles.

Malgré toutes les causes qui empêchent l'heureux
développement du self-government local de la Russie,
les services qu'il a déjà rendus dans l'amélioration des
conditions sociales ne sont pas à mépriser. Avec des
moyens très limités les corps électifs ont fait beaucoup pour créer et élargir le système des écoles publi-

ques, et si, dans certaines provinces, telles que celle de
Moscou, les trois quarts ou même les quatre cinquiè-
mes de la jeune génération ne sont plus illettrés, c'est
au *zemstvo* (c'est le nom sous lequel sont connus
ces corps autonomes) que ce service est dû. Ces mêmes
institutions ont aussi rendu un réel service au gouvernement central par leur étude sérieuse des statistiques
locales. On peut dire que sous ce rapport la Russie n'est
en retard sur aucune puissance européenne, quoique la
nécessité de créer ou d'entretenir un corps de personnes suffisamment préparées à cette besogne ait exigé
beaucoup de sacrifices. Si les *zemstvos* n'ont pas
rendu les mêmes services, en ce qui concerne le développement du système des grand'routes ou la création
d'hôpitaux de village, il faut en chercher la raison
dans l'immensité de la superficie couverte par les provinces et dans l'exiguïté de leur budget. Un autre
service rendu par les corps électifs a été la création
par eux du système d'assurance obligatoire contre
les dommages causés par l'incendie, affaire très importante dans un pays où les maisons des paysans sont
construites en bois et couvertes de chaume. Après
tout ce qui a été dit au sujet du self-government
local on peut conclure par cette remarque qu'il mérite
bien la confiance du peuple et peut dans l'avenir,
sous une politique plus libérale, devenir un facteur
important dans l'amélioration matérielle et morale de
la Russie.

L'opinion publique s'est, au cours de ces dernières
années, tellement émue des diverses rumeurs en circulation au sujet du désir du gouvernement de limiter la
sphère d'action des conseils provinciaux et des conseils
de district que la loi du 12 juin 1900, qui donna

une consistance imparfaite à ces bruits, n'a pas provoqué tout le mécontentement qu'elle semblait devoir
produire. Le Conseil d'Etat, tout en acceptant les
demandes du ministre des finances à l'effet d'imposer
des restrictions légales au droit de s'imposer dont jouissaient nos assemblées locales, s'est, en même temps,
vivement élevé contre toute idée de les annihiler. La
principale prescription de la nouvelle loi est que les
conseils provinciaux et les conseils de district sont
privés du droit de taxer à nouveau la propriété réelle
de plus de 3 % par an. En même temps ces assemblées
ont été privées du droit de prendre des mesures à l'effet
d'assurer l'alimentation de la population en temps de
famine. Ce dernier règlement a un caractère provisoire,
une nouvelle loi ayant à pourvoir à l'ensemble de
cette branche de l'administration intérieure. A côté
de ces restrictions, la loi du 12 juin contient, dans une
déclaration des plus solennelles, l'affirmation que le
Conseil d'Etat n'a pas le moindre désir de créer une
centralisation plus grande dans la gestion des intérêts
économiques des provinces et districts de la Russie.
Soit. Exprimons la croyance que, en autorisant les
assemblées locales à imposer les biens meubles et le
capital suivant leur désir exprimé de longue date, le
gouvernement diminuera dans l'avenir le mal que la
nouvelle loi a fait au budget annuel des *zemstvos*
russes et par là indirectement à leur faculté, au point
de vue financier, d'améliorer les diverses branches
de l'administration.

En concluant le rapide aperçu du self-government
local russe qui est donné dans ces pages, l'auteur désire
appeler l'attention sur la manière dont les intérêts économiques des villes et bourgs de la Russie sont gérés

par les assemblées délibérantes électives et les bureaux. L'autonomie relative des municipalités russes n'a pas plus de trente ans d'existence. Quoique, comme on l'a vu, Catherine II eût octroyé une charte spéciale aux villes et bourgs russes, dès 1785, acte par lequel furent créés deux sortes de conseils, la *douma* générale et la *douma des six votants*, sorte de commission exécutive, la crainte d'une révolution à la française, et plus spécialement d'exploits terribles semblables à ceux qui avaient caractérisé la commune parisienne de 1793, amena Paul Ier à mettre fin à l'existence des municipalités nouvellement créées. Quoique rétablies par Alexandre Ier elles furent bientôt placées sous une surveillance si sévère de la part des gouverneurs de province et des divers bureaux, depuis le conseil provincial et le bureau des domaines jusqu'au bureau des bâtiments, que, en réalité, le conseil municipal général cessa presque ses réunions. La besogne administrative que comportait la gestion des intérêts économiques de la cité fut régulièrement accomplie par la commission exécutive seule, *la douma des six votants*.

Le besoin d'une indépendance plus grande en matière d'économie municipale se faisait sentir d'une manière des plus intenses aux grandes villes, et, surtout, à la capitale. Aussi, dès 1846, une nouvelle loi fut promulguée aux termes de laquelle toutes les classes d'habitants possédant des biens fonciers ou payant des contributions à l'État obtenaient également la faculté d'élire des délégués à la *douma* générale. De cette manière non seulement les contribuables, tels que les marchands et les artisans, mais les privilégiés possédant de la terre dans la cité tels que nobles, fonctionnaires publics et membres du clergé, étaient admis à participer au

Kovalewski 18

self-government municipal. Afin de s'assurer de la
présence des nobles aux assemblées électorales, la nouvelle loi leur reconnaissait le droit de tenir une réunion
spéciale dans laquelle leurs délégués pourraient être
nommés. La *douma* générale de la capitale comprenait
six cents membres; sa commission exécutive, composée de ses propres élus, reçut le nom du conseil qui
la constituait, celui de *douma*. Cette réforme fut strictement limitée à Pétersbourg, mais elle mérite néanmoins notre attention, parce que ses principes, ainsi
que les critiques qu'elle encourut, ont beaucoup servi
à l'élaboration du système général de self-government
municipal encore en vigueur.

Ce système a été créé par la loi de 1870. Comme les
autres réformes qui ont caractérisé le règne d'Alexandre II, la loi municipale de 1870 a été l'œuvre d'une
commission spéciale composée d'hommes d'Etat et de
légistes, et présidée par un homme de grand talent,
Schumacher, directeur du département de l'économie
publique au ministère de l'intérieur. Les cercles les
plus directement intéressés au vote de la nouvelle loi
ne furent pas invités à envoyer des délégués, comme on
avait fait lors du vote de la loi qui émancipait les serfs;
mais les bureaux des villes existants furent autorisés
à adresser leurs critiques sur le nouveau projet.
Il est regrettable pour les Russes qu'on n'ait pas
toujours accordé à ces critiques l'attention qu'elles
méritaient. Un point de la plus grande importance
était de savoir quelles classes devaient obtenir le droit
de diriger le self-government de la cité. Catherine II,
imbue comme elle l'était des idées d'une philosophie
soi-disant éclairée, s'était déclarée opposée à voir
disqualifier des personnes qui, ne remplissant pas les

conditions exigées par le cens électoral, pouvaient
néanmoins, en raison de leurs talents, se rendre très
utiles dans la gestion des affaires municipales. Aussi
trouvons-nous, dans la charte de 1785, une clause en
faveur des professions libérales ; les personnes ayant
des grades universitaires, les architectes, les peintres,
les sculpteurs et les compositeurs de musique jouissaient comme tels d'un suffrage. Plus tard, quand le
statut municipal de Pétersbourg eut été élaboré par
le futur auteur du projet général de la loi d'émancipation, Nicolas Miloutine, les artistes et les gradués
furent écartés, pour cette raison sensée, semble-t-il,
que la gestion d'intérêts économiques est mieux entendue par des contribuables et des propriétaires.

Mais une question plus importante se dressa devant
les législateurs de 1870. Il s'agissait de savoir si les
locataires occupant maison ou partie de maison devaient
jouir du droit de suffrage. Car dans les petites villes,
qui parfois ont une population inférieure à celle d'un
village voisin, la possession d'une maison petite et
écartée, dont le loyer n'atteint pas cent roubles par an,
confère le droit de vote, tandis que dans cette même
ville, le loyer d'un locataire, quoique excédant cinq fois
cette somme, ne lui donne pas le même avan-
tage. Plus d'une administration municipale avait
conscience de cette injustice criante et du grand mal
qu'un tel état de choses ne pouvait manquer de produire dans les villes et bourgs russes. Leurs critiques
de la nouvelle loi visaient cette réforme : admettre
toutes les personnes, quelles que fussent leurs capaci-
tés, au privilège du droit de suffrage. Beaucoup de
législateurs auraient même voulu voir les hommes
pourvus de grades universitaires libérés de toute res-

triction. Et certains insistaient sur la nécessité d'accorder aux corps municipaux eux-mêmes le droit de conférer le cens électoral à qui il leur plairait ; mais la question principale de l'admission des tenanciers et locataires fut laissée dans l'oubli, non cependant sans la pensée cachée de conserver la principale autorité dans les affaires municipales aux mains de la classe commerciale. Une personne dont l'activité avait, durant de longues années, été employée au service de la municipalité de Moscou a dit à l'auteur que ses efforts pour introduire à une période subséquente une taxe municipale sur les loyers, dans le but de reconnaître le droit de suffrage à tous ceux qui auraient à la payer, se heurta à un refus de la part de la majorité du conseil municipal de Moscou. Il n'y a donc pas lieu de s'étonner que l'idée d'élargir les conditions du cens électoral en l'accordant aux locataires soit venue, non pas tant des administrations municipales que de certains fonctionnaires du ministère de l'intérieur qui eurent à discuter le projet de la nouvelle loi. L'autorité russe bien connue en matière de statistique, M. P. Semenov, a eu beau insister longuement sur les avantages qu'il y avait à accorder au locataire d'une maison le droit de suffrage dont jouissait le contribuable et le propriétaire foncier dans la ville ; et il a montré clairement que de cette manière la classe instruite de la population participerait au self-government municipal. Mais ses efforts n'ont pas abouti et la loi de 1870 a donné le droit de suffrage aux propriétaires et aux contribuables seuls.

Dans chaque ville cette classe devait constituer trois assemblées différentes : d'abord, ceux qui avaient à payer la plus grande somme de taxes, et en dernier lieu,

ceux qui étaient le moins imposés. La commission
exécutive du conseil municipal fixait les limites pour
chaque classe. Ces trois assemblées devaient nommer
un nombre égal de députés. Ce système, toutefois, étant
jugé mauvais, une nouvelle loi, celle de 1892, introduisit
des divisions territoriales et créa dans chacune d'elles
une assemblée électorale distincte. Une clause étrange
de cette nouvelle loi, qui, dit-on, n'est pas toujours
appliquée, insiste sur la nomination par chaque assemblée de personnes seulement qui habitent dans les limites
de la division territoriale. Le Professeur Korkounov,
en critiquant cette règle, observe judicieusement que
les divisions territoriales d'une même ville ne constituent pas, au point de vue des élections, des sphères
distinctes, chacune avec des intérêts particuliers. Il n'y
a rien qui soit de nature à empêcher qu'un homme soit
nommé dans telle ou telle division uniquement parce
qu'il paie ses taxes dans la division voisine. Aux termes de la loi de 1895, le droit de suffrage n'est plus
accordé aux contribuables, mais seulement à ceux qui
possèdent une propriété réelle ou un intérêt viager
dans une propriété réelle. La valeur de la propriété
nécessaire à un homme pour qu'il puisse voter dans
l'une ou l'autre des deux capitales ne doit pas être
inférieure à trois mille roubles sur lesquelles une
taxe municipale est régulièrement perçue. Dans les
bourgs comptant une population de plus de cent mille
âmes, la valeur de la propriété requise n'est que de
quinze cents roubles, taxés également ; et dans les très
petits bourgs la propriété de l'électeur ne doit pas être
inférieure à trois cents roubles. Le droit de vote est
aussi accordé à ceux qui possèdent un établissement
commercial ou industriel et qui sont, en conséquence,

astreints à payer annuellement à la Couronne une
somme d'argent suffisante pour leur donner droit
d'être considérés comme marchands de première classe
ou comme nous disons, par un abus d'une expression
bien connue du moyen-âge « Marchand de première
guilde ». Telle est du moins la règle en ce qui concerne
les deux capitales ; quant au reste des villes, les marchands de seconde classe ou guilde, sont aussi admis
à jouir du droit de suffrage. Certaines personnes, à
savoir celles qui n'ont pas payé les taxes municipales
depuis plus de six mois et celles employées dans les
cabarets à vendre des spiritueux, sont exclues de ce
droit.

Le nombre des délégués composant le conseil municipal dépend de l'importance de la ville. A Pétersbourg
et à Moscou, ils sont au nombre de cent soixante ;
dans les plus petits bourgs, on n'en compte pas moins
de vingt. Chaque conseil municipal a son comité exécutif appelé *ouprava*. D'après la loi, le nombre des
membres de ce comité dépend du nombre des membres du conseil municipal. En général, ils ne sont pas
plus de trois, mais dans les villes d'une population non
inférieure à cent mille âmes, ils sont quatre et cinq ;
dans les deux capitales l'*ouprava* compte six membres outre le président. Une question très importante
était de savoir qui serait président de la commission
exécutive — la même personne qui préside les réunions
du conseil municipal ou quelqu'autre personne. Il
semblerait plus rationnel de séparer les deux présidences puisque la commission exécutive est responsable
vis-à-vis du conseil municipal et de son président, et
qu'aucune responsabilité réelle ne saurait exister là
où une personne apparaît en même temps et comme

juge et comme justiciable. Mais le législateur a jugé
bon de réunir ces deux fonctions dans la même personne, celle du maire ou *golova*. Ceux qui se sont
déclarés en faveur d'un tel plan ont exprimé l'opinion
qu'un fonctionnaire placé directement à la tête de la
commission exécutive acquerra selon toute probabilité,
vis-à-vis du gouvernement central, un degré d'indépendance que l'on ne peut attendre de la part d'un
fonctionnaire qui, comme le maire, représente à la
fois les intérêts de la ville et ceux du gouvernement.
Cela se peut, mais d'autre part, il est indubitable
que le maire devient, en conséquence de la réunion
des deux présidences en sa personne, tout-puissant et
irresponsable. Une autre question non moins importante est le mode de désignation du maire.
Si un peuple aussi avancé que les Français dans la
voie des libertés politiques n'ose pas placer à la tête
du conseil municipal de la capitale un officier électif,
il n'y a pas lieu de s'étonner que la loi de 1892 ait
excepté les deux capitales du droit dont jouissent toutes les villes russes de voir le maire élu par le conseil
municipal. A Pétersbourg et à Moscou, le conseil est
appelé à présenter deux candidats et le gouvernement
choisit un de ces deux hommes pour occuper le poste
de maire.

Les membres de *l'ouprava* ne quittent pas leurs
fonctions en même temps ; un conseil municipal
nouvellement élu procède à la nomination d'une moitié seulement des membres de ce comité, les autres
restant en fonctions jusqu'à l'élection des nouveaux
délégués municipaux. La raison qu'on allègue pour
expliquer cette pratique est qu'elle assure plus de
suite à la politique poursuivie par l'administration

municipale. Comme le conseil de district et le conseil provincial, le conseil municipal est placé sous la surveillance du gouverneur. Le Conseil d'Etat a jugé nécessaire de limiter le droit d'ingérence de la part du gouverneur en soumettant la question en litige à la décision d'une commission de fonctionnaires du gouvernement et d'élus de la ville et de la province, constituant un bureau spécial très semblable à celui qui tranche les différends entre les gouverneurs et le *zemstvo*.

Les diverses fonctions remplies par les corps municipaux autonomes ne seront pas traitées ici. Elles ressemblent plus ou moins à celles exercées par les corps similaires des autres Etats européens. Mais un point sur lequel il faut insister, c'est la grande extension donnée au pouvoir du gouverneur de la province pour lui permettre de s'opposer à l'exécution de toute mesure adoptée par la *douma* ou par l'*ouprava*, non seulement dans le cas où cette mesure est illégale, mais aussi dans le cas où il constate qu'elle est contraire au bien général. Quelques-unes de nos principales autorités en matière de droit public, entre autres le professeur Korkounov, expriment le vœu que les questions en litige dans lesquelles les corps autonomes de la cité et l'agent local du gouvernement, c'est-à-dire le gouverneur, ne peuvent arriver à un compromis, soient tranchées, non par le ministre de l'intérieur seul, mais par le Comité des ministres.

Il semblerait que l'idée exprimée par un des membres du conseil municipal de Pétersbourg, Litchatchev, mérite plus de sympathie ; il était d'avis que les questions concernant l'illégalité de telle et telle mesure prise par la *douma* ou par l'*ouprava*, ne sont pas de celles qui peuvent être tranchées par l'autorité administrative. Le Sénat étant le seul corps qui puisse prononcer une décision quant à la légalité ou à l'illégalité d'un acte quelconque, il appartenait à ce corps de devenir le principal arbitre.

Les trente années d'existence du self-government municipal ne sont pas une période assez longue pour autoriser à prononcer un jugement définitif sur son utilité. La principale critique dirigée contre lui est qu'il a placé les villes au pouvoir de la classe riche, de la plutocratie. Un tel résultat était facile à prévoir, étant donné le caractère de la loi concernant le cens électoral. Comme on n'admet au droit de suffrage que celui qui occupe une maison ou qui possède un bien foncier et qu'on en exclut les petits locataires, il n'y a pas lieu de s'étonner que les gros marchands aient obtenu la prépondérance dans la gestion des affaires municipales. La presse russe insiste très souvent sur la nécessité de faire entrer dans les conseils municipaux des hommes d'une éducation supérieure et appartenant aux professions libérales. On parle généralement en Russie de ces hommes comme formant à eux seuls une classe distincte ridiculement dénommée « la classe de l'intelligence ». Or, si nous ne voulons pas nous payer de mots et si nous essayons de définir ce qu'il y a réellement sous leur emploi, nous rencontrerons cette alternative : mettre l'administration de la ville aux mains d'avocats, de journalistes et d'hommes n'appartenant à aucune profession fixe quoique d'une éducation supérieure, ou aux mains d'hommes pratiques habitués aux affaires et ayant déjà, pour leur propre compte, à gérer des intérêts très importants. On n'est pas bien sûr que cette dernière

classe d'hommes ne soit pas plus capable d'administrer économiquement les intérêts matériels d'une
ville ; on ne peut pas dire que, tout bien considéré,
elle soit dépourvue de toute éducation supérieure.
Nos universités regorgent de jeunes gens appartenant
aux hautes couches du tiers état. S'occuper du gouvernement de la ville présente, pour les familles qui
composent le tiers état, le grand avantage de les
attacher au bien des villes qu'elles habitent. Ce n'est
pas par l'effet d'un pur hasard que, au cours des trente
dernières années, de grands et splendides hôpitaux, des
musées, des conservatoires de musique, des galeries
de tableaux, des asiles de nuit, des établissements destinés à permettre aux étudiants de vivre à bon compte
en commun et, dans une moindre mesure, des bibliothèques publiques et des écoles techniques ont été
fondés avec les capitaux donnés par de riches marchands. Ce fait à lui seul prouve que la classe commerciale et industrielle commence à s'intéresser au
bien des municipalités et qu'elle est fière d'y contribuer par ses dons.

Evidemment on aurait aimé voir les ouvriers prendre la part qui leur revient dans la gestion des affaires
locales, mais chacun sait que les restrictions électorales
ne sont, du moins en Europe, nulle part aussi tenaces
que dans la sphère du self-government local. On
accorde plus facilement le droit de suffrage quand il
s'agit d'élections générales que dans le cas où il faut
élire un conseil d'arrondissement ou un conseil municipal. Toutes les demandes de ce genre se heurtent à
un refus systématique sous l'antique et fallacieux prétexte que les propriétaires seuls sont intéressés au bien
de la province, du district ou de la ville. Mais s'il en est

ainsi, si nous ne pouvons faire entrer sur-le-champ, et
nulle part moins qu'en Russie, la classe ouvrière dans
la citadelle des intérêts locaux, est-ce là une raison
suffisante pour en ouvrir les portes toutes grandes à
l'invasion des avocats et des journalistes? Doit-on les
regarder réellement comme les fidèles interprètes des
besoins des classes inférieures ?

Tel qu'il est, le self-government municipal de la
Russie, malgré un budget restreint mais qui s'accroît
constamment, a rendu des services considérables par
l'établissement d'écoles d'enseignement secondaire et
cela dans une telle mesure que, tout au moins dans les
deux capitales, la question de l'enseignement obligatoire
a pu être sérieusement mise en avant. C'est le manque
de ressources et l'énorme dépense exigée, à cause du
climat, par l'entretien et la réfection des rues des
villes, qui empêche moins les capitales que les petites
municipalités d'accorder l'attention voulue à l'éclairage, à la propreté et à l'ornement de leurs villes. Il est
inutile de leur reprocher les dépenses qu'elles ont faites
pour édifier de spacieuses et élégantes maisons de
ville. C'était jusqu'à un certain point une question de
fierté que d'avoir à côté des palais où la noblesse s'as-
semble régulièrement pour administrer ses intérêts de
classe, des édifices non moins splendides pour la
gestion des affaires municipales. Aucune bourgeoisie
n'a jamais échappé à cette tentation, et les magnifiques hôtels de ville qui couvrent la France, l'Allemagne
et la Belgique ne sont pas pour prouver le contraire.

CHAPITRE IX

RÉFORMES D'ALEXANDRE II. — RÉFORME JUDICIAIRE, RÉFOR-
ME MILITAIRE, RÉFORME DE L'UNIVERSITÉ ET DE LA
PRESSE — LES LIBERTÉS PUBLIQUES DU SUJET RUSSE.

La réforme de toute l'organisation judiciaire de la
Russie est généralement citée comme la troisième des
grandes mesures prises sous le règne d'Alexandre II.
Elle mérite évidemment moins d'attention de la part
d'un auditoire étranger, parce qu'elle est moins ori-
ginale que l'affranchissement de millions de paysans
conservant leurs terres et leur système de possession
communale. Sans doute, dans ses grandes lignes, la
réforme de 1864 a suivi des modèles étrangers, et plus
spécialement ceux de l'Angleterre et de la France.
Ainsi c'est en Angleterre que les législateurs russes
ont trouvé le système des juges de paix jugeant les
petites affaires, individuellement en première instance, et collectivement en appel ; c'est du côté de
l'Angleterre aussi qu'il nous faut regarder lorsque
nous recherchons l'origine du jugement par le jury,
qui a été introduit dans les cours criminelles de
Russie par la loi de 1864. D'autre part, le principe
d'une séparation plus ou moins stricte du pouvoir judiciaire du pouvoir exécutif, l'introduction d'une cour de

cassation unique pour l'empire entier — et la limitation
du droit d'appel à des cours spéciales semblent être strictement conformes à la pratique déjà établie en France à
l'époque de la grande révolution, des années avant la
publication des célèbres codes de Napoléon Ier. Le
système qui consiste à contrôler le premier interrogatoire de l'accusé, subi devant un magistrat spécialement chargé de cet office, par un nouvel interrogatoire
en présence des juges et du jury ; et le rôle que
l'accusateur public et le conseil ou avocat jouent à
cet interrogatoire ainsi qu'en prononçant des discours
contradictoires pour accuser et défendre l'accusé ; la
manière dont, pour conclure les débats le président
adresse une allocution au jury — tous ces traits et
beaucoup d'autres semblent avoir été directement
copiés sur la pratique existant en France.

Mais, à moins que nous ne limitions notre analyse
aux traits extérieurs, nous reconnaissons que ce n'est
pas tant les institutions et les usages judiciaires d'un
pays en particulier que les principes généraux qui président à la matière parmi tous les peuples civilisés
d'Europe qui ont été pris en considération par les légistes chargés de la tâche difficile de remanier le système
des tribunaux russes et la procédure judiciaire russe.
Donnons un exemple. Tout le monde certainement sait
que, en imitant l'Angleterre et son jugement par le
jury, les Etats continentaux d'Europe, à commencer par
la France, se sont refusés à introduire cette institution
en ce qui concerne les affaires civiles ; la raison était
le caractère plus technique des questions se rapportant à la loi de la propriété réelle ou personnelle et à
la loi des contrats. De la même manière a été écartée
l'institution du grand jury — jury de mise en accusa-

tion — et la pratique de demander l'opinion des douze
personnes appelées à prononcer le verdict, tant sur les
questions de fait que sur les questions de droit. Ainsi
se sont créées sur le continent une théorie juridique
et une pratique judiciaire ayant dans les institutions
anglaises leurs premières racines seulement et rompant
avec elles, non seulement dans les détails, mais aussi
dans les principes généraux. C'est ce système, dans la
mesure où il avait été exprimé, principalement par les
autorités allemandes et plus spécialement par Mitter-
maier, que les auteurs de la loi de 1864 ont suivi en
déterminant le caractère des relations entre juge et
jury.

Prenons un autre exemple, celui de l'organisation
des corporations d'avocats. Elles ont évidemment été
calquées sur les institutions du même genre existant
déjà en France, mais avec des différences non sans
importance et pas toujours à l'avantage des institutions
russes. Ainsi la Russie a supprimé l'institution des
avoués et a ainsi mis face à face le plaignant et le
conseil. On se demande si l'économie des frais nécessaires pour rémunérer cette intervention d'une tierce
personne a été avantageuse pour le plaideur. L'auteur
penche à croire que cela le laisse sans défense vis-à-
vis de son conseil et permet à celui-ci de lui extorquer la somme d'argent qu'il lui plaît. Autre exemple
— et cette fois tout en faveur du système russe. L'opinion publique n'a pas permis aux procureurs de singer
l'attitude que le ministère public, en France, n'est
malheureusement que trop disposé à prendre à l'égard
de l'accusé. Au lieu de seconder le procureur
comme cela se passe généralement en France, le
président en Russie doit exprimer son opinion person-

nelle et montrer au jury les faits qui viennent à l'appui de l'accusation aussi bien que ceux qui militent en faveur de l'accusé. Certains des meilleurs juges ont compris leur devoir sous ce rapport d'une façon si scrupuleuse qu'ils ont expliqué au jury l'état d'esprit d'une personne qui, comme Vera Zasoulitch, vengeait sur un fonctionnaire abusant de son pouvoir discrétionnaire l'offense commise contre un individu totalement inconnu d'elle.

On peut voir par ce qui précède que le système et la procédure judiciaires ne sont pas une imitation servile des exemples donnés par l'Angleterre et la France, mais plutôt une sorte d'adaptation aux conditions de la Russie des principes généraux qui se sont lentement développés et par la pratique et par la théorie chez les peuples les plus éclairés de l'Europe. Ce n'est pas tout à fait ainsi que le parti réactionnaire envisage la loi de 1864. Il en parle généralement comme de la plus malheureuse de toutes les réformes du règne d'Alexandre II, et cela parce qu'elle a fait table rase de tout le système préexistant. Or le fait est que les promoteurs de la réforme étaient très éloignés de désirer une telle fin ; s'ils y arrivèrent, s'ils ont renversé tout le système judiciaire en usage, ç'a été à cause de l'impossibilité d'en conserver la moindre partie, parce que tout y était en opposition flagrante avec le nouveau modèle de procédure publique et contradictoire. Ce serait une grave erreur de considérer le système aboli comme ayant été d'origine exclusivement nationale ; comme le nouveau système, il était venu d'Europe où la procédure inquisitoriale, qui formait son caractère prédominant, était en usage depuis des siècles. Mais en abolissant le principe d'après lequel la vérité

judiciaire ne pouvait être établie que par des preuves
formelles, les réformateurs arrivèrent nécessairement
à cette conclusion qu'ils ne pouvaient se dispenser
d'introduire en Russie le jugement par le jury — le
seul jugement qui permette de regarder le verdict
comme l'expression d'une conviction intime dictée
par la conscience et non par des preuves formelles.

Un de ceux qui contribuèrent le plus à introduire le
jury, Rovinski, explique très bien la manière dont,
malgré toute la difficulté de confier à des serfs nouvellement libérés une autorité aussi grande que celle de
juger quelquefois leurs anciens maîtres, les membres
du comité qui a élaboré la loi nouvelle, se sont pronon-
cés en faveur du jugement par le jury. Dans un
mémoire spécial Rovinski critique fort habilement
les diverses objections qui pouvaient être faites à une
telle réforme — la prétendue indulgence avec laquelle
on croit que le peuple russe regarde un criminel,
l'absence de toute notion bien nette du droit, du devoir
et de la loi qu'on attribue aux paysans et le petit
nombre parmi eux de gens possédant l'instruction
nécessaire. Il montre que ces idées sont en partie
contredites par les faits, comme, par exemple, lorsque
les paysans veulent faire justice immédiate sur un
voleur arrêté, que, pour cette raison, les autorités sont
parfois obligées de protéger. Il insiste également sur
cette vérité que d'être illettré n'est pas toujours la
preuve d'un manque total de jugement et que les
institutions contribuent à former les opinions d'un
peuple en matière de droit et à leur inculquer les
notions du juste et de l'injuste.

On ne saurait dire que les accusations généralement
portées contre les verdicts des paysans doivent tromper

l'attente de ceux à qui nous devons l'introduction du jugement par le jury. De ces accusations la plus grave est celle-ci : les paysans acquittent des gens dont le crime a été établi à l'évidence par les faits. Mais des cas de cette nature se sont présentés en Angleterre et sur le continent, chaque fois que la peine paraissait exagérée et que le jury ne trouvait d'autre moyen de protester contre sa sévérité et même sa cruauté. Cette observation a été faite il y a plus de quatre-vingts ans par Benjamin Constant à propos des jurys français et elle peut tout aussi bien s'appliquer à ceux de la Russie. Comment pourrait-il en être autrement dans un pays où le fait d'avoir induit quelqu'un à changer la religion orthodoxe pour quelque autre est considéré comme un crime passible d'une condamnation à des années d'exil en Sibérie ; ou, pour donner un autre exemple, où une simple tentative pour décider une grève est considérée comme un délit punissable ?

Il serait très intéressant pour l'étude de la psychologie russe de faire une sorte de table statistique montrant la manière dont les divers crimes et délits ont été traités par les jurys. Nous ne possédons malheureusement pas de renseignements directs de ce genre, et c'est plutôt d'une façon empirique que l'on peut traiter cette question, en montrant, par exemple, la grande sévérité qui caractérise et la justice populaire et les verdicts des jurés chaque fois qu'ils ont affaire à des vols dont l'objet est un cheval, un bœuf ou quelque chose d'important dans l'économie de la vie rurale. D'autre part, le paysan se montre généralement indulgent quand il s'agit de crimes commis sous l'influence de la passion, tel que le meurtre d'une femme infidèle et plus spécialement des sévices contre

elle, au point même d'entraîner la mort. Il est bien
entendu que les délits d'injures en paroles ou par des
écrits n'ont pas grande importance à ses yeux, à moins
que ces injures ne soient dirigées contre la religion et
les objets sacrés tels que les icones, ou saintes images,
les croix, etc.

Il est indubitable que, aujourd'hui que l'éducation
primaire se généralise plus ou moins, les façons de
juger des Russes, peuvent se modifier dans une grande
mesure. Un certain changement s'est déjà manifesté
de la manière suivante : les anecdotes qui couraient
récemment et représentaient des jurés campagnards
considérant le plaidoyer d'un avocat en faveur d'un
homme manifestement coupable comme un abus
criant ou se jetant par la fenêtre afin d'échapper à la
nécessité de rendre un verdict, sont devenues des choses du passé. On espère qu'il en sera de plus en plus
ainsi en ce qui concerne les préjugés populaires en
faveur des sortilèges. Il y a quelque vingt ans nous
avons entendu parler de l'acquittement d'un meurtrier
pour ce motif que sa victime était généralement
regardée comme un sorcier ; ce cas se produisit en
1879, dans la ville de Titchvine.

Le mode de nomination des jurés en Russie empêche la possibilité de toute influence directe des sentiments de parti ou des attaches locales. C'est l'assemblée
du *zemstvo*, ou plutôt ce sont des commissions spéciales
désignées par elle, qui dressent les listes générales des
jurés. Ce n'est pas tout le monde qui est admis à
devenir membre du jury ; pour jouir de ce privilège,
il faut être propriétaire foncier et ne pas posséder
moins de cent *désiatines* (109 hectares), ou une
propriété réelle de la valeur de cinq mille roubles.

Telles sont les exigences de la loi, tout au moins dans les provinces les plus peuplées de la Russie ; quant aux autres, il y a des districts où la possession d'une propriété de la valeur de cinq cents roubles est considérée suffisante. Quant aux biens meubles, la jouissance d'un revenu de cinq cents roubles ou mille deux cent cinquante francs, est requise dans les deux capitales au lieu d'une propriété réelle, et dans d'autres parties de l'empire, de deux cents roubles seulement. Rien d'étonnant à ce que nos jurés montrent, comme il a été dit, une grande sévérité en jugeant tous les crimes ou délits commis contre la propriété. Les exigences de la loi ont même été augmentées sous le règne d'Alexandre III, et la classe croissante des prolétaires a été ainsi de plus en plus privée de toute participation à l'accomplissement de cette fonction civile. Le gouvernement a en même temps gardé entre ses mains le pouvoir d'éliminer des listes toute classe de gens qu'il considère comme indignes de confiance. Tandis que sous Alexandre II, et d'après la loi de 1864, cette besogne délicate avait été confiée à des comités nommés par les *zemstvos*, elle est aujourd'hui accomplie par le procureur de la cour de district, agent direct du ministre de l'intérieur. Ce changement a été introduit en 1884 et reste encore en pratique.

Peu après la création du système des jurys, le gouvernement se préoccupa de limiter la sphère d'action du jury. Dans le principe, le jury n'était pas autorisé à s'occuper des crimes politiques, tels que la haute trahison ou l'assassinat commis sur la personne du czar. Mais plus tard, quand, dans un but de terrorisme, des crimes furent perpétrés sur de hauts fonctionnaires et que les coupables amenés à la barre profitèrent de leur

comparution pour exposer leurs théories politiques et
sociales, le gouvernement essaya un instant d'échapper
à la nécessité d'exclure de tels cas de la compétence du
jury, en prenant le biais de défendre la publication
dans les journaux du compte-rendu du procès, et en
limitant le plus possible le nombre des personnes admises à l'audience ; enfin, après la grande sensation causée
par l'acquittement de Vera Zasoulitch, tous les procès
dans lesquels la victime était un fonctionnaire de l'Etat
et où le crime avait l'apparence d'un acte politique
furent déclarés hors de la compétence du jury ordinaire
et furent jugés soit par des cours militaires ou par les
cours d'appel, où se trouvaient pour la circonstance
quelques représentants de classe, tels que le maire, le
maréchal de la noblesse, etc.

Outre ces exceptions à la règle générale suivant laquelle un sujet russe est considéré comptable, comme un
sujet anglais, uniquement à ses pairs, le système d'exil
aministratif qui, dans la dernière période du règne
d'Alexandre II et sous celui d'Alexandre III, avait déjà
pris les proportions qu'il a gardées, fait de la susdite
formule une formule vide. Tant que — à toute heure
du jour ou de la nuit — la maison d'un citoyen pourra
être envahie par une bande d'espions politiques armés,
appelés gendarmes, et autorisés, non seulement à per-
quisitionner parmi ses papiers, mais même à le faire
disparaître complètement pendant un certain nombre
de mois ou même d'années, sans aucun procès, il ne
saurait être question de *status* légal, de sécurité personnelle ni de règne de la loi. Pas n'est besoin de dire que
cette façon sommaire d'agir avec les gens accusés d'hostilité au gouvernement fait le plus grand mal au gouvernement lui-même, donnant naissance comme elle

le fait aux racontars les plus étranges quant au nom
bre des gens ainsi arrêtés, provoquant la plus grande
effervescence parmi leurs amis et le désir d'une vengeance immédiate. On pourrait en dire long sur la manière dont des jeunes gens dont la seule faute était
d'avoir lu quelques pamphlets clandestins ont été
poussés à devenir de sérieux criminels politiques par
les persécutions des gendarmes.

Une anecdote de ce genre nous vient précisément à
l'esprit : c'est la triste histoire d'un homme qui dans
la suite s'est rendu notoire dans les annales du mouvement nihiliste, mais que nous avons connu comme
un tout jeune homme nouvellement arrivé de quelque
gouvernement écarté des bords de la Volga et cherchant
à trouver un emploi à Londres. Ce jeune homme s'était
enfui au moment d'être arrêté et pendant des mois entiers
il avait été réduit à mener la vie d'un paysan dépourvu
de passeport. Il est difficile de s'imaginer à quel point
devient insupportable l'existence d'un homme qui se
voit à tout moment exposé à être renvoyé à son premier domicile afin d'y être arrêté et envoyé en exil
administratif. Le crime dont ce jeune homme était
accusé était d'avoir lu et communiqué à ses amis une
sorte de roman didactique dans lequel l'auteur plaignait la condition actuelle des ouvriers anglais et leur
promettait un avenir meilleur le jour où les théories
de Karl Marx seraient adoptées. Nous avons lu cette
histoire, intitulée « Histoire de Trois Frères », tous
trois ouvriers, et nous pouvons assurer ceux qui ne
l'ont pas lue qu'elle est à peu près aussi dangereuse
que le fameux roman socialiste de Bellamy, et qu'elle
l'est beaucoup moins que l' « *Utopia* » de Thomas
More ou la « *Citta del Sole* » de Campanella ; et cepen-

dant cela a suffi pour rendre la vie du jeune homme malheureuse au point qu'il préféra s'exposer à passer la frontière au péril de ses jours. A Londres, et ensuite à Paris, où il trouva de .l'ouvrage dans l'éclairage électrique, il produisit plutôt une impression déprimante sur les émigrants politiques par une certaine timidité d'esprit que ceux-ci lui trouvaient et aussi par des critiques amères dirigées contre les terroristes. Certaines personnes qui appartenaient à la colonie russe de Paris le crurent même une sorte d'espion politique. Nous perdîmes bientôt de vue ce personnage qui jouissait d'une si mauvaise réputation et nous retrouvâmes son nom à quelques années de là parmi ceux qui avaient joué un rôle prépondérant dans l'explosion du Palais d'hiver à Pétersbourg. Quand il mourut, prisonnier dans la forteresse des Saints Pierre et Paul, on raconta de lui quelques autres traits. Il paraît qu'on peut retrouver trace de son passage dans presque chacun des complots politiques qui ont précédé le meurtre d'Alexandre II. Il est permis de se demander qui, sinon la police politique de Russie, est responsable d'avoir suscité un ennemi si dangereux de l'ordre de choses existant?

Il est indubitable que, parmi les raisons qui, dans les masses, créent une hostilité générale à l'égard du gouvernement, le système des gendarmes et des espions politiques tient le premier rang. Ils rendent la vie privée en Russie insupportable en ce sens qu'on n'est jamais certain de ne pas rencontrer dans la société quelque personne trop prête à porter à la connaissance de la police politique votre façon de penser. Les générations nouvelles sont encore plus exposées à ce danger. Il y a des années, alors que le ministre de l'instruction

publique récemment assassiné, Bogolepov, avait été le
collègue de l'auteur à l'Université de Moscou et le recteur
élu de ce corps savant, il raconta un jour à ses collègues,
avec une grande indignation, le fait suivant :   un
étudiant qu'il avait refusé à l'examen de droit romain,
échouant pour la seconde fois, se vit, conformément
aux statuts, obligé de quitter l'Université. Il s'éleva
amèrement contre sa malchance, disant, en présence
de l'examinateur, qu'il allait ainsi perdre l'annuité que
lui servaient les gendarmes. Bogolepov, qui, à cette époque du moins, était demeuré honnête homme, ne fit
aucune attention à ses prières, et les étudiants furent
débarrassés d'un au moins de leurs espions. Il n'est
pas étonnant si, dans ces conditions, nos leçons, sous
la forme que leur donnaient des étudiants échappant à
notre contrôle, passaient aux mains de la police politique et si celle-ci nous entourait de ses agents des
deux sexes à un point qui faisait de notre existence
une sorte de martyre de tous les jours. Le pis, c'est
que les gendarmes ne sauraient vivre sans complot
politique ; s'ils n'en trouvent pas de réel, il faut
qu'ils en inventent ; sans cela ils courent le risque
de voir diminuer leur budget l'année suivante. C'est
pourquoi, comme certains l'ont remarqué, des bruits
alarmants au sujet d'attentats politiques à venir circulent généralement quelques semaines et même quelques
mois avant le renouvellement du budget spécial qui
sert à payer ces gens-là. On ne peut pas dire :
ces messieurs, parce que, ce métier étant mal vu,
seuls, des gens mal famés osent se parer de l'uniforme de gendarme. Je ne parle pas de l'espèce indes-
criptible d'hommes et de femmes recrutés dans toutes
les classes de la société qui échappent aux poursuites

pour des délits de droit commun en s'engageant à
rendre le service bien rémunéré de s'introduire sous
divers prétextes dans la vie privée des personnes qui
ont attiré l'attention de la police politique. Naturellement les supérieurs qui acceptent de tels services ne
peuvent être bien difficiles dans le choix de leurs
agents. Des escrocs, des gredins et des prostituées,
voilà les éléments de ce service, et c'est sur de tels
piliers que, faute de jouir de la sympathie publique,
la bureaucratie russe à chef unique en est réduite à
s'appuyer. La situation paraît de plus en plus semblable à celle de l'oligarchie vénitienne qui, à la veille
de sa chute, chercha son salut dans les inquisiteurs
d'Etat, les sbires et les *confidenti*, et qui ne rougit
pas même d'employer les services d'un scélérat
comme Cagliostro, qui, dans ses dépêches privées, promettait de veiller à la religion et à la morale publique·
quoiqu'il n'eût lui-même ni morale ni religion, et
qui garantissait l'attachement des sujets au gouvernement aristocratique et leur haine des principes
démocratiques français à la veille de la révolution de
Venise. Si l'histoire enseignait ses leçons non seulement aux sociologues mais aussi aux hommes d'Etat
au pouvoir, ceux qui gouvernent la Russie auraient
moins de confiance en leur avenir et se reposeraient
moins sur l'appui compromettant auquel ils ont
recours pour soutenir leur autorité.

Outre les trois grandes réformes accomplies sous le
règne d'Alexandre II, plusieurs autres d'une non moindre
importance sont dignes d'attention. On les mentionnera
ici à seule fin de compléter l'examen général des voies
et moyens par lesquels, après avoir été jadis une aristocratie régnant sur une vaste population asservie, la

Russie est devenue de plus en plus une communauté
démocratique, encore dans les liens d'une bureaucratie
à chef unique, mais déjà lasse de cette dépendance. La
première en importance, sinon en date, est la réforme de l'armée et de la marine, réalisée en 1874 par
l'introduction du service général et obligatoire à l'imitation du modèle prussien, probablement trop connu
pour exiger une plus ample description.

D'après les principales dispositions de la loi, tout
Russe doit servir dans l'armée ou la marine dès qu'il
a atteint sa vingtième année; des exceptions sont faites
principalement pour les familles qui n'ont d'autre soutien que l'homme à appeler sous les drapeaux. Nul
n'est autorisé à se faire remplacer ni à se racheter. Le
nombre d'années que l'on doit rester sous les drapeaux
est de dix-huit dans l'armée et de dix dans la marine.
Là-dessus, cinq années seulement constituent le service actif — cinq dans l'armée et sept dans la marine;
pendant le reste de la période, le soldat ou le marin
est considéré comme appartenant à la réserve. Les
avantages conférés par l'éducation professionnelle apparaissent tout d'abord dans ce fait que les médecins,
les vétérinaires, les pensionnaires de l'Académie des
Beaux-Arts, les personnes envoyées à l'étranger par
une université pour y compléter leur éducation, ainsi
que les professeurs, sont dès le début de la période
considérés comme appartenant à la réserve. On peut
en dire autant des capitaines de navires, des magasi-
niers, des officiers mécaniciens, des mécaniciens, des ti-
moniers et de leurs apprentis. Les autres avantages de
l'instruction consistent dans le droit pour les étudiants
n'ayant pas fini leurs études d'obtenir un sursis jusqu'à
l'âge de vingt-huit ans. Le troisième avantage dont jouis-

sent ces mêmes personnes est de voir leur période de
service actif considérablement réduite. Ceux qui ont
fait des études primaires complètes ne servent pas
plus de quatre ans et ceux qui ont passé par les quatre ou six classes d'un lycée ou école secondaire, doivent servir, les premiers trois ans et les seconds deux
années seulement. Telles sont les grandes lignes de la
loi qui a introduit le service militaire général en
Russie.

Il faut maintenant observer les résultats sociaux
et politiques d'un tel changement. Il se manifeste en
mêlant toutes les classes de la société, en mettant, sinon
l'ancien maître, tout au moins ses descendants, en
contact intime avec la famille du serf libéré, en faisant
pénétrer dans les couches les plus différentes de la
société russe le sentiment de la discipline qui peut
rendre les plus grands services non seulement aux
entreprises militaires, mais aussi à la lutte pour
l'indépendance civile qu'on peut attendre dans un
avenir peu éloigné ; enfin, et ce n'est pas là le résultat
le moins important, en répandant dans les masses igno-
rantes ces idéals européens de liberté, d'égalité devant
la loi et de solidarité sociale dont les diplômés de
l'enseignement supérieur et secondaire sont les agents
conscients ou inconscients. Ce n'est pas par l'effet
d'un pur hasard que, au cours de l'odieuse répression
récente des manifestations pacifiques organisées par
les étudiants et par les ouvriers, la police se fit
appuyer non par des régiments réguliers, mais par les
troupes irrégulières semi-asiatiques connues sous le
nom de Cosaques. Plus l'instruction publique se
généralisera — et la faveur qui est montrée à ceux
qui ont passé leurs examens primaires n'est pas faite

pour la décourager — plus l'armée russe deviendra le
boulevard moins de la bureaucratie que de la nation.

La seconde réforme à mentionner est celle des universités. Cette réforme, quoiqu'elle ne date que de 1863
est déjà devenue une chose du passé. La loi de 1863 a
introduit dans l'enseignement supérieur le système de
l'autonomie et de l'élection. L'auteur, ayant eu l'occasion de passer près de huit années comme professeur
désigné par un libre choix et comme membre du conseil de l'université de Moscou, est à même de parler
sciemment du fonctionnement de ce système. Mais d'a-
bord quelques mots de sa formation. Les universités
russes se composent de plusieurs facultés, à peu près
comme celles que l'on rencontre en Allemagne ou en
France, abstraction faite des facultés de théologie ; ces
dernières constituent des institutions distinctes qui
existent à Pétersbourg, à Troitsk, près de Moscou, et à
Kiev. La théologie est néanmoins enseignée dans ses
grandes lignes aux étudiants de toutes les facultés, qui
ne semblent pas tirer grand profit de cette manière su-
perficielle et plus ou moins oratoire de présenter les
plaintes de l'orthodoxie contre les religions étrangères,
contre les lois de la science et contre les découvertes de
l'histoire comparée des religions.

Les professeurs, comme dans les universités allemandes, appartiennent à trois catégories différentes, les
docentes ordinaires, extraordinaires et privés. Pour
devenir professeur ordinaire il faut prendre trois grades,
ceux de candidat, de maître et de docteur. Le premier
s'obtient par quatre années d'études et par la présentation à l'un des professeurs d'une composition écrite.
L'examen pour l'obtention du grade de maître dans une
branche spéciale exige du candidat au moins deux an-

nées d'études. Après avoir passé un nouvel examen,
cette fois devant la faculté tout entière, le candidat
doit soutenir publiquement une dissertation imprimée
traitant de quelque sujet librement choisi par lui. A
deux nouvelles années d'intervalle, et quelquefois plus,
suit la présentation d'un ouvrage nouvellement publié.
Sans nouvel examen, le candidat est appelé à le soutenir publiquement et si l'ouvrage est approuvé par la
majorité de la faculté, il reçoit le grade le plus élevé,
celui de docteur. Cela n'implique pas qu'il doive devenir aussitôt professeur. Il lui faut d'abord passer par deux
sortes d'élection — celle de la faculté à laquelle il doit
appartenir et celle du conseil de l'université, composé
des professeurs ordinaires et extraordinaires de toutes
les facultés. Choisi deux fois par ces corps électifs, il
ne manque plus au candidat qu'une nomination du
ministre de l'instruction publique pour jouir de tous
les privilèges de sa situation. Ainsi que les professeurs
ordinaires, les professeurs extraordinaires sont choisis
parmi ceux qui possèdent le grade de maître. Le nombre
des professeurs ordinaires dans une faculté étant généralement limité, on voit souvent des docteurs consentir
à être professeurs extraordinaires. Quant aux *docentes*
privés, ils n'ont besoin d'aucun grade spécial autre
que celui de candidat, concurremment avec une attestation établissant leur connaissance spéciale du sujet
qu'ils ont choisi, attestation qu'ils reçoivent soit en
passant l'examen de maître, soit en soutenant publiquement une courte dissertation, après quoi ils doivent
faire deux leçons à titre d'essai ; le sujet de l'une d'elles
est proposé par la faculté, celui de l'autre est librement
choisi par le candidat. Chaque faculté a le droit d'élire
son président ou doyen, et toutes les facultés réunies

dans une séance du conseil de l'université et au scru-
tin secret, élisent un recteur et parfois un vice-recteur pris
dans leur sein. Le personnel subordonné, par exemple
le secrétaire ou l'inspecteur des étudiants, est également
nommé par le conseil. De plus, un tribunal discipli-
naire, devant lequel on appelle les étudiants pour toute
infraction à leurs statuts, se compose de professeurs
désignés par le conseil.

On verra que, dans leurs élections, les professeurs
aux termes du statut de 1863, étaient presque indépendants de toute ingérence de la part des fonctionnaires
du ministère, entre autres du curateur ou officier
placé à la tête de tous les établissements d'instruction
secondaire et primaire des diverses provinces qui forment la sphère de son inspection. Tout le temps que
le statut de 1863 resta en vigueur, l'auteur n'a pas eu
l'occasion de voir le curateur, soit comme étudiant,
soit comme professeur ; une fois seulement ce fonctionnaire vint assister à son cours, alors que l'auteur
n'était que *docens* privé. La raison de cette faveur
spéciale, apprise dans la suite, était une dénonciation ;
il était venu contrôler le caractère de l'enseignement,
et, n'y ayant probablement rien trouvé de particulier,
il n'importuna plus le *docens* de sa présence. Or, cette
indépendance absolue de tout corps, de toutes personnes, sans compter les doyens et les conseils élus
dans le sein de l'université, était une chose tout à fait
inconnue en Russie avant la réforme de 1863. Antérieurement à cette période, le curateur, dont les fonctions dans certaines parties de la Russie, par exemple
à Kharkov, s'unissaient à celle de gouverneur général,
s'immisçait dans toutes les questions concernant la
nomination des professeurs et la manière dont ils

s'acquittaient de leur tâche. Pour montrer les résultats
d'une telle ingérence, — il suffira peut-être de dire que
dans cette même université de Kharkov, à laquelle
Fichte, avait été appelé—quoique sans succès—l'enseignement de la philosophie fut confié, de 1830 à 1833,
à un fonctionnaire de la police, à la requête spéciale
du gouverneur général. Il n'y a pas lieu de s'étonner
si, entre autres réformes immédiates proposées par les
professeurs, ils demandaient à voir briser la chaîne qui
liait le progrès de l'enseignement et de la science aux
préjugés et à l'ignorance crasse de cette espèce de
pachas russes.

Un autre mal, non moins préjudiciable au développement intellectuel du pays, c'était la limitation du
nombre des étudiants par décret officiel. En conséquence, l'université de Moscou, la plus ancienne de
toutes les universités russes, fondée sous le règne
d'Elisabeth, fille de Pierre le Grand, n'était pas autorisée à admettre plus de trois cents étudiants ; et la
même limite avait déjà été imposée aux autres
universités. Le préjudice causé par un tel ordre de
choses était trop évident et avait ainsi attiré l'attention
du gouvernement dès avant le vote de la loi de 1863.
Quand cette loi fut mise en vigueur, les restrictions
concernant le nombre des étudiants devinrent une
chose du passé. La loi de 1863, très libérale, comme
on l'a vu, en ce qui concernait les droits des professeurs,
ne fit rien en vue de créer parmi les étudiants les
corporations qui, pour ainsi dire depuis le moyen-âge,
existent dans les pays d'Europe et plus spécialement
en Allemagne. L'étudiant n'était plus autorisé à
porter d'uniforme et il devait suivre les cours en civil.
Comptable aux autorités universitaires des actes

commis dans l'enceinte de l'école, il lui fallait se soumettre à la police générale pour toute infraction à la loi commise en dehors de cette enceinte.

Telles sont les grandes lignes du système propre aux universités sous le règne d'Alexandre II. Il faut maintenant appeler l'attention sur ses avantages et ses inconvénients. Les universités à cette époque n'étaient pas seulement des écoles d'instruction, mais aussi d'éducation morale. Des relations intimes existaient entre professeurs et étudiants. Ces derniers, généralement, avaient l'occasion d'aller voir leurs maîtres, de leur demander non seulement des renseignements spéciaux, mais cette sorte de direction générale sans laquelle un jeune homme qui vient de quelque coin écarté du pays a tant de peine à acquérir les connaissances encyclopédiques préliminaires nécessaires à qui veut faire des recherches spéciales. La raison de la grande supériorité d'une université sur toute école technique, consiste surtout dans ce fait qu'elle offre à un spécialiste la possibilité de ne pas perdre de vue l'aspect philosophique de la science en général. Il ne faut donc pas s'étonner que les cours de biologie, de psychologie, de sciences économique et politique étaient suivis par une foule d'étudiants dont la spécialité était les mathématiques, la médecine, la philologie ou la jurisprudence. L'histoire, sous ses formes variées, constituant la meilleure préparation à la sociologie, attirait aussi l'attention des étudiants de toutes les facultés et contribuait dans une grande mesure à ouvrir leurs esprits aux questions d'ordre social et politique. La possibilité d'avoir des rapports directs avec les professeurs avait aussi l'avantage d'appeler l'attention de ceux-ci sur les besoins matériels et moraux de leurs élèves. Des cours publics

faits généralement sur quelques questions du moment
et au profit des étudiants pauvres permettaient la
solution pacifique de quelques problèmes de morale
ou de politique et la réunion des fonds nécessaires à
payer les inscriptions des étudiants pauvres. A l'occasion de quelque effervescence passagère, causée par
un grief imaginaire ou réel, un professeur populaire
jouait souvent le rôle d'arbitre et de conseiller, oubliant
les invectives personnelles comme venant de jeunes
gens insuffisamment informés ou incapables de garder
leur sang-froid, et s'exposant volontiers à perdre la
confiance du gouvernement en protégeant ses élèves
contre toute insinuation d'un complot imaginaire.

Si l'autonomie universitaire avait l'avantage de
constituer une sorte de lien de famille entre la génération précédente et la génération nouvelle, les gradués
et les débutants, les professeurs et les étudiants, elle
avait également le pouvoir d'élever le niveau moral de
ceux appelés à être non seulement les instructeurs,
mais les éducateurs de futurs citoyens. Ayant un traitement fixe et ne recevant pas d'honoraires des étudiants,
le professeur n'avait pas d'intérêt matériel à augmenter son auditoire au détriment de quelque collègue,
comme cela se produit malheureusement trop souvent
aujourd'hui que les étudiants sont astreints par la loi
à suivre un certain minimum de cours, payant pour
chacun d'eux une somme déterminée. Considéré
comme le guide moral des jeunes gens confiés à ses
soins, le professeur était naturellement l'homme à
qui les familles dont les fils étudiaient à l'université
avaient recours pour donner des indications utiles et
de bons conseils. Dans une ville comme Moscou où
les hauts fonctionnaires et les courtisans sont en petit

nombre, vu que l'Empereur et le Grand-Duc résident généralement à Pétersbourg, un corps autonome de savants et de lettrés, élus par voie de coopération, devenait forcément une sorte de centre intellectuel, auquel la presse quotidienne, les revues mensuelles, les cercles et les salons se plaisaient à emprunter leurs opinions directrices. Il n'est pas étonnant que toutes les classes de la société aient souhaité à l'envi d'être représentées dans ce corps par un de leurs membres. On trouve encore parmi les professeurs russes des comtes et des princes qui, ayant choisi la carrière littéraire, regardaient comme un grand honneur d'occuper une chaire ou même de faire des cours comme *docentes* privés. Ainsi, par exemple, deux frères du maréchal de la noblesse de Moscou, appartenant à l'une des plus grandes familles de la Russie, les princes Troubezkoï — sont, l'un professeur de philosophie à Moscou, l'autre professeur d'encyclopédie juridique à Kiev. A côté de ces hommes on trouvera, dans la même faculté, des fils de paysans, de prêtres et de commerçants.

C'est l'avantage d'appartenir à une famille autonome d'hommes de science qui a donné à la jeune génération de nos classes riches le désir de rivaliser avec des savants jouissant d'une moindre indépendance matérielle dans la tâche d'instruire leurs concitoyens. Si quelques-uns d'entre eux restent encore au nombre des professeurs, il ne faut pas oublier qu'ils ont commencé leur carrière du temps du self-government universitaire. Or, ce mélange de tous les rangs de la société dans la direction de l'enseignement public a le grand mérite d'éliminer, dans le traitement des

problèmes moraux, sociaux et politiques, la partialité;
le sentiment de classe. Évidemment beaucoup des hommes qui se vouaient à l'œuvre de l'éducation étaient dans
l'impossibilité de se défaire de tous les préjugés de famille et de milieu qu'ils avaient hérités, mais l'université dans son ensemble, où ces préjugés appelaient des
critiques sérieuses de la part des collègues, prenait de
plus en plus le caractère d'un corps planant au-dessus
de tous ces intérêts mesquins et n'exprimant que les
vues d'une science impartiale et d'un patriotisme
éclairé. Des années qu'il a passées à l'université de
Moscou, l'auteur garde le souvenir d'une société
d'hommes bien élevés et courtois, qui, quoique opposés
à beaucoup de ses idées, ne montrèrent jamais la
moindre amertume désobligeante dans leurs critiques.

Naturellement un des sujets de désaccord était le
choix, comme candidats à des postes de professeurs,
de jeunes gradués. D'après les statuts et les usages des
universités, chaque professeur avait le droit de proposer à la faculté un ou plusieurs de ceux qui avaient
passé leurs examens, et, la faculté ayant donné son
acquiescement à ce choix, le jeune homme obtenait une
bourse pour une durée de deux années au moins
durant lesquelles il pouvait préparer son examen.
C'était moins le choix de ces jeunes gens que leur
introduction ultérieure dans la corporation comme
professeurs qui, très souvent, produisait une réelle
dissension entre les membres de la même faculté. Il
régnait cette opinion que, une fois désignés pour une
bourse, les gradués devaient être pris à la remorque
par les professeurs qui les avaient proposés et préfé-

rés dans toute nomination à tout étudiant venant d'une autre université. Or, l'auteur regarde cela comme une grave erreur, dont l'effet est de remplir les chaires non des hommes les plus capables, mais de gens dont le seul mérite est de jurer par le maître qui leur a donné le poste. Evidemment, ceux qui étaient partisans de cette pratique pouvaient objecter qu'une véritable école ne peut être créée que par une génération d'hommes élaborant les mêmes idées maîtresses. Mais, l'université étant à mon sens une sorte de miroir où se reflètent les diverses écoles, il semblerait, par conséquent, y avoir un grand avantage à y amener des forces nouvelles venant du dehors. On pense bien, que dans les discussions de l'université, le patriotisme local et le cosmopolitisme scientifique se trouvaient régulièrement en présence et très souvent avaient l'occasion de se livrer bataille. Si l'on dit tout cela, c'est pour montrer la réelle importance de contrôler dans une certaine mesure les nominations de la faculté, non seulement par celles du Conseil général de l'Université, comme c'était de règle au temps passé, mais aussi par le plan plus efficace qui consiste à créer une compétition effective entre tous ceux ayant des titres à occuper une chaire quand celle-ci devient vacante. Comme arbitres il devrait y avoir tous les professeurs et hommes de science qui s'occupent de la même partie. Ils pourraient donner leur opinion sur les mérites des candidats, sinon en personne, du moins par écrit. Une telle procédure n'était nullement contraire au système adopté par la loi de 1863 ; seulement elle n'a pas été appliquée ; et on ne voit pas bien pourquoi, dans l'éventualité d'un retour à l'ancien régime, l'essai ne pourrait en être fait.

L'autonomie des universités, c'était l'affranchissement de la pensée publique de toute direction autre que celle de la science et d'une philosophie scientifique. C'est là la raison pour laquelle une réaction triomphante n'a pu supporter que les corps universitaires autonomes continuassent à exister. A un moment où les idées maîtresses de la période de réformes devenaient suspectes en Russie, les professeurs continuaient, comme par le passé, à les exprimer ouvertement dans leurs cours. L'antithèse était trop accusée pour ne pas être traitée de scandaleuse. Afin de persuader le nouvel empereur Alexandre III de la nécessité de supprimer l'autonomie universitaire, les soi-disant sauveurs de la Russie dénoncèrent individuellement des professeurs comme complotant contre l'autocratie. Les révocations commencèrent ; la plupart de ceux qui durent démissionner ne sont pas encore fixés sur la nature de leur faute. Fouillant leur passé, ils n'ont pu trouver autre chose que la franche expression d'idées parfaitement conformes à celles qui avaient produit l'émancipation des serfs, les essais heureux de self-government local, l'affranchissement de la science et de la presse du contrôle administratif, l'introduction du principe de l'égalité devant la loi et dans les fonctions publiques, etc. Cet ostracisme, naturellement, n'avait d'autre fin que de montrer la nécessité d'établir un contrôle plus sévère sur l'enseignement des professeurs et l'administration intérieure de l'université. Il n'y a guère lieu de s'étonner que la loi de 1884 ait supprimé le système électif et ait fait passer la nomination des professeurs, du recteur et des doyens des facultés aux mains du ministre de l'instruc-

tion publique et celle des *docentes* privés aux mains du
curateur. Les professeurs voyaient en même temps leur
traitement considérablement augmenté, les étudiants
étant astreints à payer le double de ce qu'ils payaient
autrefois et à rémunérer les professeurs selon le nombre de cours qu'ils suivaient chaque semaine. L'autorité
du recteur et des doyens nommés était augmentée au
détriment de celle du conseil de l'université et des
conseils des facultés. Les étudiants eurent à se soumettre à un inspecteur nommé ; ses subordonnés, y
compris de vulgaires domestiques, étaient requis de
dénoncer ceux dont l'assiduité aux cours laissait à
désirer. En même temps les professeurs recevaient une
sorte d'injonction écrite d'enseigner le droit public, par
exemple, dans un sens favorable à l'autocratie et hostile au gouvernement représentatif. Ceux qui critiquè-
rent de telles injonctions furent invités à démissionner,
et, en cas de refus, ils furent révoqués sur-le-champ.
Le pis fut l'effet terrorisant qu'une telle façon de traiter
des hommes de science récemment indépendants produisit sur leurs collègues. Pensant que toutes les théories n'étaient bonnes qu'à leur amener des ennuis,
beaucoup d'entre eux éliminèrent soigneusement de
leurs leçons tout ce qui n'était pas pure énonciation de
faits ; et, pour calmer les soupçons du gouvernement, ils
imprimèrent d'innocents manuels, dont la lecture faite
dans leur chaire devint désormais leur principale occupation. Comme c'était inévitable, ils comptèrent bientôt
leurs auditeurs non plus par centaines mais par dizaines
et même moins. Mais comme les étudiants demandaient
généralement à leur maîtres quelque chose de plus que
des faits, ils se mirent à chercher eux même des théories,
lisant, ou plutôt dévorant les pamphlets socialistes

allemands traduits en russe qui circulaient librement
dans le vaste empire du czar parce qu'ils n'attaquaient
pas ouvertement sa politique intérieure. Ainsi,
en persécutant toute franche expression d'opinions personnelles, si ces opinions n'étaient pas conformes à
celles de la bureaucratie dirigeante, le gouvernement a
discrédité les professeurs aux yeux de leurs élèves et
a poussé ceux-ci à repaître leurs esprits de théories
dont l'application pratique, dans les conditions existantes, ne pourrait que créer une agitation plus ou moins
grave dans la classe ouvrière et unir ses efforts à ceux
des étudiants. Remarquez que la loi défend à ces derniers de s'organiser en corporation. Se trouvant ainsi
empêchés de s'occuper de leurs propres intérêts, ils
n'avaient d'autre choix que d'appliquer les théories
qu'ils avaient empruntées à l'étranger à la masse encore informe des ouvriers, émigrants fraîchement
arrivés de leur village. Il semble n'y avoir pas grand
mal dans cette organisation des forces en vue d'une
future lutte sociale par des hommes évidemment mieux
informés que la majorité des démagogues ordinaires,
mais on ne voit pas qu'un tel résultat soit désirable
pour le gouvernement, ou que l'abandon des études
scientifiques pour l'œuvre de la propagande puisse
être profitable dans la formation de futurs citoyens et
de futurs directeurs de l'opinion publique. En tout
cas, des événements récents ont bien prouvé, tout
d'abord, l'échec total du gouvernement qui n'a pu
empêcher la diffusion des idées libérales en annihilant
toute influence morale de la part des professeurs ;
deuxièmement, l'installation fatale, en lieu et place de
leur direction, d'une autorité anonyme, qui n'est autre
que celle d'une opinion publique européenne bornée et

partiale ; troisièmemènt, et ce n'est pas le résultat le moins grave, la bonne entente déjà existante
entre les couches inférieures de la société russe avec
les étudiants qui deviennent de plus en plus les chefs
d'un mouvement où la bureaucratie russe n'a vraisemblablement rien à gagner.

Une expérience récente rend évident aux yeux de
tous ceux qui ne préfèrent rester aveugles, qu'il ne faut
pas attendre de résultat plus heureux de la campagne
menée contre une presse libérale — campagne qui
marque le règne d'Alexandre III et contredit si absolument les heureux débuts de celui de son prédécesseur. La loi de 1865, bien qu'elle fût une copie du
statut impérial français amèrement attaqué concernant
la publication des livres et des périodiques, marquait
une avance considérable sur celles qui l'avaient précédée et devient aujourd'hui un *prium desideratum* pour
l'avenir immédiat. Son principal objet était de réduire,
sinon d'éliminer, le contrôle administratif, en faveur
du contrôle judiciaire. Les journaux quotidiens, qui,
antérieurement à cette loi étaient soumis à la censure,
obtinrent l'autorisation de paraître librement, mais à
condition que leurs gérants et leurs rédacteurs fussent
responsables devant les tribunaux des délits privés et
publics commis dans leurs pages. Ne voulant pas perdre
toute influence sur la direction des journaux quotidiens,
le gouvernement se réfugia dans le système des avertissements. Après trois avertissements le journal n'était
pas supprimé, mais il ne pouvait plus paraître sans
passer sous les yeux du censeur. Quant aux livres, les
œuvres originales échappaient à la censure si elles ne
comprenaient pas moins de dix feuilles et les traduc-
tions si elles comprenaient le double de ce nombre. .

Sous Alexandre III, la loi de 1865, quoique maintenue en théorie, avait été abolie en pratique, en ce sens
qu'une commission composée des ministres de l'intérieur, de l'instruction publique et de la justice, ainsi
que du procureur du Saint-Synode, était autorisée à se
prononcer en faveur de la suppression ou suspension
immédiate de certains périodiques, à cause de leurs
prétendues « tendances pernicieuses » — expression
vague, par laquelle les ministres en question entendent
généralement une critique sans ménagement de leur
propre administration. L'homme responsable de cette
initiative — sous la forme, bien entendu, non d'une
loi discutée et votée par le Conseil d'Etat, mais de
mesures soi-disant provisoires présentées directement
à la confirmation de l'empereur — fut le ministre de
l'intérieur, le comte Dimitri Tolstoï. Il comptait avoir
recours à ce moyen presque exclusivement pour réprimer les demandes constitutionnelles. L'auteur a reçu
tout récemment les confidences d'un homme qui,
n'ayant pas réussi à se faire un nom dans la littérature
ni dans l'érudition, n'avait pas dédaigné le poste de
censeur à Pétersbourg. Tout en s'élevant avec énergie
contre l'abus qui a été récemment fait du droit de
contrôler l'opinion publique par des réglements de
police, il faisait un grand éloge des sentiments patriotiques qui, selon lui, animaient le comte Tolstoï. En
parlant à ses inférieurs, il avait bien soin de leur
conseiller de ne pas abuser du droit presque illimité
qui leur était accordé en ce qui concernait la pensée
russe. « Aujourd'hui, continua mon censeur pénitent,
les abus les plus criants sont commis journellement
dans le contrôle de la presse ; non seulement les
réglements provisoires sont appliqués indistinctement

pour supprimer des périodiques qui, comme *Le Nou-
veau-Monde*, n'ont pas publié un article contre l'autocratie tout en critiquant la machine administrative
entière, mais le ministre de l'intérieur, Goremikine,
et l'exécuteur de ces sentences arbitraires contre la
presse, le chef de la censure, Soloviev, ont inauguré
une nouvelle méthode de tenir les directeurs de journaux en s'attaquant directement à leurs intérêts matériels. C'est ainsi qu'ils suspendaient un journal pour
plusieurs mois, précisément au moment où allaient se
faire de nouveaux abonnements, ou qu'ils interdisaient
au journal poursuivi d'accepter des annonces. Le chef
de la censure déclarait ouvertement qu'il voulait forcer
tous les journaux existants, à l'exception naturellement
des journaux officiels ou semi-officiels, à paraître après
avoir subi la censure de ses subordonnés. Il alla même
plus loin, en prenant sur lui de recommander aux ac-
tionnaires d'un journal d'en changer le directeur et de
leur imposer son candidat à lui. Il faut ajouter que,
heureusement pour la sauvegarde de quelque sentiment de la légalité, le ministre et le censeur principal
ont été tous deux forcés de démissionner ; et quoique
la surveillance de la presse demeure aussi rigoureuse
que par le passé, du moins n'a-t-elle plus ce faux air
paternel qui lui était familier il y a un an.

Il existe divers genres de censure en Russie — une
censure spéciale pour tous les comptes-rendus des faits
et gestes de l'empereur; une censure ecclésiastique
pour tous les livres et articles concernant l'interprétation des Saintes Écritures, les dogmes de la religion et
même l'histoire ecclésiastique. Cette censure est exercée par le Saint Synode. De plus, il faut mentionner la
censure des théâtres et une censure spéciale pour les

livres, revues et journaux étrangers. Dès que vous passez la frontière russe, vous vous voyez dépouiller de vos livres et de vos papiers sous l'œil vigilant d'un gendarme; on vous les rend au bout de plusieurs semaines après qu'ils ont été examinés par un censeur ; ils ne vous reviennent pas toujours intacts, mais en partie couverts d'encre noire, genre d'opération que certains publicistes français comparent au fait de mettre du caviar sur votre pain. Si maintenant nous demandons quels services le gouvernement retire d'un si méticuleux endiguement, pour ainsi dire, de la pensée russe, nous nous trouvons bien embarrassés pour répondre. Il n'a pas empêché la diffusion des théories les plus avancées, soit en religion soit en politique. D'autre part ce système est directement responsable de la mise en circulation dans le public des bruits les plus étranges et les plus compromettants touchant les actions et les intentions de la cour et des sphères gouvernementales. Le ministre de l'intérieur peut bien interdire, par une circulaire, par exemple, de parler d'aucune espèce de troubles universitaires, mais le seul résultat en est que personne ne croit la communication officielle et que l'imagination populaire porte à des milliers le nombre forcément limité des victimes des abus commis par la police et par les Cosaques. D'un autre côté, les puissances étrangères, ainsi que la presse étrangère, rendent le gouvernement responsable de toute assertion faite par les journaux russes. Comment pourraient-elles ne pas le faire, sachant qu'en Russie la liberté de la presse n'existe pas ? Le fait suivant, tout récent, peut être cité comme exemple. Le correspondant parisien d'un journal russe bien connu, la *Novoie Vremia*, exprimait il y a quelques mois son

manque de confiance dans le ministre de la **guerre**
français, le général André. Aussitôt les journaux
français publient des articles disant que la bonne
alliée de la République n'avait pas le droit de s'ingé-
rer dans l'administration du pays. Une correspondance
diplomatique suivit, le gouvernement russe dut prendre des mesures contre le journal en question et, malgré
tout, au fond de la croyance populaire française péné-
tra le soupçon ridicule que la Russie impériale ne
verrait pas d'un mauvais œil un coup d'Etat militaire
en faveur d'un Bonaparte qui sert dans les rangs de
sa propre armée.

On est porté à croire que le gouvernement russe
pourrait se passer du secours de la censure, attendu
qu'il a toujours entre les mains le pouvoir de poursuivre les rédacteurs et directeurs qui ont enfreint la
loi par des attaques visant les institutions du pays, la
religion, la morale publique et la réputation personnelle. Telle semble aussi avoir été l'idée qu'avaient les
auteurs de la loi de 1865. Tout en déclarant que le
gouvernement pouvait intercepter tout livre ou journal
déjà publié, ils ont imposé une limite à son pouvoir en
disant qu'une telle interception ne pouvait avoir lieu
qu'au cas où l'auteur et l'éditeur incriminés seraient
en même temps cités devant les tribunaux. Ce n'est
qu'en 1872, que les autorités s'abstinrent de poursuivre l'auteur d'écrits incriminés. Cela leur déliait les
mains et leur permettait de supprimer tout livre ou
toute revue mensuelle qu'ils jugeaient dangereux même
après qu'il s'était écoulé des mois et des années à partir
du moment de sa publication.

Outre les mesures préventives et judiciaires contre
la presse, la loi permet aussi les mesures adminis-

tratives. Les propriétaires d'imprimeries ne peuvent se livrer à leurs travaux sans la permission préalable des gouverneurs généraux et autres fonctionnaires administratifs du même genre, qui peuvent refuser l'autorisation sans expliquer la raison de leur conduite. Un père ne peut transmettre en héritage à son fils une imprimerie sans que le fils reçoive une semblable autorisation. Des agents spéciaux doivent contrôler les imprimeries, les lithographies et les fonderies de caractères ; et cela afin qu'aucun livre, qu'aucun journal ne puisse paraître à l'insu du gouvernement. L'acquisition non seulement de caractères, mais même d'une machine à écrire n'est pas permise sans autorisation préalable. Tout cela n'empêche pas l'existence d'une presse clandestine et la publication de manifestes politiques dans les cas d'effervescence publique. Les traités moraux et religieux de Léon Tolstoï, le grand vieillard récemment excommunié, que l'on n'a pas permis d'imprimer, circulent dans le pays à un grand nombre d'exemplaires tirés au polycopie. Tant l'espérance d'empêcher la diffusion des idées par des règlements de police est illusoire !

On doute également de l'efficacité des prescriptions qui interdisent aux bibliothèques de prêter et aux cabinets de lecture de communiquer au public des livres et des périodiques qui, quoique publiés avec le consentement des censeurs, sont pourtant regardés comme dangereux. Un nouvel *index librorum prohibitorum* est publié de temps en temps, et cette tâche, qui consiste à purger l'esprit russe des idées mauvaises, est quelquefois accomplie de façon assez stupide pour comprendre parmi les livres proscrits le grand ouvrage d'Adam Smith sur la « Richesse des Nations ».

Il est regrettable que parmi les grandes réformes qui
ont été réalisées sous le règne d'Alexandre II et qui
sont pour la plupart tombées à néant sous ses successeurs, on ne trouve presque rien dans le sens d'étendre
la liberté de la pensée religieuse. On peut dire que les
grandes lignes du système de tolérance dont bénéficient
en Russie non seulement les églises chrétiennes, mais
aussi l'hébraïsme, le mahométisme, le bouddhisme et
même des formes grossières d'idolâtrie païenne, avaient
déjà été tracées par Catherine II. C'est sous cette
impératrice, philosophe et bonne politique, que l'on
promit de reconnaître également catholiques, luthériens et protestants, très souvent dans les mêmes actes
par lesquels la Russie proclamait l'annexion de
certaines parties de l'ancienne république de Pologne.
Nous pourrions même aller un peu plus loin et déclarer
que le respect des croyances étrangères avait toujours
fait partie de la politique de tous les conquérants
russes vis-à-vis des populations païennes et mahomé-
tanes subjuguées, des bords de la Volga à ceux de
l'Amour. Mais ce respect n'allait pas plus loin que la
tolérance de leurs croyances, accompagnée parfois de
la stricte obligation pour les vaincus de vivre dans les
limites d'un certain territoire, soit leur ancien séjour,
soit une nouvelle concession territoriale faite par le
gouvernement.

Cette dernière règle est aussi appliquée aux juifs, à
l'exception de ceux qui vivaient sous la domination des
Tatars de Crimée et qui sont connus sous le nom de
Karaïms et se distinguaient des autres Hébreux en ne
reconnaissant pas l'autorité des rabbins. Des préjugés
séculaires ont empêché l'établissement en masse des
juifs dans les limites de l'ancienne Moscovie, tandis

qu'ils constituaient à eux seuls presque tout le tiers-
état en Pologne. C'est là l'origine historique de cette
limitation de leur extension territoriale presque
uniquement aux provinces qui avaient fait partie de la
Pologne. Et ce qui prouve qu'une telle mesure est
prise contre eux à cause de leur croyance, c'est que,
en changeant de religion, en acceptant l'orthodoxie,
par exemple, ils sont affranchis de ces restrictions.
Dans les limites du territoire où il leur est permis
d'habiter, ils ne peuvent s'établir d'une façon permanente que dans les villes et bourgs — sous aucun
prétexte dans les villages. Cela offre aux autorités
l'occasion d'abus constants. Moyennant des pots-de-vin
donnés à la police, les juifs obtiennent soit la prolon-
gation de leur résidence temporaire, soit une extension
plus indirecte de leur sphère d'action par l'érection
d'un nombre plus ou moins considérable de villages
au rang de bourgs. Même sur l'étendue du territoire
où ils jouissent de la résidence permanente, les juifs,
fidèles à leur religion, sont privés de certains droits
naturels, tels que celui d'avoir des domestiques chrétiens ou celui de prendre à bail des terres et des
manufactures. Cette dernière mesure tourne très
souvent au détriment des propriétaires chrétiens. Dans
toute l'étendue de la Russie, les juifs sont régulièrement placés à la tête des distilleries; quelques-uns,
tout en les tenant à bail *de facto,* sont considérés par
la loi comme de simples gérants; ils profitent de leur
position équivoque pour rendre le propriétaire responsable devant les tribunaux des actes commis par eux
comme locataires, tels qu'acheter du grain sans le
payer. Le propriétaire est également responsable des
infractions aux règlements qui régissent la distillation

Ainsi la loi tourne contre ceux qu'elle voulait protéger.

Il y a, bien entendu, de nombreuses exceptions faites à la mesure qui empêche les juifs de s'établir dans les deux capitales et dans la plus grande partie des provinces foncièrement russes. Ceux qui ont obtenu leurs grades dans les universités, ceux qui y ont été acceptés comme étudiants, et ceux qui occupent une fonction ou ont acquis un *tchine* ou rang dans la hiérarchie administrative, et enfin ceux qui exercent quelque profession libérale, telle que celle d'avocat ou de médecin, peuvent résider n'importe où. Mais d'un autre côté, la loi a fait, et essaie encore de faire, tout ce qu'elle peut pour limiter le nombre de ceux qui peuvent obtenir des exemptions en prenant des grades universitaires. Ainsi, dans tout l'enseignement supérieur, le nombre des juifs admis comme étudiants ne doit pas dépasser trois pour cent du nombre total. L'impudence du gouvernement a été jusqu'à demander des donations aux riches juifs pour des établissements d'instruction publique dans lesquels leurs coreligionnaires étaient considérés comme des parias et des intrus. Le plus étonnant c'est que ces demandes ont été écoutées, tant est grande la servilité de notre tiers-état vis-à-vis de ceux à qui il plaît de maintenir des tarifs élevés sur les marchandises étrangères afin d'enrichir encore les riches. On s'étonne moins de la persécution des juifs dans l'enseignement supérieur russe, quand on apprend que ce système du pourcentage est également appliqué aux Polonais en dehors de la Pologne ; ils ne peuvent dépasser plus de dix pour cent du nombre des étudiants dans les universités russes. Le gouvernement s'est pris d'une si belle passion pour ce système de pourcentage qu'il compte encore l'appliquer pour dimi-

nuer le nombre des juifs parmi les avocats. Et remarquez que cette tendance, qui vient à l'appui de tous
les préjugés populaires contre les juifs, est absolument
contraire aux sympathies éprouvées à l'égard des juifs
exerçant des professions libérales par l'élite de nos
savants et de nos lettrés — très souvent même contraire
aux vœux de la classe marchande de l'ancienne capitale, qui a prié le gouvernement de ne pas expulser
les juifs, vu qu'ils rendaient des services considérables
à son commerce comme agents secondaires.

La tolérance accordée aux juifs dans des limites très
restreintes s'étend à toutes les religions qui ne contiennent aucune attaque directe contre la morale
publique. Cette dernière restriction vise, par exemple
des sectes comme les Skopzi, qui se mutilent, ou cette
sectes extraordinaire, dont on a tant parlé l'année dernière, et dont les membres, attendant la fin du
monde prochaine, s'enterrent vivants. Il est bien
entendu qu'on ne peut reconnaître la religion de
semblables fanatiques, mais il est à craindre que, sous
prétexte de maintenir un niveau moral élevé, le gouvernement ne persécute les sectes avancées du
protestantisme, comme les Stoundistes. En écrivant
ce chapitre l'auteur avait sous les yeux le dernier
numéro d'une gazette russe où se lisait ceci : « Une
des sections judiciaires du Sénat, notre cour de cassation, dut se prononcer au mois de mai dernier sur
l'application d'un récent décret du comité des ministres.
Aux termes de ce décret le droit d'avoir des lieux
affectés au culte, droit accordé à tous les dissidents, ne
devait pas être reconnu aux Stoundistes. Le Sénat est
d'avis que, avant d'appliquer cette règle générale, les
tribunaux doivent s'enquérir si les personnes pour-

suivies sont réellement coupables de ne pas reconnaître les sacrements, les pouvoirs civils et l'obligation de
servir dans l'armée et de prêter serment de fidélité et
si elles professent généralement des opinions contraires
à l'Eglise orthodoxe et à l'organisation politique de la
Russie. »

Il est difficile de déterminer ce qui stupéfie le plus
dans cette décision : le fait de mettre pêle-mêle la
non-croyance aux saints sacrements avec le refus
d'accomplir le service militaire, ou ce fait que le Sénat
ne veut pas admettre *a priori* qu'il suffit d'être réputé
stoundiste pour devenir un paria en ce qui concerne
la liberté de pratiquer un culte religieux. L'auteur,
pour sa part, attache plus d'importance à ce dernier,
et y trouve la confirmation de la crainte exprimée
plus haut. Ceux qui gouvernent la Russie veulent
reconnaître comme immoral tout ce qui menace le
maintien de l'ordre existant, et le refus de tuer au
combat ou de prêter serment passe à leurs yeux pour
quelque chose d'identique à la négation de l'Evangile.

Tolérer une religion n'est pas permettre sa libre
propagande, et, en cette affaire, la loi russe est très
exclusive. Le clergé orthodoxe, et non la laïcité, a seul
autorité pour convertir les fidèles des autres religions
à la sienne par la prédication. Abandonner l'orthodoxie n'est pas directement considéré comme un crime,
mais a ses mauvais effets sur la condition sociale et
civile de l'intéressé. Le code criminel russe déclare que
du moment où un homme a été reconnu comme
reniant les préceptes de l'orthodoxie, il doit être envoyé
au clergé qui lui conseille de revenir à son ancienne
foi. Jusqu'alors il ne jouit pas des droits de l'ordre
social auquel il appartient et des mesures sont prises

pour l'empêcher d'influencer ses enfants et de les amener à rompre avec l'orthodoxie. Un pire destin
attend ceux qui l'ont détourné de la bonne
voie ; ils peuvent être envoyés résider en Sibérie
et même condamnés aux travaux forcés dans cette
contrée au cas où ils ont induit quelqu'un à abandonner le christianisme (article 184 et 187 du Code
pénal). Une récente application de ces règles au cas
du comte Léon Tolstoï explique pourquoi le clergé a
jugé nécessaire de lui adresser un avertissement et
pourquoi dans sa réponse il a tant insisté sur ce fait
qu'il n'avait essayé de convertir personne à ses propres opinions religieuses. En France beaucoup s'éton-
nèrent de l'indulgence du gouvernement à son égard.
Outre sa grande renommée, qui lui tient lieu d'arme
contre toutes les poursuites administratives, la loi pré-
citée explique à elle seule l'absence de toute pénalité
régulière. La peine menace ceux qui se convertissent,
et non ceux qui sont convertis.

Le même privilège dont jouit l'orthodoxie en ce qui
concerne la propagande religieuse, apparaît également
dans cette règle que les enfants issus de mariages mixtes, où l'un des deux époux est orthodoxe, doivent
nécessairement être orthodoxes. Aucune exception
n'est faite en faveur d'une autre religion que celle des
Luthériens et cela en ce qui concerne la Finlande
seule.

Par ce qui a été dit on verra que la Russie ne possède ni l'*habeas corpus* au sens anglo-américain ni le
droit de libre réunion ou de pétition collective ; ce
dernier, avec une exception en faveur des assemblées
des nobles, qui jouissent du droit d'adresser des demandes écrites à l'empereur, pourvu, bien entendu, que

ces demandes ne contiennent rien de contraire aux lois
fondamentales de l'empire. Des événements récents
ont clairément établi ce fait que, en Russie, les hommes et même les femmes du meilleur monde ne sont
pas à l'abri des attaques les plus brutales de la part
de la police et des Cosaques, s'ils veulent manifester
leur sympathie à l'égard d'étudiants poursuivis, même
d'une façon calme et paisible. Il est aussi évident pour
quiconque a lu l'humble pétition au czar, attribuée au
professeur Miloukov, et a appris que pour cet acte seul
le professeur a été emprisonné, que le droit de pétition
n'existe pas en Russie. Si l'on ajoute à l'absence de
liberté personnelle la situation intolérable faite à la
presse, la pratique d'ouvrir les correspondances privées et de contrôler le choix des livres et des journaux
que l'on désire lire, et enfin les difficultés suscitées à
la propagande naturelle faite par tout homme sincèrement attaché à ses croyances, on verra que la bureaucratie à chef unique a privé le peuple non seulement
de ses droits politiques, mais aussi de la jouissance de
cette somme de liberté qui a été accordée aux Anglais
par la Grande Charte elle-même et dont les Améri-
cains jouissaient des années avant l'établissement de
leur grande fédération. Or, selon l'opinion de l'auteur,
un gouvernement est jugé non seulement par le bien-
être matériel du peuple qu'il gouverne, mais aussi par
son bien-être moral. Ceux qui ont fait à l'auteur
l'honneur de lire le traité qu'il a écrit en français sur
le régime économique de la Russie ont pu arriver à
cette conclusion que la condition de la majorité des
paysans et des ouvriers est loin d'être satisfaisante,
que la noblesse territoriale est à demi ruinée et que la
seule classe florissante est un petit nombre de pro-

priétaires de manufactures et de gros marchands, enrichis par des tarifs protecteurs élevés. On ne peut attendre, d'autre part, que ceux qui ont eu la patience de lire ces chapitres aient été très frappés de la grande participation du peuple à la gestion des affaires publiques ni de l'exercice illimité des droits « de l'homme » de la part des sujets russes. La conclusion naturelle est que les Russes vivent dans une période que Shakespeare a défini en disant : « Ce temps est disloqué ». On ne serait pas étonné d'apprendre dans quelques années que beaucoup des institutions et des lois traitées dans ces chapitres sont tombées en désuétude et que la Russie est revenue à la politique des réformes prudentes mais intégrales qui lui a si bien réussi au temps d'Alexandre Ier et d'Alexandre II.

CHAPITRE X

SITUATION PASSÉE ET PRÉSENTE DE LA POLOGNE DANS L'EMPIRE RUSSE.

Dans les chapitres précédents, l'auteur a essayé de donner une idée générale de la situation politique et sociale de la majorité des provinces qui forment l'empire russe. L'objet en vue était d'expliquer les droits et les devoirs d'un sujet russe, expression technique employée pour désigner ce que, dans les pays qui jouissent d'une plus grande liberté que la Russie, l'on connaît sous le nom de citoyen. Mais certaines parties de l'empire ont des avantages et des désavantages spéciaux provenant soit de la reconnaissance d'anciens droits ou du châtiment de certaines injures politiques dont la Russie eut à se plaindre il y a quelque quarante ans et qui sont encore considérées comme méritant une punition spéciale. Quelques-uns de ces privilèges, qui peuvent être qualifiés de l'adjectif latin *odiosa*, ont leur origine dans ce fait qu'un assez grand nombre d'Etats indépendants sont venus, par les hasards de la guerre et par des combinaisons politiques, à faire partie de l'empire. Dès le temps du czar Alexis, père de Pierre le Grand, bon nombre de provinces

avaient été détachées du royaume de Pologne, après
une révolte victorieuse des Cosaques, conduits par
leur chef électif ou *hetman*, Bogdane Tchmelnizky.
Après avoir essayé d'établir un État semi-indépendant
sous la suzeraineté nominale de l'empire ottoman,
Tchmelnizky tourna les yeux vers la Russie. La communauté de religion et l'intervention du clergé orthodoxe contribuèrent dans une grande mesure à l'union
des deux Russies, la Petite et la Grande, mais ni
Tchmelnizky ni ceux qui, après sa mort, obtinrent la
direction suprême des provinces qui jadis avaient
appartenu à la Pologne, ne songèrent jamais à abandonner leur entière indépendance politique. Dans le
traité conclu avec les ambassadeurs moscovites à Per-
ciaslav, en l'année 1653, l'empereur Alexis, selon les
mémoires contemporains d'un certain Zorka, par l'intermédiaire des *boiars*, envoyés comme ambassadeurs,
s'engagea non seulement à protéger la Petite Russie à
l'aide de l'armée cosaque toute entière, mais aussi à
maintenir ses anciennes lois et ses anciens privilèges (1). Dans le texte de la charte octroyée à Bogdane
et à toute l'armée des Cosaques par le czar Alexis, il est
dit que selon la demande faite par eux de voir leurs
droits et privilèges reconnus sous la forme à eux
donnée par les princes russes et les rois polonais, le
czar accorde le droit d'élire un *hetman*, et d'être jugé
par des *anciens* choisis (*starschini*) conformément à
leurs anciennes lois (2).

Si, quelques années après, les Cosaques, sous leur
chef Vigovski, manifestèrent le désir de dissoudre leur

(1) *Annales de Velitchka*, vol. i, p. 73 ; cité par Kostomarov, vol. ii, p. 408.

(2) Voir le texte de cet octroi dans le second volume de
l'ouvrage de Kostomarov, 2ᵐˢ édition, pp. 428-429.

union nouvellement établie, ce fut parce que, comme il le dit nettement lui-même à l'ambassadeur des Tatars de Crimée, le czar de Moscovie, contrairement à sa promesse, établissait des *voïvodes* dans les villes appartenant aux Cosaques ; l'*hetman* ne voulait pas être sous la coupe de *voïvodes*, mais désirait simplement posséder ces villes comme avait fait son prédécesseur Bogdane Tchmelnizky: « Je ne veux plus être votre *hetman*, dit ce même Vigovski aux colonels cosaques assemblés à Korsoun le 11 octobre 1685, parce que le czar nous ôte nos libertés ; et je n'ai pas envie de rester dans l'esclavage ». En lui rendant l'emblème de son autorité suprême, la fameuse *boulava*, les colonels déclarèrent: « Nous nous lèverons comme un seul homme pour défendre nos libertés ». Mais, dès cette époque, sous l'influence de l'Eglise orthodoxe et des classes inférieures du peuple, qui craignaient et le retour de la domination catholique et l'établissement d'une nouvelle espèce d'aristocratie, celle des *anciens* cosaques, un parti se forma, dont le désir principal peut être exprimé par les paroles du prêtre Maxime Philimonov : « Nous voulons un seul Dieu au ciel et un seul czar sur la terre » (1). Il n'y a pas lieu de s'étonner que le conflit de ceux qui voulaient maintenir l'autonomie politique par un retour à la domination polonaise, et de ceux qui préféraient à tout l'union qu'ils venaient d'obtenir avec l'empire d'un czar orthodoxe, se soit terminé en faveur de ces derniers.

La Petite Russie cependant abandonna l'entreprise de Vigovski, qui essayait de renouveler son ancienne allégeance à la couronne polonaise, et resta sous la domination de Moscou. Cela ne l'empêcha pas de pour-

(1) Voir l'histoire de Russie de Goloviev, vol. xi, chap. i.

suivre, avec plus ou moins de succès, l'ancien dessein
de conserver un reste de sa précédente indépendance.
C'en fut fait d'elle enfin, cependant, après la fameuse
révolte de Mazeppa, sous Pierre le Grand. Ce Mazeppa,
suivant l'ancienne politique des Cosaques, qui consistait
à chercher protection chez les Suédois ainsi que chez les
Tatars contre l'oppression venant de son maître légitime, qu'il fût roi de Pologne ou czar de Moscovie,
essaya de recouvrer l'indépendance politique de son
pays par une étroite union avec Charles XII. La bataille
de Poltava mit fin en même temps à la prépondérance
de la Suède dans le nord-est de l'Europe et aux rêves
politiques de son allié. Plusieurs générations se passèrent et rien ne resta du droit des Cosaques d'élire
leur *hetman*. Quoique Pierre Ier ne vengeàt pas sur eux
la faute commise par Mazeppa et que le nouveau chef
des Cosaques, Skoropadski, eût été choisi quelques
mois avant la fameuse bataille, de nouvelles élections
furent considérées dangereuses. Rasoumovski, le fameux amant d'Elisabeth, était déjà *hetman* désigné, et,
sous Catherine II, les provinces qui formaient la Petite
Russie furent organisées socialement et politiquement
sur le même pied que les autres gouvernements de
Russie. Le seul reste des anciennes lois et privilèges,
ce sont les droits spéciaux qui régissent les matières
de droit civil, et notamment la succession des filles et
des veuves dans les trois gouvernements de Kiev, de
Poltava et de Tchernigov. Suivant le code civil, les
coutumes locales de ces provinces doivent être appliquées en cas de procès, de préférence à la législation
générale du pays.

La même fin a été réservée aux droits et privilèges
politiques qui avaient été autrefois accordés par l'em-

pereur Alexandre Ier au royaume de Pologne créé du grand-duché de Varsovie par le Congrès de Vienne. La question du crime politique unique commis par trois Etats voisins sur une république affaiblie et sans défense, comme l'était celle qu'on appelait Retch Cospolitaia ou fédération polonaise, à la fin du xviiie siècle, ne sera pas traitée ici. La prétention qu'avait Catherine II de rendre à la Russie les provinces qui lui avaient autrefois appartenu, n'a certes pas plus de valeur que la déclaration cynique du prince de Bismarck en faveur de l'annexion de l'Alsace et de la Lorraine : « Il nous faut faire la guerre à Louis XIV ». Le fait est que ce pays appelé région occidentale, *Zapadni Krai*, avait été jadis sous l'autorité de princes élus de la dynastie russe de Rurik. Mais, après l'invasion des Tatars, la population russe s'enfuit en grand nombre dans les provinces du nord-est, et le pays, peu habité, devint bientôt la proie de la dynastie lette de Gedemine. Après la réunion de la Lithuanie à la couronne polonaise, les anciennes provinces russes devinrent parties constitutives de la monarchie élective des Polonais et demeurèrent telles jusqu'au premier partage de la Pologne en 1772. La Révolution française attirant toute l'attention des puissances occidentales, la Prusse, l'Autriche et la Russie purent tranquillement opérer la suppression totale d'un Etat libre par deux partages subséquents.

Mais combien un tel acte passait pour peu juste aux yeux de ceux qui devaient en avoir le profit paraît bien dans l'attitude ferme que le petit fils de Catherine II, Alexandre Ier, prit, dès le début de son règne, à l'égard de la question polonaise. Suivant les mémoires d'une des personnes qui furent le plus intimes avec

lui, le comte Adam Chartoriski, le jeune empereur
considérait le partage de la Pologne comme contraire
à toute idée de justice ou au droit international, et prit
le parti de reconnaître, sinon son indépendance politique, du moins son droit à un gouvernement libéral
et représentatif. Après la chute de Napoléon, Alexandre eut l'occasion de tenir la promesse qu'il avait
faite à Chartoriski et à ses alliés, en restaurant au
moins une partie de l'ancienne république polonaise
sous le nom de royaume. Pour atteindre ce but, il dut
retirer au duc de Saxe une partie des provinces polonaises que lui avait cédées Napoléon. En cette
occasion il eut à lutter contre une vive opposition de
la part de Metternich, le tout-puissant membre du
Congrès de Vienne qui menait la diplomatie européenne.
Le retour inattendu de Napoléon de l'Ile d'Elbe fit
aboutir heureusement les débats sur cette question
comme sur beaucoup d'autres. Quel était le but immédiat d'Alexandre en créant ce nouveau royaume de
Pologne, on peut le voir par la lettre suivante qu'il
écrivit au président du Sénat de Pologne, le comte
Ostrovski, au mois de mai 1815 : « Si l'intérêt supérieur de la paix générale n'a pas permis la réunion de
tous les Polonais sous le même sceptre, j'ai essayé
du moins d'adoucir autant que possible les rigueurs de
leur séparation et de leur obtenir partout la jouissance
possible de leur nationalité ». Dans un manifeste aux
habitants du royaume nouvellement formé, Alexandre Ier leur accordait une constitution, un système de
self-government local, la liberté de la presse et le droit
d'avoir une armée distincte. C'est le 21 juin, à Varsovie, que fut solennellement restauré le royaume de
Pologne. Dans la cathédrale catholique, en présence

des autorités, fut lu le texte des grandes lignes d'une constitution nouvelle ; le Conseil d'Etat, le Sénat, les hauts fonctionnaires et les habitants prêtèrent serment de fidélité à Alexandre, roi de Pologne, et d'obéissance à la constitution. Quant à cette dernière, son texte définitif devait être rédigé par un comité de fonctionnaires polonais sous la présidence du comte Ostrovski. A la députation polonaise qu'on envoya le féliciter, Alexandre dit, à Paris : « Persuadez donc en mon nom à la nation polonaise que je désire la faire renaître. En unissant les Polonais à un peuple de la même origine slave, j'assure, pour un long avenir, leur bien et leur existence paisible ».

On sait qu'Alexandre ne croyait pas devoir limiter ses réformes constitutionnelles à la seule Pologne. Il manifesta nettement ses désirs dans un discours en français, prononcé le 27 mars 1818, à l'occasion de l'ouverture du premier parlement de Pologne. En invitant l'assemblée à prouver qu'il ne faut pas confondre les institutions libérales avec les doctrines subversives, il exprima sa confiance en la possibilité d'étendre l'influence salutaire de ses institutions à toutes les contrées que la Providence avait confiées à ses soins. Le rapide triomphe de la réaction politique dans tous les pays d'Europe et notamment en Russie, empêcha l'accomplissement de ses désirs, mais la constitution polonaise resta et les séances du Parlement de Varsovie jouirent d'une complète liberté de discussion.

Deux révoltes, celle de 1830 et celle de 1863, ont été considérées par les monarques russes comme les libérant totalement de tous engagements préalables vis-à-vis de la nation polonaise et mettant les Polonais dans

la condition de sujets suspectés, les priva de tout
moyen d'augmenter leur bien-être matériel par l'acquisition de nouvelles terres et leurs richesses morales
par la libre jouissance de leur religion et de leur
langue nationales. Chose étrange à dire, un mouvement devant lequel la majorité de la population
demeura, sinon indifférente, du moins neutre, devint
le point de départ d'une politique qui consista à
traiter la nation polonaise tout entière comme une
ennemie, exigeant toujours des mesures de précaution
pour la contenir et un contrôle sévère. On eut recours
au machiavélisme le plus dénué de scrupule pour
amener cette nation à se scinder en deux partis iné-
gaux, celui des ordres supérieurs et celui des paysans.
En se rangeant du côté de ces derniers, en réglant la
question de l'émancipation en Pologne sur une beaucoup plus vaste échelle et avec de plus grands avantages pour le menu peuple, le gouvernement impérial
avait réussi à se faire un allié sûr pour mener à bien
sa politique anti-nationale, quand une nouvelle application de ce même machiavélisme, dans la question
des croyances religieuses du peuple et dans celle de
l'éducation populaire, changea en ennemis ces nouveaux alliés et rétablit l'ancienne union de toutes les
classes de la Pologne en inspirant la haine universelle
de l'administration impériale.

On ne saurait blâmer des hommes comme Nicolas
Miloutine d'avoir profité des dispositions belliqueuses
du gouvernement russe à l'égard de la noblesse polonaise pour assurer un sort meilleur aux paysans
polonais. Après tout, ces hommes ne firent qu'appliquer à la Pologne le système d'émancipation qu'ils
avaient préalablement élaboré et espéré appliquer

en Russie. Mais, dans cette dernière contrée, leur projet
fut adopté avec de nombreuses modifications par-
tielles en faveur de la noblesse, tandis que, en
Pologne, il ne se heurta à aucune objection à cause
des mauvaises dispositions du gouvernement à l'égard
de l'ordre supérieur. C'est pour cette raison que les
paysans polonais eurent l'avantage de conserver entre
leurs mains toute la terre qu'ils détenaient comme
copyholders. On accorda également aux villageois les
droits d'usage sur les terres communales, les pâturages et les bois. Aucun paiement privé ne dut être
fait par les anciens serfs à leur seigneur, le gouvernement se chargeant lui-même d'indemniser la noblesse des pertes matérielles qu'elle devait subir.
De cette manière le paysan polonais ne se trouva pas
réduit à la nécessité d'accepter, en toute propriété et
sans aucun paiement, la petite portion de terre moyennant laquelle on permit au noble de Russie d'échapper
à toute diminution plus importante de ses intérêts
matériels. Il ne se vit pas privé, comme le paysan russe,
du droit de posséder en commun pâturages et bois. En
même temps, comme il n'existait en Pologne aucune
communauté de village, ces serfs libérés devinrent
aussitôt propriétaires absolus de la terre qui leur était
départie. D'autre part, les grands propriétaires ont été
forcés d'admettre le maintien de tous les désavantages
que présente, en ce qui concerne l'agriculture scientifique, le système de servitude rurale appliqué à leurs propres terres par les villageois. Il n'y a donc pas lieu de
s'étonner qu'ils se soient toujours élevés et s'élèvent
encore contre le système par lequel a été résolue en
Russie la question brûlante de la fixation des relations
réciproques de l'ancien seigneur et de l'ancien serf.

Néanmoins, la question semble résolue pour toujours, pour ceux qui y gagnent comme pour ceux qui y perdent. De nouveaux sujets de plaintes ont surgi qui laissent loin derrière eux l'espèce de spoliation fatale à laquelle la noblesse polonaise dut se soumettre en l'année 1864.

Afin, cependant, de diminuer l'influence de l'élément polonais, en ce qui concerne la propriété territoriale et la tenure des terres à bail, et afin d'augmenter celle de l'élément russe, le gouvernement a pris en 1865 la mesure suivante : l'acquisition de nouvelles terres a été interdite à toute personne regardée comme étant d'origine polonaise dans les limites de la partie du pays appelée région occidentale, dont Vilna est le centre et qui a joué un rôle si actif dans le soulèvement de 1863. Or, que fallait-il entendre par le terme « origine polonaise » ? Depuis nombre d'années il est généralement reconnu que la nationalité seule, et non la religion, constitue la différence, mais déjà en 1869 et en 1870 les gouverneurs généraux de la région refusaient aux Luthériens qui avaient épousé des catholiques le droit d'acquérir des terres, pour cette raison que, après leur mort, le bien pourrait passer à leurs enfants catholiques (1). Si la même mesure n'était pas appliquée aux Russes orthodoxes qui avaient épousé des Polonaises, la raison en est dans ce fait que, d'après la loi, les enfants qui ont un père orthodoxe doivent aussi devenir orthodoxes.

(1) Le comte Seliva, qui a pris la peine de réunir toutes ces mesures administratives plus ou moins clandestines, insiste avec beaucoup de justice sur la contradiction évidente qu'elles offrent avec le décret pris par le comité des ministres, le 14 Juin 1868, décret confirmé par l'empereur, et suivant lequel les personnes d'origine russe, qu'elles soient orthodoxes ou luthériennes, peuvent acquérir des terres dans la région occidentale, même si elles ont épousé des Polonais ou des catholiques.

Pendant longtemps la mesure prise contre l'acquisition de nouvelles terres par les Polonais resta limitée
exclusivement aux biens ruraux et aux personnes appartenant à la noblesse ou à la classe moyenne ; mais
bientôt, la même interdiction fut étendue à la propriété urbaine et aux paysans qui voulaient acquérir
une étendue de terre excédant la superficie qu'ils pouvaient cultiver eux-mêmes sans aide supplémentaire.
En 1884 une nouvelle loi déclara qu'aucune hypothèque ne pouvait être mise sur les biens ruraux appartenant aux personnes d'origine polonaise. En même
temps ces personnes étaient exceptées du nombre de
celles qui pouvaient affermer des terres aux portes des
villes et des bourgs et cela aussi bien dans le cas de
terres particulières que de terres de la couronne. Il
n'y a pas lieu de s'étonner que bientôt la pratique ait
prévalu de ne faire aucun contrat où il s'agissait de
terre sans autorisation écrite du gouverneur général —
pratique qui a été reconnue légale par un décret du
comité des ministres le 1er novembre 1886. A partir de
ce moment, les gouverneurs généraux ont interprété
de la façon la plus fantastique le droit naturel d'acquérir des biens suivant ses besoins réels ou supposés. Ils
ont déclaré, par exemple, qu'un paysan catholique ne
pouvait acquérir plus de soixante *désiatines* ou soi-
xante-cinq hectares quarante ares, et cela seulement
dans le cas où il se conformait aux conditions suivantes : il devait être d'origine paysanne, vivre de la vie
d'un paysan, employer régulièrement la langue russe,
ne posséder aucune autre terre et être en mesure de
la cultiver à lui seul sans le secours d'ouvriers salariés.
L'imagination inventive des hauts fonctionnaires, éle-

vés soudain au rang de législateurs, brilla avec un
égal éclat dans des règlements du genre suivant : aux
termes d'une circulaire expédiée le 19 mai 1887 par le
gouverneur général de Vilna au gouverneur placé sous
lui, ceux des paysans qui étaient membres de confré-
ries de paroisse et qui agissaient comme intercesseurs
entre le prêtre de paroisse et la population, ne pouvaient être admis à l'acquisition de nouvelles terres.
Et de plus, quant à ceux qui avaient embrassé l'orthodoxie, le simple fait de ne pas aller régulièrement à
l'église, fait dont le prêtre de paroisse est le seul
juge, est considéré suffisant pour annuler l'autorisation. Les moindres quoique non les dernières expressions de cet arbitraire administratif sont les deux actes
de 1891 et 1892 par lesquels le général gouverneur de
Vilna, contrairement à toute loi, a interdit aux paysans
catholiques venus de Pologne d'acquérir de la terre
dans la région occidentale. La même règle a été appliquée aussi aux paysans de deux paroisses du gouvernement de Grodno, Sledzianovo et Granovo, à cause de
l'opposition que quelques-uns d'entre eux avaient
montrée à la suppression de leur église de paroisse —
et cela à la fin du xixe siècle !

On est heureux d'ajouter cependant que des mesures
récemment prises font une chose du passé d'un autre
règlement inconcevable, d'après lequel, trente ans après
la rebellion, les grands propriétaires fonciers de Pologne devaient verser un dixième de leurs revenus comme une sorte d'amende pour leur participation réelle
ou supposée au mouvement insurrectionnel. Pour trouver quelque chose de semblable à cette mesure dans
les annales du passé, il faut remonter jusqu'aux majors
généraux de Cromwell qui exigèrent la même espèce

d'amende des cavaliers ou royalistes. Quoique cette mesure fût étendue, tout au moins dans les débuts, à tous les propriétaires fonciers sans distinction de nationalité ou de religion et considérée comme une sorte de contribution aux dépenses requises pour le maintien de l'ordre, néanmoins cette amende fut régulièrement réduite à la moitié de la somme en ce qui concerne les propriétaires Russes ou Allemands, la différence étant soldée par les propriétaires polonais. Au commencement cependant ce règlement fut considéré provisoire ; il devint permanent en 1870, année où fut introduite la règle de libérer de tout paiement les terres passant à des acquéreurs russes. Ce n'est que sous le règne de Nicolas II que ce système dans son ensemble est tombé en désuétude.

Si l'on demande quels ont été les résultats de cette politique agraire, on s'aperçoit qu'elle a aliéné au gouvernement russe les sympathies de cette classe de gens sur lesquels il comptait baser sa domination future en Pologne — les paysans. Les trente années qui se sont écoulées depuis le moment de leur émancipation ont créé parmi eux un nouveau besoin de terre, besoin que les propriétaires polonais seraient trop heureux de satisfaire par des ventes ou des locations, s'ils n'en étaient empêchés par la loi et les règlements administratifs. L'augmentation prévue du nombre des propriétaires russes ne s'est pas réalisée, tout au moins dans de grandes proportions. Le manque de capital, la possibilité de réaliser des profits aussi grands ou même plus grands, en employant sa fortune à l'acquisition de biens fonciers dans les provinces du centre, du sud et de l'est de l'empire, pour ne pas parler de l'industrie et du commerce, et la difficulté de résister à l'ostracisme social auquel un

intrus russe risque fort de ne pouvoir échapper de la
part des propriétaires polonais, ont produit leur effet ;
les bons éléments de la société russe s'abstiennent
d'acquérir de la terre dans la région occidentale. Et, en
faisant ainsi, ils suivent l'exemple que leur a donné
l'ancien chancelier d'Alexandre II, le prince Gortchakov, qui refusa d'être rémunéré pour ses services diplo-
matiques durant l'insurrection polonaise par des concessions de terre provenant des biens confisqués. Il n'y
a donc pas lieu de s'étonner que, dans ces conditions,
les fonctionnaires russes, servant en Pologne ou dans
la région occidentale, forment la masse des nouveaux
acquéreurs de terre. Le nombre de ces fonctionnaires
est ici plus grand même que dans les provinces de pure
race russe, à cause de l'absence totale de tout self-
government provincial, de district ou municipal. La
noblesse de ces provinces — la région occidentale et
le royaume de Pologne aujourd'hui connu sous le nom de
territoire de la Vistule — n'a pas même le droit d'élire
ses maréchaux de la noblesse, qui sont, néanmoins,
nommés par le gouvernement, et qui, comme les autres fonctionnaires, reçoivent un traitement régulier.
Mais le seul fait que tous ceux qui prennent du service
dans ces pays conquis sont attirés par quelque avantage
pécuniaire, comme un traitement supérieur, ou une
réduction du nombre d'années passées en fonctions et
des droits à une retraite, suffit à montrer que là, la Russie n'a pas affaire à une classe de capitalistes toujours
prêts à augmenter l'étendue de leurs possessions territoriales. Et ainsi il arrive que la Russie, parce qu'elle
décourage le zèle et l'affection chez ses alliés naturels,
les paysans, ne réussit pas à obtenir une russification
effective du pays comparable à la germanisation de

Posen par le plan recommandé par Bismarck, résultat qui, cependant, n'a pas encore été atteint par le *junker-thun* prussien, quoiqu'il forme une classe beaucoup plus riche que celle dont on attendait le même service au profit de la Russie.

Mais, malgré l'inefficacité des efforts faits par la Russie pour former et affermir un élément qui lui fût favorable, elle poursuit encore cet idéal chimérique par des lois draconiennes édictées contre la langue polonaise et la religion polonaise, le catholicisme. Et cela, en dépit du fait qu'elle entre en conflit direct avec les meilleurs sentiments des populations qu'elle a à gouverner et qu'elle abjure les principes de la liberté de conscience qu'elle a été la première à proclamer dans la législation qu'elle a donnée et plus spécialement dans les promesses qu'elle a faites aux habitants des provinces conquises à la fin du xviiie siècle et au commencement du xixe. A la vérité, le fait est que la religion catholique n'est pas également protégée dans la majorité des provinces foncièrement russes et dans les provinces polonaises. On a déjà eu occasion de parler du premier sujet ; aussi il suffira ici d'une brève mention de la manière dont la condition des catholiques de Pologne et de la région occidentale diffère de celle de leurs frères dans les autres parties de l'empire. Afin d'empêcher la propagande catholique indirecte, les autorités russes ont été jusqu'à interdire la sortie de tout cortège religieux précédé d'une croix. De telles célébrations ne sont permises qu'à l'intérieur de l'église ou tout au moins dans l'enclos entourant l'église. Cette mesure a été votée dès 1867 et, malgré l'opposition de quelques gouverneurs généraux plus modérés, comme Albedinski, est

encore en vigueur. Une prescription sévère limite le
nombre des fêtes pendant lesquelles de telles processions religieuses peuvent avoir lieu ; et souvent l'interdiction ne correspond pas du tout avec les canons et les
règlements de l'église catholique. On apporte la même
limitation ridicule à l'érection de croix commémorati-
ves sur les grand'routes et dans les champs, de peur
que ces croix ne contiennent quelque allusion aux
événements politiques.

Passons maintenant à la considération de la situation
du clergé catholique dans les provinces polonaises. Il
convient avant tout d'attirer l'attention sur ce fait que,
contrairement aux canons, ce n'est pas l'évêque, mais
le gouverneur, qui sanctionne l'entrée des jeunes gens
dans les séminaires catholiques, ou qui, du moins, a le
droit de s'opposer à toute permission de ce genre, si,
à son avis, elle n'est pas conforme à la loi. Les évêques
catholiques sont nommés par l'empereur après entente
préalable avec le pape, mais ils ne peuvent accomplir
une des obligations directes de leur ministère, celle de
visiter leur diocèse, sans autorisation préalable du
gouverneur. Le jour où l'évêque de Vilna, Grinevzki,
prit la liberté de répondre qu'il ne pouvait se soumettre qu'aux règlements du gouvernement qui n'étaient
pas opposés à la règle de l'église catholique, le ministre de l'intérieur, le comte Dimitri Tolstoï, jugea bon
d'appeler l'attention de l'évêque sur ce fait que seules
les prescriptions de l'église catholique pouvaient être
suivies en Russie qui n'étaient pas opposées aux règlements de l'Etat russe — merveilleuse réponse, et très
semblable à celle que le célèbre homonyme du ministre reçut d'un garde russe qui battait un pauvre pour
avoir mendié. « As-tu lu l'Evangile ? demanda l'au-

teur de « Résurrection » — Et toi, connais-tu le statut
du service militaire? » répondit le soldat.

Le code de police russe est sur le même pied que les
canons de l'église catholique ou de toute autre religion
quelle qu'elle soit, ou plutôt il a sur eux la préférence :
telle est la manière de voir des fonctionnaires russes
de tout rang quant à la liberté de conscience et aux
relations réciproques du pouvoir ecclésiastique et du
pouvoir civil. Rien d'étonnant que les gouverneurs
généraux montrent la même absence de scrupule vis-à-
vis des prêtres de paroisse dans l'accomplissement de
leurs fonctions officielles. Par exemple, voici la traduction d'un document de l'année 1881 ; c'est la liste officielle des différents délits qu'un prêtre de paroisse est
exposé à commettre et qui sont passibles d'amende
d'après l'arrêté du gouverneur général de Vilna, le comte
Totleben : 1° se rendre dans une paroisse voisine pour
y célébrer le service divin sans autorisation préalable
des autorités civiles ; 2° prêcher un sermon de sa composition sans autorisation du censeur ; 3° recueillir
de l'argent parmi les paroissiens à des fins inconnues
des autorités locales ou non autorisées par elles ; 4° ne
pas déclarer aux paroissiens en temps voulu la date
des anniversaires de naissance de l'empereur et autres
membres de la famille impériale, ou de toute autre
fête officielle ; ne pas célébrer ces jours-là le service
divin ou célébrer la messe à une heure trop matinale ;
5° faire des processions religieuses en dehors de l'enclos de l'église, ou à des jours non indiqués au tableau officiel. Pour de tels soi-disant délits, les prêtres
de paroisse se voient condamnés à des amendes de
trois à quatre cents roubles.

Et, lorsqu'on se rend compte que ces amendes sont

régulièrement payées par voie de souscription de la
part des paroissiens, on comprend combien elles contribuent à l'antipathie que les paysans polonais ont
pour leurs soi-disant bienfaiteurs. Identique est l'effet
produit par la stricte observation de la règle suivant
laquelle aucun élève, même de religion catholique,
n'est autorisé à s'absenter du *Te Deum* chanté à l'occasion des fêtes officielles. Or, d'après le droit canon
catholique, assister à une cérémonie religieuse schis-
matique est considéré comme un péché. Et ainsi un
enfant de onze à douze ans se voit dans l'alternative
ou d'être renvoyé de l'école pour ne s'être pas confor-
mé aux exigences officielles ou d'être réprimandé par
ses parents et par son confesseur.

Pour ne pas insister plus longtemps sur la liste
interminable des prescriptions stupides et tyranniques,
il suffira de mentionner ce fait que les curateurs, voulant montrer leur zèle à rendre orthodoxes et russes
les nouvelles générations polonaises, ont profité de
l'ordre administratif que leur a donné en 1879 le
ministre de l'Instruction publique, et ont presque éli-
miné le clergé du nombre des personnes enseignant
le catéchisme dans l'enseignement secondaire. De
récentes statistiques montrent qu'en l'année 1892, sur
deux mille huit cent soixante-trois écoles secondaires
existant dans le royaume de Pologne, dans cent cin-
quante-quatre seulement, le catéchisme était enseigné
par le clergé. Sans compter les autres résultats, cette
précoce émancipation des jeunes esprits de tout contrôle religieux explique, dans une grande mesure,
l'augmentation rapide de la propagande matérialiste
du socialisme international. Il est indubitable que
cette propagande a eu plus de succès en Pologne que

dans toute autre partie de l'empire. Beaucoup de raisons ont milité en sa faveur : le rapide développement de l'industrie ; le nombre considérable d'ouvriers allemands, membres du parti social démocratique, qui trouvent de l'occupation dans les manufactures de Lodz et de Gosnovizi ; enfin (et ce n'est pas là la moins importante), la diminution de l'opposition naturelle que la théorie de la lutte de classe trouve dans l'enseignement de l'Eglise quant à la soumission dûe à toute autorité. La future révolution sociale a fait des progrès considérables dans l'esprit des classes ouvrières de Pologne, mais qui osera dire que cela est à l'avantage de la domination russe ?

Les mesures prises pour supplanter la langue polonaise et la remplacer par le russe n'ont pas été plus efficaces dans l'essai de russiser la Pologne. Non seulement, d'après la loi de 1869, toutes les sciences devaient être enseignées en russe à l'Université de Varsovie et dans les collèges ou écoles secondaires (il est fait exception pour le catéchisme seul), mais la même règle a été également étendue aux écoles primaires, aux cercles, aux réunions de sociétés, aux théâtres, aux boutiques en ce qui concerne les annonces commerciales, et surtout à toute la correspondance officielle. Le plus grand nombre de ces mesures ont été adoptées par les gouverneurs généraux en 1866 et en 1868. Il se produisit alors des cas ridicules ; des personnes furent condamnées à l'amende pour avoir dit en polonais à quelque trésorier de district : « Je vais vous donner deux roubles de petite monnaie ». Mais des règlements de ce genre ont été renouvelés au cours des années suivantes, comme en 1881 et en 1893. Pour citer un exemple entre cent du même genre, la célèbre prima donna,

Sembrich, fut condamnée à payer une amende de cent roubles tout simplement parce qu'elle avait chanté une chanson polonaise à un concert sans autorisation préalable.

Voilà pour les *privilegia odiosa* des Polonais — odieux au peuple directement intéressé ainsi qu'aux patriotes russes, qui, désespérés, se demandent ce que deviendra l'union des Slaves tant que la principale branche en sera maltraitée de cette manière monstrueuse et stupide. Et cela se produit au moment où la marche ininterrompue des Allemands vers l'Est, par voie de soi-disant conquête pacifique, présente un danger sérieux pour l'avenir des Slaves ; au moment où les tout-puissants intérêts économiques et notamment la possibilité pour les Polonais de vendre leurs marchandises sur toute la vaste étendue de l'empire russe sont favorables à la bonne entente des Polonais et des Russes. Et c'est précisément à ce moment que la Russie fait tout pour prouver à ses prétendus frères que, même sous un gouvernement germanique, comme celui de l'Autriche, leurs intérêts religieux et nationaux ont plus de chance d'être sauvegardés que sous sa propre domination. Comparez l'état de choses établi en Galicie, où les Polonais ont des universités, des écoles secondaires et primaires polonaises, et où ils jouissent non seulement du self-government local, mais même du droit de discuter les intérêts généraux de la Cisleithanie, concurremment avec une part dans la nomination du ministère fédéral et de la délégation, comparez cet état de choses, disons-nous, avec celui qu'un gouvernement de même race leur a réservé en Russie et dans la région occidentale. Par une telle comparaison on saisit facilement la raison pour laquelle un mouvement analogue à celui qui a créé la fédération des royaumes et républiques de langue allemande ne peut guère être attendu de la part des Slaves, tant que la politique de suspicion et de répression continuelles n'aura pas été remplacée par celle d'une bonne entente, basée sur une reconnaissance réciproque des droits personnels et de l'existence nationale. Si la Pologne était réunie à la Russie sous la même dynastie, mais possédait son propre self-government local et central, la puissance de l'empire, loin d'en être diminuée, en serait fortifiée dans une mesure considérable, pour ne rien dire de ce fait que tous les peuples Slaves seraient amenés à avoir recours à la protection de la Russie et à sa direction politique.

CHAPITRE XI

SITUATION PASSÉE ET PRÉSENTE DE LA FINLANDE DANS L'EMPIRE RUSSE.

Dans le dernier chapitre nous avons vu la situation spéciale faite à la Pologne et aux provinces polonaises à cause de deux rebellions et de l'appréhension qu'é- prouve le gouvernement d'un nouveau soulèvement. A part ces raisons, on ne voit pas en quoi la condition politique, tout au moins, du royaume de Pologne, tel qu'il a été nouvellement créé ou plutôt restauré dans des limites plus restreintes par Alexandre Ier, diffère matériellement de celle du grand-duché de Finlande, qui s'est vu appelé à une existence nationale par les concessions territoriales et constitutionnelles faites en sa faveur par le même monarque. Cette manière de voir a généralement pour adversaires les autorités juridiques finnoises et françaises, mais il est difficile de saisir la raison de leurs objections à moins que ces érudits n'aient peur qu'une telle comparaison ne permette de prédire l'avenir réservé à l'autonomie finnoise. En Allemagne, parmi les sommités du droit public, l'autorité de Bornhak est en faveur de l'opinion de l'auteur. Bornhak met sur le même pied l'union de la

Russie avec la Finlande et celle de la Russie avec la Pologne, les traitant toutes deux comme des cas d'incorporation incomplète. Le terme est heureusement choisi en tant qu'il montre l'impossibilité d'identifier le *status* légal de la Pologne et de la Finlande vis-à-vis de l'empire, tout au moins sous le règne d'Alexandre Ier, avec celui d'une province, ou avec celui d'un Etat tout à fait indépendant formant une union personnelle ou même réelle avec la Russie. Le seul fait que la Finlande n'avait pas d'existence nationale avant qu'elle vînt à faire partie de la Russie n'autorise pas à parler d'elle comme formant une union politique avec l'empire dans le même sens où la Bavière ou le Wurtemberg formèrent, en 1871 une union avec les autres Etats allemands ; non plus que dans le sens où la Hongrie ou la Norvège vinrent à faire partie, la première d'une union autrichienne, la seconde d'une union scandinave. Evidemment le fait que cette union ne correspond pas à la classification existante des différentes formes sous lesquelles un Etat reçoit une souveraineté limitée et reconnaît sa dépendance politique de quelque autre Etat, n'implique pas que ses droits doivent être sacrifiés ; il prouve seulement l'insuffisance de la classification déjà existante, et, dans l'espèce, l'impossibilité de ramener tous les cas d'union à une union soit personnelle, soit réelle, avec ses subdivisions en confédération et en union fédérale. Outre la Finlande, d'autres Etats comme par exemple la Bulgarie, présentent dans leur existence politique des particularités qui ne sauraient être identifiées avec celles d'un canton de la Suisse ou d'un Etat particulier de l'Union américaine. Cela pourtant ne veut pas dire qu'il faille

considérer pour cette raison la Bulgarie ni comme
une province, ni comme un Etat indépendant.

Il ne peut être question de protectorat en ce qui
concerne les relations de la Russie et de la Finlande.
Ce terme très vague et très flottant ne peut s'appliquer
qu'aux relations très mal définies qui existent entre
un Etat européen et une colonie asiatique ou africaine
plus ou moins complètement soumise, à qui on a
ôté tout droit de disposer d'elle-même par des traités
internationaux et sur laquelle on a établi quelque
contrôle en ce qui concerne l'administration intérieure.
C'est là le cas de Tunis vis-à-vis de la France et de
Bokhara vis-à-vis de la Russie. La condition particulière de la Finlande, aussi bien que de la Pologne, consiste en ceci : leur existence en tant que nation est le
fait du souverain de l'Etat conquérant. Elles ont toutes
deux reçu leur autorité limitée des mains de ce souverain, qui a reconnu les droits et privilèges historiques
dont elles avaient joui sous les régimes antérieurs —
en Pologne, la république, et, en Suède, la monarchie.
Elles ont toutes deux été déclarées inséparablement
unies à l'Empire russe, de telle sorte que ni changement de dynastie, ni changement de régime politique
en Russie, ne saurait mettre en question la continuation
de leur union avec la Russie. Elles ont toutes deux perdu le droit d'avoir une autre politique étrangère que
celle de la Russie, et elles ont gardé leur propre légis-
·lation, leur propre ministère, leurs propres cours de justice et leur propre armée. On voit combien ces analo-
gies sont étroites et combien il est difficile de parler
des liens qui unissent la Finlande à la Russie comme
présentant un caractère tout différent de ceux par
lesquels la Pologne a été incorporée à l'empire après

le congrès de Vienne. La similarité des conditions politiques ne nous autorise nullement à dire que la Finlande, au cas où son mécontentement persisterait, doit être réduite à l'état de province russe, ce qui est le sort de la Pologne rebelle. Bien loin de penser ainsi, l'auteur croit qu'un soulèvement, qui est toujours l'œuvre d'une minorité, ne saurait jamais autoriser un gouvernement à confisquer les libertés politiques. Leur exercice peut être suspendu pour un temps, mais il ne saurait sous aucun prétexte être annihilé.

Avec cette introduction, voyons l'histoire de l'incorporation incomplète de la Finlande à l'empire russe, et, d'une façon très générale, la constitution actuelle de ce grand-duché et dégageons ainsi, si c'est possible, la raison des sentiments hostiles des Finnois à l'égard du gouvernement russe. Les autorités finnoises — et nul plus que le professeur Danielson, de l'Université d'Helsingfors — en corrigeant les nombreuses erreurs commises par les écrivains russes, notamment M. Ordine, ont, tout au moins de l'avis de l'auteur, parfaitement établi ce fait que ce n'est pas dans le traité de paix de Friedericksham, mais dans les décisions prises quelque temps auparavant à la convocation de la diète de Borgo, que l'on doit chercher les principes fondamentaux sur lesquels ont été établies les relations mutuelles de la Finlande et de la Russsie. L'idée de faire de la Finlande un Etat indépendant, qui pourrait être un de ces Etats tampons qui, comme la Belgique ou la Suisse, empêchent — plus, hélas ! en théorie qu'en pratique — les conflagrations de corps politiques plus importants, cette idée, disons-nous a été caressée en Russie pour ainsi dire dès l'époque des conquêtes de Pierre sur les golfes de Bothnie et de

Finlande. Pour assurer Pétersbourg contre la possibilité d'une invasion suédoise, Pierre et ses successeurs
immédiats maintinrent aux mains de la Russie la possession de la partie méridionale de la province de
Kexholm et de la ville de Wieburg. Cette conquête mit
les Russes en rapports étroits avec les Finnois et permit au gouvernement de Pétersbourg, sinon de créer,
tout au moins d'entretenir une sorte d'agitation en
faveur de l'autonomie.

En l'année 1742, profitant d'une nouvelle guerre
avec la Suède, l'impératrice Elisabeth publia un manifeste par lequel elle se déclarait prête à reconnaître
l'indépendance de la Finlande. Les Finnois, pendant
la guerre, devaient prêter serment de fidélité à Elisabeth, mais, par la paix d'Abbo, en 1743, la Russie ne
pouvait garder en sa possession que le reste de la
province de Carélien, dont était formé le gouvernement
de Wieburg. A partir de ce moment naquit en Finlande un parti favorable au retour aux anciennes frontières avec un changement de souverain. La Finlande,
selon le plan de ce parti, devait devenir soit un Etat
tout à fait indépendant, soit un Etat semi-indépendant
de la Russie. En faveur de la première alternative, un
mémoire fut écrit et présenté à Catherine II par un
patriote finnois Sprengtporten ; l'impératrice l'approu-
va, écrivant de sa propre main une phrase qui montrait qu'elle considérait l'indépendance de la Finlande
comme un avantage pour la Russie. En 1788 fut
publié un manifeste dans lequel Catherine II promettait
aux Finnois de reconnaître leur autonomie et les invi-
tait à convoquer une diète afin de la proclamer.

Il n'y a pas lieu de s'étonner qu'Alexandre Ier, qui se
déclara constamment prêt à continuer la politique de

son arrière grand'mère, soit entré dans les mêmes
vues quant à la nécessité d'empêcher de futurs conflits
avec la Suède en créant un nouvel Etat national, celui
des Finnois. Dès l'année 1808, le général Koutousof
eut des entrevues avec Sprengtporten, et reçut de lui
un mémoire invitant l'empereur à se déclarer en faveur
de l'indépendance de la Finlande et à lui restituer la
province de Wieburg. Ces deux recommandations,
comme on le verra, furent suivies par l'empereur, en
1811. Mais déjà, en 1808, le commandant en chef de
l'armée russe en Finlande, Buxoevden, publia un
manifeste dont le texte contenait l'expression des
mêmes vœux que ceux formés par Sprengtporten.
Pour un temps, et comme résultat de grands succès
militaires, l'idée de l'autonomie finnoise fut remplacée
dans l'esprit d'Alexandre par celle d'une annexion
pure et simple suivie de concessions de privilèges.
Mais de nouveaux échecs ouvrirent bientôt les yeux
de l'empereur sur le bien qu'il y avait à tirer du
plan de Sprengtporten et, dans un manifeste du mois
de juin 1808, Alexandre promit au peuple finnois que
ses anciennes lois seraient scrupuleusement, ou, comme
il le dit, totalement maintenues. Le 30 novembre de la
même année, il reçut une députation finnoise, dont le
le porte-parole, Mannerheim, représenta au czar que
le peuple de Finlande était une nation libre, soumise
à ses propres lois, et qu'il croyait à la promesse impériale de respecter sa religion, ses libertés et ses droits.
La demande faite par Mannerheim pour obtenir l'autorisation de convoquer une assemblée générale du pays
obtint une réponse favorable le 7 janvier 1809. Aussi,
quinze jours après, Alexandre, s'intitulant pour la pre-

mière fois, non seulement empereur et autocrate de
toutes les Russies, mais aussi grand-duc de Finlande,
convoqua la diète finnoise à Borgo. L'homme qui appro-
chait le plus près du czar, Speranski, qui jouissait
alors de toute sa confiance, demanda à un Finnois du
nom de Rebhender, d'élaborer le plan de cette convocation conformément aux anciennes lois suédo-finnoises.

Le 27 mars 1809, l'empereur alla en personne à Borgo,
où il signa l'acte suivant : «Le Tout-Puissant nous ayant
accordé la possession du grand duché de Finlande,
nous désirons, par les présentes, confirmer et sanc-
tionner la religion, les lois fondamentales du duché et les
droits et privilèges dont chaque ordre en particulier et
tous les habitants en général, grands et petits, ont joui
conformément aux constitutions. Nous promettons de
maintenir ces avantages et ces lois en pleine vigueur
sans modification ni changement ». Les constitutions
auxquelles l'empereur faisait allusion étaient celles de
1772 et de 1789. Toutes les deux avaient été données
à la Suède et conséquemment à la Finlande, comme
faisant partie de la Suède. La constitution de 1772 avait
restauré les droits de la diète tels qu'ils avaient été déjà
établis en 1723 et ceux du roi. Le trente-neuvième article
de ce document appelé *regerings form* déclarait que les
états du royaume ne pouvaient modifier les lois fondamentales sans le consentement du roi, et le quaran-
tième, que le roi ne pouvait faire une nouvelle loi, ni
en abroger une ancienne, sans le consentement des
états. La constitution de 1889 avait affermi les droits
du roi, mettant dans sa main la direction de la politique étrangère et l'initiative de toutes les lois. Les
états avaient néanmoins gardé leur droit de discuter le
budget et toutes les réformes juridiques. Ces deux actes

furent déclarés par la diète fondamentaux, inviolables
et immuables. Et c'est, bien entendu, ces constitutions,
et non le code civil de 1734, qu'Alexandre entendait
confirmer, quoi que certains auteurs russes aient inventé
pour prouver le contraire, basant leurs conclusions sur
des prétextes aussi ridicules que le suivant, par exemple : le texte russe de l'acte emploie le mot « lois radica-
les » au lieu de « lois fondamentales ». Mais il est facilement établi par l'étude des actes juridiques contemporains que les deux termes avaient le même sens. Que
l'empereur, quoi qu'il en soit, entendait maintenir non
seulement les institutions civiles, mais aussi les institutions politiques de la Finlande, cela ressort clairement
de ce fait que, en ouvrant la diète de Borgo, il employa
les termes suivants : « J'ai promis de maintenir vos constitutions et vos lois fondamentales ; votre réunion ici
est une garantie de ma promesse ; cette réunion est
un point tournant dans votre existence politique, car
elle est destinée à consolider les liens qui vous attachent au nouvel ordre de choses et à compléter les droits
que la fortune de la guerre m'a donnés par des droits
plus chers à mon cœur et plus conformes à mes principes, les droits qu'engendrent des sentiments d'amour
et d'affection ». De plus, dans cette même adresse, l'empereur parle de la patrie finnoise, de la nation finnoise,
du peuple du grand-duché, mis désormais au rang des
nations gouvernées par leurs propres lois.

Or, si la Russie est et était déjà une autocratie à la
date où furent rédigés les actes et prononcées les paroles
qu'on vient de mentionner, si l'entière souveraineté de
l'État était placée, et l'est encore, aux mains de l'empereur, on ne voit pas bien pourquoi ces déclarations
solennelles ne lient pas, ni pourquoi elles exigeraient

une nouvelle confirmation dans un traité de paix, comme celui de Friedericksham, qui n'eut qu'à régler les relations réciproques des anciens belligérants, la Russie et la Suède. Il est vrai que le gouvernement suédois appela l'attention du gouvernement d'Alexandre sur la nécessité d'introduire dans le traité un article en faveur du maintien de la liberté de conscience, des lois et des privilèges de la Finlande ; mais sa demande fut repoussée, pour nulle autre raison, apparemment, que celle alléguée par le plénipotentiaire russe que Sa Majesté avait conquis l'amour des Finnois, avait été reconnue par eux comme maître et seigneur avant le traité, et qu'Elle avait ouvert, comme leur souverain, les Etats du grand-duché.

Voilà donc pour l'origine de l'incorporation limitée de la Finlande à l'empire russe. Il faut voir maintenant quelle a été la destinée des institutions représentatives libérales dont l'empereur dota ses nouveaux sujets. La période qui suivit l'annexion de la Finlande n'était pas propice aux corps autonomes. La guerre pour l'existence nationale de la Russie, soutenue contre Napoléon, absorbait à un tel point toutes les forces matérielles et morales de l'empire, qu'il ne restait pas de temps pour la convocation d'assemblées délibérantes. Puis vint la Sainte-Alliance, avec sa série de congrès, assemblés moins pour assurer la paix du monde que pour réprimer la pensée libre et toute sorte de mouvement libéral. Ce même Alexandre qui, en plus d'une occasion, entretint non seulement ses conseillers et ses ministres, mais aussi des visiteurs étrangers, comme Madame de Staël, de son plan d'organisation constitutionnelle de la Russie, renvoya l'exécution de ce plan à une date indéterminée.

Dans les dernières années de son règne, informé des divers complots de ses propres fonctionnaires en faveur de réformes politiques, il se plaignait amèrement à son entourage que les révolutionnaires, en essayant de réaliser ses propres idées, le mettaient dans l'absolue impossibilité de réprimer leurs actes avec sévérité. Mais il s'en fallut de beaucoup qu'il prît sur lui l'initiative de réformes qui étaient rendues nécessaires. Craignant de provoquer une plus grande effervescence, il ne convoqua même pas de nouvelles réunions des états ni en Pologne ni en Finlande — droit réservé, selon la constitution finnoise, à l'empereur seul. L'autocratique Nicolas Ier, après avoir étouffé la rebellion de 1825, s'abstint de toute nouvelle convocation des représentants finnois. De cette manière, la diète n'eut pas l'occasion de siéger ; mais comme aucune liberté politique ne saurait être abolie par le seul fait d'être tombée en désuétude, on ne peut tirer de ces faits la conclusion que la constitution de Finlande cessa d'exister. Il n'y a donc pas lieu de s'étonner que, après son avènement au trône, Alexandre II ait publié un manifeste où il exprimait le désir que ses sujets finnois jouissent de tous les droits et privilèges qui leur sont accordés par des lois fondamentales et des institutions spéciales. Deux ans après, en 1859, le Sénat finnois fut invité à dresser une liste des questions qui demandaient à être tranchées immédiatement par les états ; cette liste fut présentée à l'empereur en 1861 et, dans le manifeste qui suivit, Alexandre II renouvela sa promesse de réunir la diète dès que les circonstances le permettraient. Cela eut lieu enfin en l'année 1863.

Dans un discours en français, prononcé par l'empereur à l'occasion de l'ouverture de la diète d'Helsingfors, Sa Majesté, entre autres déclarations, fit la suivante : « Vous aurez à vous prononcer sur la nécessité et le montant des impôts que je propose. Comme quelques-unes des lois fondamentales ne répondent pas aux besoins qui se sont fait sentir du jour de l'annexion du grand-duché, j'entends confier à quelqu'un la préparation d'une nouvelle loi qui interprètera et complètera les lois fondamentales. Une nouvelle diète, qui sera convoquée dans trois ans, aura à examiner ce projet. Puis, tout en laissant intact le principe de la monarchie constitutionnelle, qui convient aux mœurs et aux coutumes de ce peuple, et dont toutes les lois et institutions sont pénétrées, j'entends étendre le droit, qui appartient déjà à la diète, de fixer le montant et le nombre des taxes, et restaurer la faculté d'initiative qui lui appartenait autrefois. » (Evidemment avant l'acte constitutionnel suédois de 1789). Alexandre II ne se réserva le droit d'initiative que dans les matières concernant la modification des lois fondamentales et exprima l'espoir qu'une bonne entente entre la diète et lui l'amènerait à la convoquer périodiquement. En l'année 1869, ce même empereur confirma le nouveau statut de la diète, élaboré par une commission nommée par les représentants. Dans ce statut était reconnu le principe de la convocation périodique des états tous les cinq ans ; aucune loi fondamentale ne devait être abrogée ni modifiée sans le consentement de tous les états et seulement sur l'initiative de l'empereur et du grand-duc.

Ce statut fut déclaré loi fondamentale, et, en le confirmant, l'empereur promit de faire usage d'un droit reconnu comme sien par les constitutions de 1772 et de 1789. La diète contribua également sous le règne d'Alexandre II, en 1867, à l'élaboration d'une nouvelle loi concernant l'armée. Le principe du service général fut reconnu, mais à condition que les Finnois ne serviraient que dans les limites de la Finlande et sous des officiers finnois. Ces règlements furent considérés comme formant une loi fondamentale et, par conséquent, ne comportant aucune modification si ce n'est avec le consentement des états et sur l'initiative de l'empereur.

Bien que, sous le règne de son successeur, Alexandre III, il commençât à courir des bruits sur le désir du gouvernement de mettre fin à l'autonomie de la Finlande, le développement paisible des institutions de ce pays continua d'une façon régulière. Mettant à exécution une promesse déjà faite par Alexandre II, le nouvel empereur, en 1886, accorda à la diète le droit de motion dans toutes les questions sauf celles concernant les lois fondamentales, l'armée et la marine, et la législation de la presse. En cette occasion fut mentionné de nouveau dans le décret impérial l'antique principe d'après lequel aucun changement ne devait être apporté à la situation du pays sans l'acquiescement de la diète.

Mais, malgré toutes ces promesses, l'attitude des hautes sphères vis-à-vis de la Finlande devenait de plus en plus soupçonneuse et provocante. La seule nomination au poste de gouverneur général de la Finlande (c'est-à-dire de représentant de l'empereur dans le grand-duché), du général Bobrikov, célèbre par sa haine pour toute espèce d'indépendance nationale — sentiment qu'il manifesta durant son long séjour dans les provinces baltiques au détriment des

Allemands — causa de grandes appréhensions. Cette
nomination fut bientôt suivie de celle d'une commission
mixte, où les fonctionnaires russes étaient en majorité, et dont la tâche était d'élaborer un projet
d'unification de l'administration des postes, des finances
et des douanes en Russie et en Finlande. Rien d'étonnant que, à l'ouverture de la diète, les présidents
des quatre états aient adressé des protestations à
l'empereur. Cela amena ce dernier à intimer à ses
« sujets bien-aimés » de Finlande qu'il était pénétré,
comme par le passé, de sentiments de bienveillance
et de confiance à leur égard et qu'il entendait maintenir les droits et privilèges accordés aux Finnois par
les monarques russes.

Cependant des difficultés plus sérieuses ont surgi au
cours du règne actuel. Elles ont eu leur origine dans
le désir éprouvé par le ministre de la guerre d'augmenter les forces militaires du grand-duché, de les
incorporer dans l'armée russe et de les obliger à servir
en dehors des frontières du grand-duché et sous des
chefs russes. Le gouverneur général Bobrikov intima
aux états convoqués en session extraordinaire que la
réforme militaire serait introduite même sans le consentement des quatre ordres. En conséquence, le nouveau projet de loi fut présenté, non pour être discuté
et approuvé par la diète, mais seulement afin d'avoir
son opinion sur la matière. Cela se passait au commencement de l'année 1899. Quelques semaines après
fut publié un manifeste, signé par l'empereur, auquel
étaient ajoutées les soi-disant règles fondamentales avec
la formule habituelle « Ainsi soit-il ! » Dans le manifeste il était dit que la Finlande jouissait d'institutions
exécutives et juridiques distinctes, adaptées aux con-

ditions du pays, mais que, à côté de matières de
législation locale, nées du caractère particulier de la
structure sociale de la Finlande, il y avait d'autres
questions concernant l'administration politique de ce
pays, et que ces dernières étaient trop intimement
liées aux besoins généraux de l'empire russe pour être
traitées exclusivement par les institutions du grand-
duché. La manière dont ces matières devaient être
réglées n'est pas indiquée dans les lois de la Finlande
par des règles précises ; cette lacune produit de grands
inconvénients. « Pour y échapper, continuait l'empereur, nous avons jugé bon de compléter la législation
existante par l'établissement d'un ordre permanent,
dans lequel les lois d'intérêt général pour l'empire
entier seront faites et promulguées ». Les nouvelles
règles fondamentales déclarent, en conséquence, que
dans de telles questions, la diète aura seulement voix
consultative et que la décision sera prise par le Conseil
d'Etat et l'empereur.

Il n'est pas douteux que de telles règles étaient une
innovation. Il était impossible de les faire cadrer avec les
promesses faites à la diète par les trois Alexandre.
Un membre de la cour suprême de Danemark, Nyholm,
en les critiquant, observe très justement que le pouvoir
législatif, en ce qui concerne toutes les lois appliquées
en Finlande, doit être exercé par l'empereur et la
diète ; que la constitution du grand-duché ne parle
pas du pouvoir législatif du Conseil d'Etat ; que les
nouvelles règles introduites par l'empereur limitent le
droit de la diète à avoir simplement voix consultative
dans les matières d'intérêt général, et qu'une telle
innovation est d'autant plus dangereuse que ces matiè-

res ne sont pas énumérées mais sont ainsi laissées au
choix de l'empereur.

Les journaux ont raconté longuement au monde ce
qui suivit : comment le Sénat finnois, bien que donnant
son consentement à la publication du manifeste à la
majorité d'une voix, se déclara unanimement en faveur
d'une protestation solennelle quant à l'illégalité des
nouveaux règlements. La diète suivit cet exemple, et
les présidents des divers ordres demandèrent une audience à l'empereur afin de lui présenter les remontrances de la diète. Mais ils ne purent l'obtenir. Une
pétition couverte de cinq cent vingt-trois mille signatures, fut apportée à Pétersbourg par cinq cents notables
finnois. Ils reçurent l'ordre de repartir. Des publicistes
étrangers, des hommes d'Etat et des professeurs d'université signèrent aussi une sorte de protestation et l'un
d'eux, Trarieux, récemment chancelier de France,
essaya avec aussi peu de succès d'obtenir une entrevue
personnelle avec l'empereur à ce sujet. De temps en
temps Sa Majesté a manifesté combien lui déplaisait
la supposition qu'elle avait manqué à sa parole ou
que son intervention personnelle, quand il s'agissait
de décider quelles questions étaient d'un intérêt
général, n'était pas acceptée en Finlande comme la
meilleure garantie du maintien de l'administration
locale de ce pays. Mais ces déclarations platoniques
n'ont pas produit plus d'effet que le fait d'avoir muselé
la presse finnoise. Quoique la diète ait consenti à augmenter le nombre des troupes de cinq à douze mille
hommes et à permettre à ces troupes de quitter le pays
en cas de guerre, quand la défense du duché ne récla-
merait pas leur présence, les états ont continué et con-
tinuent toujours à protester contre le caractère incons-

titutionnel des mesures récemment adoptées par le gouvernement impérial. A l'assemblée de la diète, le 13 janvier 1900, le chef de la noblesse, qu'on appelle maréchal de la terre, insista sur ce fait que la Finlande n'avait commis aucun acte qui autorisât à penser qu'elle avait perdu ses droits. L'archevêque soutint que la paix intérieure était impossible tant que le droit ne triompherait pas de la force. Le porte-parole des citadins insista sur les sentiments d'équité inhérents au peuple finnois, qui considérait, disait-il, que chacun, petit ou grand, devait s'incliner devant les prescriptions de la loi. Et le *talman* ou orateur des paysans révéla ce fait alarmant que le grand accroissement du nombre des émigrants finnois en Amérique était le résultat direct de la condition malheureuse du pays.

Si nous nous demandons à quoi peut bien tendre cette atteinte inopportune à des libertés déjà reconnues, nous aurons grand peine à trouver une réponse satisfaisante. Aucun complot politique n'a même effleuré la pensée des Finnois ; il n'existe dans le pays aucun mouvement en faveur d'une séparation d'avec la Russie ; nul n'a jamais mis en doute la loyauté et l'attachement de la nation finnoise à la dynastie régnante. Il y a treize ans, l'auteur, au cours d'une longue résidence à Stockholm où il avait été appelé pour faire des conférences, eut plus d'une fois le privilège de se rencontrer avec des Finnois de la bonne société ; tous ils professaient des sentiments sympathiques à l'égard de la famille impériale et une haine profonde pour tous les mécontents de Russie. On se demande s'ils ne sont pas arrivés à cette conclusion que ce qui met en péril le paisible développement de leurs institutions auto-

nomes, c'est cette union de nationalisme et d'autocratie
qui est aussi considérée comme le plus grand obstacle qui s'oppose à la liberté de la Russie. Il se peut
que la malchance qui s'est si soudainement abattue
sur eux ouvrira leurs yeux à la nécessité de mieux
connaître ce qui se passe dans le reste de l'empire et
de choisir plus prudemment leurs alliés à l'avenir. L'auteur voudrait les voir entrer dans cette nouvelle voie,
mais il n'est pas bien sûr qu'ils agiront ainsi, pour
cette raison qu'il existe une différence considérable
entre les tendances démocratiques de l'opinion publique
russe et l'exclusivisme aristocratique des Finnois. Et
ne se pourrait-il pas que cette tendance fut dûe à ce
fait que, de tous les pays d'Europe, la Finlande est le
seul qui ait gardé son organisation presque médiévale
de la diète en quatre chambres distinctes, chacune
occupée par les représentants d'un seul ordre ? Cette
organisation est d'origine suédoise, mais la Suède l'a
elle-même abandonnée en l'année 1866. Quant à la
Finlande, le nouveau statut de 1869 maintient les
quatre ordres. Et à la chevalerie et à la noblesse est
réservée une chambre distincte. Et cela, malgré ce fait
que le nombre des familles nobles est relativement
restreint — 241 en tout, chacune ayant le droit d'avoir
son représentant. Ordinairement c'est le membre le
plus âgé de la famille qui exerce ce droit, mais, dans le
cas où il ne tient pas à en jouir, il peut être remplacé
par quelque autre noble appartenant ou non à sa famille. Cette même noblesse a été autorisée, suivant le
statut de 1809, à occuper la moitié au moins des sièges
du Sénat.

Le clergé, lui aussi, jouit du droit de s'assembler
dans une chambre distincte. Il s'agit bien entendu,

uniquement du clergé luthérien ; les autres confessions sont tolérées, mais ne participent pas à l'exercice du pouvoir politique. Des trente-huit voix appartenant au clergé, trois sont à la disposition de l'archevêque et des deux évêques, vingt-huit appartiennent aux élus des prêtres de paroisse, et le reste des voix est réparti entre l'université et les délégués des maîtres d'école, qui, jusqu'en 1889 étaient choisis seulement parmi les luthériens, règle qui demeure en vigueur dans le cas des professeurs d'histoire.

Les représentants des villes constituent une chambre distincte de celle des ordres supérieurs et de celle des paysans. Le nombre des députés envoyés par une commune urbaine dépend du nombre de ses habitants ; il y a un élu pour six mille âmes. Le collège électoral se compose dans les villes de tous ceux qui paient des taxes locales, excepté les ordres supérieurs, les soldats et les domestiques. Les élections sont à un ou plusieurs degrés, selon les dispositions locales ; dans beaucoup de villes un vote plural a été introduit, la même personne ayant le droit d'exprimer deux, trois suffrages et plus, parce qu'elle est plus imposée ; les plus imposés ont jusqu'à vingt-cinq suffrages. On voit que la plutocratie joue en Finlande un rôle considérable dans la gestion des affaires publiques. Les villes toutes ensemble envoient cinquante-huit députés, dont dix sont d'Helsingfors et cinq d'Abbo. Quant aux paysans, le nombre de leurs représentants formant une chambre distincte est égal à celui des districts judiciaires — soixante-deux en tout. Ils sont nommés par une élection à deux degrés —d'abord l'élection des délégués, puis celle des députés. Le droit de suffrage est accordé à tous les contribuables, et le nombre de suffrages dont chacun jouit

dépend du montant des contributions personnelles
— nouvelle confirmation de ce fait que les classes riches
sont les plus favorisées quant à l'exercice des droits
politiques. Pour devenir député il faut être chrétien
et avoir vingt-cinq ans au moins. Le statut de la diète
déclare que les députés, dans l'exercice de leurs fonctions, ne sont soumis qu'à l'observation des lois fondamentales du pays. Cela ne les empêche pas de dépendre
de leurs électeurs ni d'avoir des préoccupations de
classe, d'autant plus qu'ils doivent discuter et voter
non en assemblée générale mais dans leurs chambres
respectives. Toute loi, sauf les lois fondamentales, est
considérée comme votée si trois chambres se pronon-
cent pour son adoption. Quant aux modifications à
apporter dans la constitution, elles exigent le vote unanime des quatre chambres. Le haut pouvoir judiciaire
appartient au même corps que le pouvoir exécutif —
le Sénat finnois, d'abord connu sous le nom de « conseil ». Son président, le gouverneur général et les
présidents des quatre chambres, sont nommés par
l'empereur ; ces derniers n'ont pas voix dans les décisions à prendre. Les fonctions judiciaires et exécutives
sont réparties entre les sections du Sénat de la manière
suivante : une de ces sections est une cour d'appel et
a le droit dans tous les cas, sauf ceux qui entraînent
la peine capitale, de donner des conseils à l'empereur
touchant l'exercice de son droit de grâce ; la section
de l'économie s'occupe de toute l'administration civile
du grand-duché et est, en même temps, une sorte de
tribunal administratif, auquel on peut se plaindre des
agissements des fonctionnaires. Quant à l'assemblée
générale de tous les départements du Sénat, elle s'oo-

cupe exclusivement des affaires qui lui sont confiées par ordre de l'empereur.

La correspondance de l'empereur avec l'administration finnoise se fait par l'intermédiaire du secrétaire d'Etat pour la Finlande, qui réside à Pétersbourg. Ce poste a été occupé par de très habiles politiciens, tels que Speranski. Il a aujourd'hui entièrement remplacé la commission pour les affaires finnoises, commission composée d'hommes d'Etat appartenant au grand-duché et qui, par conséquent, pouvaient donner de bons conseils au souverain dans les matières concernant leur pays.

Ce rapide aperçu de la constitution finnoise, qui termine ce livre, conduira peut-être le lecteur à penser que, quoiqu'il n'y ait pas de doute possible quant à la nécessité de défendre l'autonomie relative de la Finlande, ses institutions politiques ne doivent pas être regardées comme à l'abri de la critique. Elles sont certainement contraires aux tendances démocratiques de notre temps, et, dès que les difficultés existantes seront devenues une chose du passé, et que la diète finnoise ne craindra plus pour le maintien des libertés et des privilèges du pays, il faut espérer qu'un mouvement spontané se produira dans le grand-duché en faveur d'une réforme de ses institutions démodées. Plus tôt cela arrivera, plus vifs seront les sentiments de sympathie et de respect qu'éprouveront les partis avancés de la Russie à l'égard de ces précurseurs dans la grande lutte pour la refonte sociale et politique de l'empire

TABLE DES MATIÈRES

CHAPITRE VII

CHAPITRE VIII

CHAPITRE IX

CHAPITRE X

CHAPITRE XI